TEXTES DE LA RENAISSANCE
sous la direction de Jean-Charles Monferran
230

Aspects de la comédie sacrée à la Renaissance. Les traductions d'Antoine Tiron (1564)

Ouvrage publié avec le soutien de l'université de Lorraine
(Pôle scientifique TELL, Centre Écritures EA 3943)

Aspects de la comédie sacrée à la Renaissance. Les traductions d'Antoine Tiron (1564)

Édition critique par Alain Cullière

PARIS
CLASSIQUES GARNIER
2020

Alain Cullière est professeur émérite de l'université de Lorraine (langue et littérature françaises) et professeur associé à l'université du Luxembourg (études francophones). Ses travaux portent sur l'évolution des genres littéraires à la Renaissance et au seuil de l'Âge classique.

ISBN 978-2-406-09920-8 (livre broché)
ISBN 978-2-406-09921-5 (livre relié)
ISSN 2105-9950

INTRODUCTION

On appelle comédie sacrée, *comoedia* ou *fabula sacra*, un théâtre scolaire de la première moitié du XVIe siècle qui s'inspire au plus près du théâtre comique latin et prend son sujet dans la Bible. Il est l'œuvre de régents catholiques ou protestants. S'il avait pour vocation, comme tout théâtre, d'être joué, qu'il s'agisse de jeu limité au cadre d'une classe ou de représentation de collège avec participation du corps social, on pouvait aussi le réserver à la déclamation et au commentaire, donc à des fins strictement pédagogiques. Le corpus latin proposait deux modèles. D'un côté, Plaute, qui séduisait par sa verve et sa liberté de ton. Même si ses pièces, parfois inachevées ou précipitées, montraient des situations toujours semblables, même si leurs arguments récités au début ne laissaient place à aucune surprise, on se rendait bien compte qu'elles procuraient un plaisir qui n'était jamais compromis par l'uniformité et le schématisme. D'un autre côté, l'œuvre plus resserrée mais plus diversifiée de Térence inspirait les maîtres, qui y trouvaient de la finesse, des caractères élaborés et surtout une écriture sentencieuse. Comme ses qualités n'étaient pas seulement dramatiques, on ne perdait rien à se contenter de la lire. Écrire comme ces auteurs, c'était reprendre leur moule, cultiver leur langue, s'approprier leurs expressions, réactiver leurs intrigues et leurs personnages, conserver un certain reflet de leur société pour la confronter à la nôtre, et surtout maintenir au long du spectacle, même sans multiplier les prétextes à rire, une tonalité basse et optimiste.

Bien avant la Renaissance, on ne cherchait plus à prouver l'efficacité du théâtre dans les écoles. Loin d'être cet art licencieux et séducteur dont parlaient Augustin et Tertullien[1], il apparaissait essentiel pour l'acquisition du langage et des valeurs morales. Dans son *De ratione studii*, où il évoquait la nécessité pour bien parler de fréquenter les meilleurs auteurs, Érasme soumettait un programme précis :

---

1 Reymond, p. 42-43.

> Et pour revenir aux auteurs latins, quel maître d'éloquence est plus utile que Térence ? Pur, net et proche du langage quotidien, il plaît aussi à la jeunesse par la nature des sujets qu'il aborde. Si l'on estime qu'il faut lui ajouter quelques comédies choisies de Plaute, dépourvues d'obscénités, pourquoi pas ?

Un peu plus loin, il suggérait au professeur une méthode propre à l'analyse des textes théâtraux :

> Ainsi quand il voudra, par exemple, interpréter une comédie de Térence, qu'il commence par exposer succinctement la vie et postérité de l'auteur, son génie propre, l'élégance de son style, qu'il dise ensuite à quel point on trouve de l'intérêt et du plaisir à lire les comédies. Après il indiquera la signification et l'origine du mot, il dira combien il existe de sortes de comédies et quelles sont leurs règles. Enfin, avec autant de clarté et de concision que nécessaire, il en viendra au sujet de l'argument[2].

Puisque la mémoire et l'imitation sont à la base des apprentissages, comme il le rappelait dans son *De pueris instituendis*, Érasme ne pouvait que donner au théâtre une place essentielle dans la formation de la jeunesse :

> Quoi de plus charmant qu'une comédie ? Fondée sur l'étude de caractères, elle impressionne les profanes comme les enfants. Et quelle philosophie elle nous enseigne tout en jouant !

Il vantait ensuite les apophtegmes et sentences qu'on y trouve et qui constituent la forme commune de la sagesse antique[3]. On notera qu'il privilégiait sans cesse, du moins dans le genre théâtral, la comédie de mœurs à l'antique et que, dans la littérature latine, il plaçait Térence devant Virgile, Horace et Cicéron.

La pédagogie réformée, même s'il y a eu sur le tard quelques réticences genevoises, a très vite considéré le théâtre comme un bon moyen d'éducation collective[4]. Luther se plaisait à dire que la comédie à l'école permettait de s'exercer à la pratique du latin et qu'elle constituait comme un miroir où chacun pouvait régler sa vie, l'ensemble des personnages reflétant toutes les charges et tous les rangs de la société ; l'exemple même des perversités et méchancetés pouvait aider *a contrario* à faire les

2 *Opera*, I, p. 445, 450 (traduction).
3 *Ibid.*, p. 439 (traduction).
4 Reymond, p. 44, 49, 57-58.

meilleurs choix ; s'il fallait s'écarter des comédies sous prétexte qu'on y trouve des scènes scabreuses et des propos qui nous heurtent, autant ne plus lire la Bible. Reprenant son sérieux, Luther ajoutait : « Un tel reproche est sans valeur et ce n'est pas un motif suffisant pour qu'un chrétien se prive de lire ou de jouer ces comédies. » Il conseillait donc de se servir des « comédies romaines » comme autant de tableaux ou exemples vivants pour aider les jeunes gens à échapper aux pièges du monde et à se ranger[5]. Melanchthon, qui donnait des leçons sur Térence à Tübingen et qui a édité ses comédies en 1516, avait même opinion. Il considérait que les exemples immoraux du théâtre antique pouvaient inciter à détester le vice et que, pour cette raison, on pouvait tenir Térence pour un *orationis et vitae magister*[6].

PERSPECTIVES ET LIMITES DE LA COMÉDIE SACRÉE

Avec de telles cautions, les maîtres de l'époque se sentaient encouragés à pratiquer et imiter la comédie latine. Toutefois ceux qui se méfiaient de son contenu et qui pensaient que le spectacle de l'immoralité suscite, tout compte fait, plus d'attrait que de dégoût, imaginèrent des sujets plus édifiants, sans renoncer pour autant à la langue joyeuse et familière de Plaute et aux belles sentences de Térence que la morale ne désavouait pas. La jeunesse studieuse y trouverait l'avantage de se nourrir des valeurs judéo-chrétiennes sans se couper des références antiques. Or la Bible, comme en témoignaient les genres médiévaux, se prêtait bien à la théâtralisation. On savait que le théâtre, comme les autres arts, l'iconographie et la musique par exemple, pouvait exalter le sentiment religieux, que l'histoire de la chrétienté, et notamment la vie des saints, offrait depuis longtemps de beaux modèles, selon des modes d'exposition spécifiques. Mais n'était-ce pas une profanation que de s'emparer du texte biblique pour en faire matière à comédie ? Quels sujets pouvait-on traiter qui ne tournent pas à la dérision ?

5 Luther, *Propos de table*, p. 393.
6 Reymond, p. 57 ; Malatrait, p. 52 ; Parente, p. 21-30.

En fait, la matière sacrée porte surtout sur le message divin et sur la voix des personnages qui l'ont préfiguré, formulé et porté. Tout dans la Bible n'est pas de même niveau. En ce qui concerne l'Ancien Testament, les livres historiques peuvent être racontés, paraphrasés ou commentés. Les personnages ne sont pas modifiés pour peu qu'on simplifie leur vie à des fins de représentation. L'inconvénient, dans la perspective d'un théâtre comique, tient au fait que ces personnages, y compris ceux des livres deutérocanoniques, sont surtout des rois, juges ou patriarches agissant sous le regard de Dieu et que leur destin se mue volontiers en tragédie. Leurs faits, qui peuvent faire l'objet de belles fables, ne se conçoivent pas sans un minimum de gravité. Pour ce qui est du Nouveau Testament, la matière est peu théâtrale, si l'on met à part les passions et nativités qui ont longtemps solennisé les fêtes liturgiques. Il n'y a guère que les paraboles qui prennent racine dans la vie quotidienne et nourrissent l'imagination. Puisqu'elles ne sont que « similitudes » et inventions, il est possible de les amplifier et de les rendre plus pittoresques, comme l'homilétique l'a toujours fait, sans en pervertir la doctrine. Telles étaient les potentialités qu'offrait la Bible aux auteurs. Ainsi cadré, justifié dans une certaine mesure par l'autorité érasmienne et les théoriciens de la Réforme, un théâtre biblique, à la fois distrayant et édifiant, leçon de grammaire et de vie, devenait possible, à condition de remplir sa fonction mimétique, donc d'exposer des caractères simples auxquels on pût s'identifier.

Cette comédie sacrée s'est surtout illustrée à partir des années 1520 dans les limites actuelles de la Belgique et des Pays-Bas, c'est-à-dire dans un espace ouvert aux influences et aux nouveautés, politiquement complexe, très actif commercialement, traversé par tous les courants culturels et religieux, riche de ses ports, de ses arts et de ses presses. Des auteurs, avant tout pédagogues, se sont saisis de personnages bibliques, humanisés et sociabilisés, auxquels ils ont parfois donné le nom qui leur manquait et qu'ils ont entourés de comparses, jusqu'à créer l'ambiance bruyante des cuisines de Plaute. Ces personnages ne forment cependant qu'une modeste galerie. Le plus séduisant est Joseph, fils de Jacob, qui apparaît à la fin de la Genèse. Sa vie peut se reconstruire à la façon d'un triptyque édifiant : une enfance solitaire dans un milieu pastoral plein de rivalités et de silences ; une adolescence déracinée, confrontée aux pièges de la séduction et du mensonge ; un âge adulte enfin, où les dons et compétences acquises sont mis au service du bien public. Des textes deutérocanoniques émerge le personnage du jeune Tobie, dont l'éloignement et le retour illustrent l'itinéraire idéal de toute vie. Il est tout comme Joseph béni de Dieu, mais de façon plus visible puisqu'un archange le talonne en tout lieu[7]. Dans le Nouveau Testament, l'attention se porte sur le Fils prodigue, tour à tour désobéissant, révolté, séduit puis avili par les illusions du monde, pour retrouver ensuite sa place en société, après le réveil de la conscience et le repentir. De toutes les figures des paraboles, il a été le plus utilisé, parce qu'il est le mieux dessiné. Dans l'ensemble, la trame des paraboles est ténue et se borne à esquisser des situations. L'image du bon Samaritain se réduit à un tableau et son action est sans ressort. On s'est également intéressé au personnage du mendiant Lazare, confronté au mauvais Riche et à ses gens, dans un lieu d'abondance dont la mort semble exclue. Mais Lazare parle mal à la jeunesse, d'une part parce qu'il n'a pas d'âge et n'incarne que la maladie et la pauvreté, d'autre part parce qu'il meurt rapidement et se met à évoluer entre le ciel, la terre et les enfers, qui ne sont que repères symboliques. La comédie sacrée pouvait-elle aller vraiment plus loin ?

Il était difficile d'enrichir le répertoire. On s'est vite rendu compte que tout ce qui faisait la vitalité de la scène latine, la présence de parasites roublards, les altercations entre pères et fils, entre maîtres et serviteurs, était difficilement transposable, à moins de multiplier les digressions et intermèdes. Les personnages bibliques qu'on vient de citer ont fait effectivement l'objet d'adaptations répétées, les auteurs cherchant à rivaliser ou à se démarquer. Certaines de leurs pièces ont été traduites en langue vernaculaire, ce qui laisse supposer qu'elles présentaient de l'intérêt ou de l'agrément en dehors de considérations linguistiques. Mais, au fond, le plus simple n'était-il pas de dissocier le projet pédagogique et le projet moral ? Dans la seconde moitié du XVIe siècle, on a continué de composer des pièces bibliques, mais en ne gardant du modèle latin que l'aspect formel, c'est-à-dire un déroulement en cinq actes, avec prologue et péroraison pour en souligner la leçon, et en privilégiant une certaine tendance bavarde au détriment de l'action. Ce fut le temps des

7 Tobie a surtout inspiré des pièces tardives. En fait, le personnage, toujours en mouvement, se prête peu à l'espace scénique. De plus, l'onction divine dont il bénéficie et qui le préserve de toute chute fait qu'il est difficile de s'identifier à lui. Voir Cullière, *Tobie*.

« Térence chrétiens[8] ». Par ailleurs, l'esprit tragique, mieux adapté aux sujets bibliques, a pris le dessus. L'évolution se fait mieux sentir si l'on s'attarde sur la production des jésuites qui ont toujours donné priorité au caractère édifiant des sujets, choisissant pour les traiter le cadre qui leur semblait le plus adéquat, tantôt archaïsant tantôt inventif, allant parfois jusqu'au grotesque. Seule importait l'instruction morale. Pour la pratique du latin et de la culture antique en général, il y avait assez de quoi faire dans les programmes d'étude sans la mêler au théâtre.

Après tout, pourquoi écrire à la façon de Plaute et Térence ? Il n'y avait pas lieu de les réinventer. Le mieux était de les lire directement, avec toutes les précautions nécessaires, et éventuellement de les traduire. Dans le domaine de la traduction, Luther donnait également un témoignage rassurant. Si, en traduisant la Bible, il projetait d'en faire un « texte compréhensible par tous », pourquoi les auteurs latins, une fois traduits, perdraient-ils le meilleur d'eux-mêmes ? Un bon traducteur peut devenir prédicateur et missionnaire, et, s'il s'agit de théâtre, il se fait passeur et créateur à son tour, dans une certaine mesure[9]. Bien avant Luther, on publiait en Allemagne des traductions didactiques de Térence, avec commentaires, certaines cherchant à rapprocher le lecteur de la scène et à lui procurer un plaisir virtuel, et comportant parfois des conseils de diction. À l'inverse, d'autres traducteurs mettaient plus l'accent sur la langue que sur la théâtralité des textes. La traduction, remplaçant le maître, devenait alors une passerelle vers le texte latin, imprimé à part ou en regard[10]. Dans ces conditions, la comédie sacrée est vite apparue comme une tentative complexe et vaine.

On ne peut toutefois nier qu'elle ait connu un succès momentané. Même si elle s'est limitée dans le temps à quelques décennies, elle a provoqué une « poussée novatrice d'une vigueur sans précédent » et on peut la situer « à la source du drame scolaire européen ». Au XVIIe siècle, pour les spectacles de collège, c'est toujours vers la comédie sacrée et ses premiers « maîtres des Pays-Bas » qu'on se tournait[11]. On pourrait parler d'une création expérimentale éphémère, tant pour l'écriture que pour

8 L'expression renvoie surtout à Cornelius Schonaeus, de Gouda (1540-1611). Six de ses comédies ont été regroupées sous le titre *Terentius Christianus, utpote comoediis sacris transformatus*, à partir de 1591. Notice dans KNAW.

9 Bocquet, dans Luther, *Écrits sur la traduction*, p. 39.

10 Malatrait, p. 50-54.

11 Valentin, p. 200.

la dramaturgie, fondée sur une synthèse humaniste difficile. Quelques pièces de ce corpus, de grande réputation, ont été diffusées dans toute l'Europe en peu de temps, parfois commentées, adaptées ou traduites. Les meilleurs auteurs, connus sous leur patronyme latinisé, s'appelaient Gnapheus, Crocus ou Macropedius.

Si on se réfère à la production typographique, on constate que la comédie sacrée des Pays-Bas a circulé en France, mais qu'aucun auteur français ne semble s'y être exercé. Lebègue, qui s'en étonnait, invoquait des motifs à la fois politico-religieux et littéraires. Il considérait d'une part que les autorités, devenues suspicieuses à partir des années 1530, décourageaient l'innovation, d'autre part que l'hybridité théâtrale n'était plus de saison en France au milieu du siècle[12]. Il est vrai que la comédie sacrée, mêlant la gravité biblique à l'effronterie, semblait trop séduisante pour ne pas être subversive. Mais on évitera en la matière tout jugement catégorique, la plupart des pièces de collège n'ayant pas été conservées. En tout cas, si l'on cherche trace de la comédie sacrée dans la sphère française ou francophone, on ne trouve que la traduction par Antoine Tiron, publiée à Anvers en 1564, de deux des pièces les plus représentatives : l'*Acolastus* de Gnapheus et le *Josephus* de Macropedius.

GULIELMUS GNAPHEUS

On a seulement évoqué jusqu'ici le cadre et les limites de la comédie sacrée, sans donner vraiment d'exemples. S'il ne fallait citer qu'un auteur, ce serait Gulielmus Gnapheus, de son vrai nom Willem van de Voldersgraft, plus simplement Willem de Volder. Il est assez difficile de suivre l'itinéraire de ce pédagogue converti au luthéranisme. Il est né à La Haye en 1493. Après des études à Cologne, il revint dans sa ville natale, où on lui confia la direction de l'école latine. De 1522 à 1530, il fut à diverses reprises dénoncé pour ses opinions et incarcéré. Il est possible qu'il ait été amené à quitter le pays plusieurs fois pendant cette période. En 1531, il partit s'installer avec des compatriotes à Elbing, en Prusse royale. Il y reprit ses activités scolaires et contribua, surtout à partir de

12 Lebègue, chap. X : *Les « Comédies sacrées »*, p. 157-167.

1535, au développement d'une nouvelle école. En 1542, après avoir été destitué pour ses prises de position, il trouva refuge à Königsberg, où le duc Albert de Brandebourg, qui songeait à ériger une université, mit à profit ses talents. Cependant, à la suite d'une dispute avec les luthériens, en 1547, il fut déclaré anabaptiste et à ce titre excommunié, ce qui l'amena à reprendre la route. Anne d'Oldenbourg, qui exerçait alors la régence de Frise orientale, l'accueillit à Emden en qualité de précepteur et de secrétaire. Dans un climat de plus grande tolérance, Gnapheus put à nouveau se consacrer à l'enseignement, tout en effectuant diverses missions. Il est mort à Norden, autre ville de Frise orientale, en 1568[13].

Il a laissé des traités de polémique et de pédagogie. Sur le plan religieux, on retiendra deux titres, écrits en néerlandais, publiés sans indication de lieu entre 1525 et 1531 : d'une part un petit manuel de consolation, destiné aux malades et affligés, tiré des saintes Écritures, mais très critique envers les catholiques[14] ; d'autre part une relation du procès et de la mort du prêtre défroqué Jan de Bakker, encore appelé Pistorius, brûlé vif à La Haye en septembre 1525 et considéré comme le premier martyr de la Réforme aux Pays-Bas ; Gnapheus aurait été un temps son voisin de cellule[15]. Ces écrits, très diffusés, ont été mis à l'index à partir de 1546, sans indication d'auteur[16]. Gnapheus n'est vraiment nommé que dans l'*Index de Rome*, à partir de 1557, mais sans autre précision[17]. Dans sa production pédagogique, le théâtre tient une place essentielle. Au temps de l'exil prussien, il a publié deux pièces latines qui s'apparentent à des moralités, l'une intitulée *Morosophus* (Gdańsk, 1541), l'autre *Hypocrisis* (Bâle, 1544). Comme elles ont fait l'objet d'études récentes, on ne les signale que pour mémoire[18]. On ne s'intéressera ici qu'à l'*Acolastus*, une comédie publiée à Anvers en juillet 1529[19].

13 Il latinisait également son nom en Fullonius. Notice dans KNAW ; Demoed, p. 35-86.

14 *Een troost ende spiegel der siecken ende der ghenen die in lijden sijn*, [Anvers], 1531, in-8°, [80] f. Voir Demoed, p. 41-46.

15 *BB*, III, p. 230-236 (bibliographie de toutes les éditions relatives à l'affaire).

16 Bujanda, II, *Index de l'Université de Louvain*, 1546, n° 158, p. 204-205, 419 ; 1558, n° 356, p. 353-354, 485-486 ; V, *Index de l'Inquisition espagnole*, 1559, n° 641, p. 567, 683.

17 VIII, *Index de Rome*, 1557, p. 727 ; 1559, n° 350, p. 482, 764 ; 1564, p. 841.

18 Bloemendal, « Neo-latin drama… », p. 321-323 ; Michael, p. 204 ; Demoed, p. 181-206, 225-246 ; Hoffmann (rééd. *Morosophus*, lat.-all.) ; Rädle (activité théâtrale de Gnapheus en Prusse).

19 *Acolastus. De Filio prodigo comoedia Acolasti titulo inscripta, authore Gulielmo Gnapheo, Gymnasiarcha Hagiensi*, Antverpiae, Godfridus Dumaeus, 1529, in-8°, [34] f. (1301 vers), en

Le « débauché » en question n'est autre que l'Enfant prodigue de la parabole. Traiter ce sujet n'avait rien de novateur. De toutes les paraboles, c'est, comme on l'a dit, la plus élaborée, celle qui parle le mieux à la conscience. Comme elle repose sur un récit linéaire et mouvementé là où les autres se réduisent à un tableau symbolique, elle est pratiquement la seule à se prêter à une réécriture. Elle peut s'enrichir, s'amplifier ou se resserrer, être détournée ou dévoyée, son message religieux pouvant devenir éthique, philosophique ou politique, selon les époques. L'adaptation du *Courtois d'Arras*, au début du XIIIe siècle, claire et savoureuse comme un fabliau, était connue dans toute l'Europe. Depuis le XVe siècle, la parabole avait fourni matière à des moralités, en France et en Italie, avec une action un peu désordonnée, mettant en scène des personnages typés, parfois truculents, relevant d'une tradition comique, mais sans référence explicite à la comédie latine[20]. Si Gnapheus se présente comme novateur avec son *Acolastus*, c'est parce qu'il y utilise pour la première fois et de façon assumée les codes de Térence et de Donat. Toute son épître dédicatoire est un hymne à ce type de comédie, selon lui trop longtemps négligée ou rejetée. En voici une traduction[21] :

> Gulielmus Gnapheus, de La Haye, adresse son salut à Joannes Sartorius[22], d'Amsterdam.
>
> En un siècle aussi docte que le nôtre, où des hommes de grand savoir étudient, explorent et cultivent toutes sortes de disciplines, je m'étonne, mon cher Sartorius, que la poésie comique demeure à ce point négligée, qu'elle soit même laissée en un tel abandon, comme si c'était quelque chose d'impossible à imiter et à quoi il serait peu utile de consacrer sa peine. Cette vision est répandue, sinon il n'y aurait pas parmi nous tant de bons écrivains réticents, qui semblent s'être donné le mot pour ne pas y toucher.
>
> La comédie a été louée par Cicéron, qui la considérait comme un miroir de la vie humaine[23], les hommes savants lui ont accordé leurs suffrages et l'ont

---

ligne (Gallica, NUMM-310125). Page de titre dans Bolte, p. [XXIX]. Pour les rééditions, voir Bolte (rééd. lat., avec sources) ; Atkinson (rééd. lat., trad. angl.) ; Minderaa (rééd. lat., trad. néerl., avec sources). Pour l'analyse du texte, voir en plus Brunken ; Demoed, p. 87-114.

20 Espence, *Introduction*, p. 18-34 ; Atkinson, p. 217-223 ; Brettschneider.

21 Pour cette épître, on suit le texte de 1529, mais on porte en note les variantes les plus significatives de la réédition de 1555.

22 Né à Amsterdam vers 1500, mort à Delft en 1557. Sterck, p. 100-107 ; notice dans KNAW.

23 *Pro Roscio Amerino*, 47. Cicéron dit simplement que la fiction des poètes comiques est comme une image de la vie quotidienne (...*expressamque imaginem vitae cottidianae*...).

célébrée, mais ils n'auraient pas dû le faire s'il n'était pas possible au plus grand nombre de l'imiter ou de lui redonner une vivante expression. Notre époque a ses Cicéron et Tite-Live, elle a ses Virgile et Démosthène, sans parler de ses Solon, Hippocrate et Chrysostome[24], mais elle n'a pas de Ménandre ni de Térence[25]. Est-ce à dire que la matière comique est d'une nature trop élevée pour être abordée et digne seulement de nos grands esprits ? À mon sens, on se trompe vraiment si on s'arrête à cette idée[26]. En effet, comme les sujets des comédies touchent à la vie ordinaire des hommes et peuvent ainsi être aisément traités dans un style ordinaire, simple dirons-nous, il est très possible à ceux qui ont observé les pensées, les mœurs et la vie des hommes de les aborder comme il convient.

C'est pourquoi, afin de briser hardiment cette glace[27], j'ai essayé de voir ce que notre Thalie[28], avec ses moyens propres, pouvait faire. J'ai tiré des textes sacrés un argument que j'ai estimé pouvoir resserrer dans le moule de la comédie, à ceci près que le sujet ici, à plusieurs reprises, débouche sur des déclamations un peu trop tragiques, et cela contrairement aux règles comiques qu'Horace nous a transmises[29]. Il m'a semblé que c'était là un crime moins grave que de me détourner du sens et de la dignité du sujet[30]. J'ai ainsi préféré respecter les choses pieuses plutôt que de m'asservir en tel ou tel endroit aux conventions littéraires. Dès lors, j'ai développé mon sujet et modéré mon style de façon que les sycophantes n'aient rien à me reprocher[31] et que, à l'opposé, les maîtres pieux trouvent une matière suffisante pour préparer au mieux leurs leçons et exhortations. Je sais qu'il y en a beaucoup en ce domaine qui ont l'esprit mieux armé que le mien et que je souhaiterais porter vers ce type

---

Gnapheus, comme tous ses contemporains, se réfère plutôt à Donat qui écrit dans son commentaire de Térence : « *Comoediam esse Cicero ait, imitationem vitae, speculum consuetudinis, imaginem veritatis.* » (Donat, vol. 1, p. 22 : *Excerpta de comoedia*, V, 1).

24 Var. éd. 1555 : « … elle a ses Virgile et Ovide, sans parler de ses Ulpien et Augustin ».

25 Dans son adresse *À la jeunesse étudiant les bonnes lettres*, en tête de sa comédie *Aluta* (1535), Macropedius écrira de même, en songeant à Gnapheus, mais sans le nommer : « Quelqu'un s'étonne, et moi aussi je le déplore sincèrement, que parmi tant d'hommes tellement savants de notre siècle on ne puisse repérer aucun Ménandre ni aucun Térence. » (Lawton, II, p. 40, n. 21 ; Parente, p. 47, n. 98).

26 *Errat mea quidem sententia, qui…* Formulation de Térence (*Les Adelphes*, 65).

27 Érasme, adage 2495 (*Scindere glaciem*). C'est donc tracer la voie.

28 Sur le modèle de Virgile, qui désigne également sa muse poétique par les mots *nostra Thalia* (*Bucoliques*, VI, 2). Gnapheus célèbre Thalie comme muse de la comédie, alors que Virgile la célèbre comme muse de la poésie pastorale. Thalie avait pour attributs le masque comique et la houlette.

29 *Art poétique*, 89-92.

30 Dans le texte de 1555, c'est ici que Gnapheus indique qu'il a fait deux entorses aux lois comiques : d'une part, en introduisant un chant en vers saphiques (acte II, scène 2), d'autre part en faisant intervenir le bon ange du Prodigue pour lui dire trois mots au moment où, tout près de la « catastrophe », il est plein d'angoisse. L'ange, comme on le dira plus loin, est absent de la pièce de 1529.

31 Érasme, adage 1281 (*Sycophanta*).

d'études. Je te range parmi eux, ainsi que mon cher Gulielmus Niveldius[32], sans parler des autres que je ne connais pas aussi bien.

C'est pourquoi mon Acolastus que voici, car c'est le nom que je lui ai donné, vient se placer sous ton autorité, mon cher Sartorius, il vient pour être accueilli selon ses mérites. Je souhaite en effet, depuis quelque temps, me libérer de la charge qu'il représente et je te laisse t'occuper de lui en toute liberté, de la façon qui te paraîtra la meilleure. Je ne suis pas tant semblable à Mévius[33], ni indulgent avec moi-même, au point de vouloir te présenter comme parfait un rejeton informe.

J'ai entendu dire qu'un certain Reinier Snoy, médecin de son état, s'était emparé du même argument, peut-être même avec plus de réussite. Si c'est le cas, j'aurais beaucoup aimé que cette personne publie son poème et qu'ainsi j'apparaisse moi-même à sa suite comme une sorte d'imitateur grotesque. Tant s'en faut que je veuille ou puisse ternir la gloire de quiconque, et à plus forte raison de ce Reinier[34]. Par ailleurs, tu auras toute ma gratitude si du moins tu veux bien, toi ou mon cher Niveldius, reprendre en main cet Acolastus prodigue, afin de l'amender, et cela avant qu'il ne soit exposé aux regards moqueurs des autres.

J'avais l'intention de dépasser ce coup d'essai et de me consacrer à l'écriture d'une véritable comédie, mais j'ai été détourné de ce projet par la malice et l'envie de certains qui, armés de la calomnie, m'ont privé du plaisir et du loisir d'écrire, et m'ont obligé à partir, m'exposant à je ne sais quelles haines. De même que les plus belles choses sont partout menacées de ruine, de même les hommes de bien n'échappent pas à leurs démons.

Pour ce qui est des règles de métrique, nous avons, autant que le permet la comédie, usé aussi bien de variété que de liberté. Il est bon en effet que le langage comique s'approche le plus possible de la prose et de la conversation. Contrairement à l'usage, nous avons eu recours à la strophe saphique à un endroit où le sujet semblait l'exiger[35].

Et si on trouve bon de représenter cette comédie en public, tu verras que l'histoire ne s'y prête pas mal du tout. Apparemment, du moins si je ne suis

32 Sans doute Willem van Zuylen van Nijevelt († 1543), à qui on attribue une compilation biblique pour la méditation (*Fonteyne des levens*, Delft, 1533), éditée la même année en latin à Cologne, ainsi qu'un recueil de chants sur les Psaumes (*Souter liedekens*, Amsterdam, 1540). Bork / Verkruijsse, p. 670.

33 Mauvais poète, stigmatisé par Horace (Épode 10) et Virgile (*Bucoliques*, III, 90). Voir aussi Érasme, adages 115 et 1412.

34 Médecin originaire de Gouda (c. 1477-1537). Il n'a apparemment publié de son vivant qu'un *Psalterium Davidicum paraphrasibus brevibus illustratum* (Anvers, Hillenius, 1535 ; Cologne, Gymnicus, 1536). Dans son édition de 1555, Gnapheus, avec moins d'aménité, désigne le personnage, cette fois sans le nommer, comme étant un « certain médecin de Gouda » (*Goudanum quendam medicum*) qui aurait composé sur le sujet non pas un *poema*, mais des *lucubratiunculas* en prose (*dictione plane soluta*). Bietenholz, vol. 3, p. 261-262.

35 Dans la version de 1555, cette allusion au chant saphique est faite beaucoup plus haut, comme on l'a vu.

> pas aveuglé par mon amour-propre, elle devrait autant instruire que réjouir, surtout après qu'elle aura été polie par tes outils. J'espère que tu ne refuseras pas ce service à une œuvre encore rude et grossière. Porte-toi bien[36].
>
> Ton ami Gnapheus.

On sent ici autant d'enthousiasme que d'anxiété. Gnapheus a conscience d'ouvrir une voie nouvelle, de « briser la glace » comme il dit. Il nourrit des projets littéraires en ce domaine, s'intéresse à ceux qui semblent l'accompagner, voire le précéder, ou qui pourraient être ses émules. Malheureusement sa situation est devenue inconfortable ; la querelle religieuse trouble son quotidien. L'*Acolastus* a été écrit et publié très peu de temps avant l'exil.

Le prologue qui suit la dédicace et qui permet, comme chez les comiques latins, de mettre le public en condition, exprime une autre préoccupation[37]. De façon appuyée et sincère, Gnapheus y assure d'emblée que sa pièce ne comporte aucune allusion aux nouvelles doctrines. En s'en tenant au rôle du pédagogue, il voulait sans doute apaiser son entourage, qui connaissait ses prises de position et son tempérament impétueux. Mais on peut penser qu'il cherchait plutôt, par un tel avertissement, à se démarquer de Burkhard Waldis, un auteur allemand qui avait monté un spectacle sur le même sujet à Riga, à l'occasion du carnaval de février 1527. Sa pièce, composée en deux actes, avec plusieurs préambules didactiques, n'avait été qu'un prétexte à exposer la pensée luthérienne[38]. Comme la version imprimée, destinée plutôt à la lecture, avait beaucoup circulé, le public éventuel de Gnapheus, qui était majoritairement catholique, pouvait établir des rapprochements et considérer l'*Acolastus* comme une autre tentative de propagande. Il fallait donc le libérer de ses préjugés et le disposer au seul plaisir du jeu.

Pourtant, en dépit de telles précautions, le soupçon a germé. Aujourd'hui encore, on ne lit l'*Acolastus* qu'à la lumière de ce que l'on sait de l'auteur et l'on s'applique à y trouver, surtout dans les dialogues entre le père et son ami Eubulus, un écho des débats convenus sur le

36 Ajout éd. 1555 : « De notre collège (*Musæo*) à La Haye, au comté de Hollande, le 1er octobre 1528. »

37 On trouvera ce prologue, traduit par nos soins, en tête de la traduction de l'*Acolastus*. Tiron ne s'y est pas intéressé.

38 Milchsack (rééd.) ; Atkinson, p. 208-216 (comparaison avec l'*Acolastus*) ; Michael, p. 46-49 ; Delcorno, p. 388-390.

libre arbitre[39]. En fait, on pourrait, au moins de deux manières, rendre compte de la prudence et de la franchise du texte. D'une part, les échanges entre les personnages, qui ne sont jamais verbeux, donnent le sentiment d'une belle humanité. Face au père qui se désole de la perte de son fils, Eubulus ne joue d'autre rôle que celui de modérateur expérimenté et de confident dévoué. C'est un « ami de bonne foi » qui conseille de conserver toute confiance en Dieu et de ne pas désespérer de l'homme[40]. Quant à Philautus, qui pousse le fils à s'émanciper, il n'a qu'une valeur allégorique. C'est un comparse, toujours utile au théâtre pour permettre au protagoniste de faire connaître son sentiment autrement que par le monologue. Dans l'ensemble, les conversations n'atteignent pas la gravité d'un colloque. D'autre part, Gnapheus a très soigneusement évité d'exploiter la fin de la parabole, qui fait surgir la rivalité des deux fils. Or c'est leur antagonisme qui a toujours prêté à controverse. Le fils aîné pouvait incarner le Juif, sûr de son bon droit et honorant Dieu, par opposition au Gentil écarté du temple ; dans ce cas, la leçon finale du père pouvait préfigurer la réconciliation suprême, chacun devant trouver place un jour dans la maison céleste. Plus simplement, l'aîné pouvait aussi figurer l'ange, par opposition à l'homme ; sur un plan strictement humain, il avait alors le visage du juste, tandis que son cadet prenait les traits du pécheur[41]. Au temps de la Réforme, l'aîné est devenu le symbole du catholique, figé dans la tradition, alors que le Prodigue portait en lui tout l'espoir du Réformé, revenant au Père après un long détour, sa révolte apparaissant comme une prise de conscience essentielle. Dans sa pièce, Waldis s'était justement engagé dans cette direction, sans nuance, faisant de l'aîné le tenant de l'Église romaine et du cadet la figure du chrétien relevé[42]. En escamotant ce dualisme, Gnapheus concentrait l'histoire sur la leçon de miséricorde et sur la désillusion qu'entraîne l'abandon des repères. Au-delà des clivages modernes, sa pièce renouait ainsi avec une morale universelle.

Elle est par ailleurs, sur le plan formel, d'une habileté prodigieuse. Il fallait, bien sûr, utiliser tous les ressorts comiques, et d'abord donner

39 Atkinson, p. 51-67 ; Lebeau, « De la comédie… » ; Demoed.

40 Cet « ami de bonne foi » joue un grand rôle dans la réconciliation du père et du fils, à la fin de l'*EPP*, p. 288-330.

41 Sur cette exégèse patristique, voir Espence, *Introduction*, p. 18-19.

42 Reymond, p. 59.

aux personnages un parler reconnaissable, éventuellement aussi des noms à l'antique. On y a donc répandu à foison les formules et expressions du théâtre latin, inséré un nombre incroyable de sentences et de bons mots, le tout formulé dans une métrique appropriée. Les adages d'Érasme s'accrochent à chaque page, ce qui est une autre façon de renvoyer aux œuvres de Térence et Plaute, puisque Érasme y a puisé abondamment pour grossir ses recueils. Il fallait également planter les décors, faire intervenir les petites gens, gueux et profiteurs, serviteurs et bouffons, maquereaux et courtisanes, toute une société fruste que chacun pouvait rencontrer dans son errance personnelle. Ce n'était pas la tâche la plus ardue ni la plus audacieuse, puisque la parabole suggère ces dangereuses amorces du monde. Le plus difficile était d'élaborer un schéma dramatique qui ne dissimule pas le pittoresque en multipliant les scènes bavardes ou, à l'inverse, qui évite la trivialité pour que le message reste entier. Il convenait donc au fond de se conformer aux comiques, fins et plaisants, et n'en garder que le meilleur. L'agencement de l'*Acolastus* repose sur un équilibre subtil, qui saute au regard en notant simplement les entrées et sorties des personnages. Deux univers se confrontent. Dans le premier, qu'on peut désigner comme la maison paternelle, évoluent le père, le fils, le bon conseiller du père et le mauvais conseiller du fils. Le premier et le dernier acte leur sont consacrés. Le fils, qui quitte la maison à la fin du premier acte avec son mauvais conseiller la réintègre à la fin du dernier acte, mais seul cette fois. Les trois actes centraux nous plongent dans le second univers, qu'on peut qualifier de monde populaire ou urbain, où l'on se tient suffisamment longtemps pour comprendre qu'il a aussi ses lois. On voit le fils s'y introduire de différentes façons, mais ce n'est jamais en début d'acte, car il faut toujours quelques scènes qui nous apprennent comment cette relation au monde va se faire à ses dépens. Le public est instruit de la logique mondaine, mais le fils, accueilli d'abord avec éclat pour être finalement chassé avec violence, effectue sa traversée en aveugle. On notera qu'au centre géométrique de la pièce, c'est-à-dire au milieu du troisième acte, on retrouve le père et son bon conseiller, à mi-chemin entre la peine et la raison, comme pour rappeler que la maison paternelle reste présente, univers stable et sûr, ancré dans la tourmente. Si l'on tient compte en outre de la variété des scènes, avec des dialogues pondérés, des altercations vives, avec des monologues secs ou sinueux selon les remous de l'âme, avec aussi des mouvements de foule et des gesticulations désordonnées, on se dit qu'on a affaire à une création dynamique et d'une grande intensité. L'ultime scène, où l'on voit et entend le père et le fils se rapprocher, se percevoir mutuellement avant de renouer contact, est très émouvante. On se plaît à imaginer ce que la mise en scène d'aujourd'hui pourrait faire de telles potentialités.

S'il fallait donc définir l'*Acolastus* en quelques mots, on retiendrait les critères suivants : une grande fidélité au texte évangélique, même si certains détails sont grossis, comme l'évocation finale de la famine ; un bel équilibre dans l'alternance des plans et des scènes ; des répliques qui suggèrent par elles-mêmes la gestuelle, sans qu'il soit nécessaire de recourir à des didascalies ; un discours religieux et moral d'une grande clarté, renforcé par la péroraison ; une langue simple, où l'émotion affleure et qui donne de l'étoffe aux personnages[43]. Un message aussi œcuménique et une telle maîtrise technique ont garanti un succès européen durable. Le coup d'essai a paru insurpassable. On peut penser que se servir de l'*Acolastus* au collège a dispensé ou même dissuadé beaucoup de maîtres de prendre la plume à leur tour. Dès 1530, il a été réédité à Anvers, Paris et Cologne, un peu plus tard à Bâle et Leipzig. On recense une cinquantaine d'éditions jusqu'aux années 1580, les plus tardives étant parisiennes et lyonnaises[44]. À partir de 1532, celles de Cologne ont porté la mention *Nunc ab eodem recognita.* Dans le cadre d'une étude critique, il faudrait voir si leurs variantes, inévitables lors d'une reprise en atelier, touchent plus que la graphie et la ponctuation. Il semble que les imprimeurs allemands aient voulu, comme souvent avec ce type de mention, se replacer avantageusement sur le marché.

Parmi les rééditions, il faut faire une place particulière à celle qui parut en 1554 à Paris, chez Maurice de La Porte. Établie par Gabriel du Préau, qui enseignait au collège de Navarre, elle contient un appareil critique qu'on ne rencontre pratiquement jamais à l'époque. Le titre indique qu'elle est « illustrée de commentaires » où les sentences de Térence et Plaute sont relevées « avec en vérité une telle précision, un tel soin et une telle exigence qu'ils seront d'un grand profit à ceux qui

43 Valentin, p. 201 : « Gnapheus montrait comment user librement de la source sans la trahir, tout en faisant son profit du comique et du réalisme des scènes de genre et de l'érotisme plus ou moins contenu du motif de la séduction. »

44 Recensement non exhaustif des éditions par Bolte, p. XXIV-XXVII.

enseignent ces auteurs, et tout particulièrement Térence[45] ». Le lecteur n'est pas floué par cet effet d'annonce : chaque vers y est expliqué, à différents niveaux, et ses sources identifiées ; plusieurs dissertations jointes rappellent l'histoire du genre comique ; un copieux index, à la fois philologique et thématique, reprend tous les termes et expressions. On a là un outil pédagogique remarquable, qui prouve l'intérêt qu'on portait en France à un tel théâtre, même si, comme on l'a dit, les créations françaises en ce domaine font défaut. Lebègue fait remarquer que Du Préau n'a souligné à aucun moment l'originalité qu'il y avait à adapter la comédie latine au traitement d'un sujet biblique[46]. Mais était-ce encore utile de le faire, la pièce étant connue de tous depuis plus de vingt ans ?

En réalité, il existe deux *Acolastus*, et le plus étonnant est que le second soit passé inaperçu. Dans les années 1550, qui étaient sans doute pour lui plus apaisées, Gnapheus a complètement réécrit sa pièce. La nouvelle version fut publiée à Anvers en 1555 et rééditée trois fois. Le titre précise que l'œuvre a « non seulement été revue » par l'auteur, « jadis maître d'école à La Haye », mais « purgée avec soin des nombreuses fautes dont elle fourmillait » et ainsi « rendue dans tout son éclat[47] ». C'est peu dire. Tout a été repris et il n'y a guère de répliques qui n'aient été remaniées. Les retouches, qui portent sur un mot comme sur plusieurs vers, ne donnent pas l'impression qu'on ait voulu revoir le rythme d'ensemble ou introduire plus de sérieux. Il semblerait plutôt que l'auteur ait souhaité mettre à profit les remarques qui ont pu lui être faites ici ou là, notamment à l'occasion de représentations, à moins qu'il n'ait eu à cœur, avec l'âge et l'expérience, de revisiter une œuvre dont le succès l'avait étonné et qui aurait tôt ou tard, malgré lui, une valeur testamentaire. L'épître dédicatoire retouchée précise davantage l'utilisation faite des règles comiques ; l'argument et le prologue ont été légèrement augmentés ; des vers d'escorte, datés de 1555, ont été insérés

---

45 *Comoedia Acolasti, titulo inscripta de filio Prodigo [...], atq. Gabrielis Prateoli Marcossii commentariis illustrata. Tanta quidem diligentia, cura et copia, sententiis a Terentio et Plauto petitis, ut iisdem ipsis authoribus interpretandis, potissimumque Terentio, non parum conducant. Adjecto indice singulorum vocabulorum, ac rerum in ea contentarum locupletissimo*, Parisiis, apud viduam Mauricii à Porta, 1554, en ligne (archive.org ou books.google).

46 Lebègue, p. 164-165.

47 *Acolastus [...] Non jam recognita modo, sed a multis etiam, quibus scatebat, mendis [...] diligenter repurgata, nitoriq. suo modo reddita*, Antverpiae, excudebat Joannes Loëus, 1555, en ligne (Eromm classic) ; ex officina Joannis Loëi, 1562 ; apud viduam Joannis Loëi, 1566 et 1568, les deux en ligne (books.google). L'édition de 1566 manque à Bolte.

au début. À la fin figure un second prologue, composé, nous dit-on, à l'occasion d'une représentation donnée en 1536 à Elbing, ville désignée comme « seconde patrie ». Plus court que le premier et peut-être moins déclamatoire, il se borne à présenter les personnages et à donner le sens de l'histoire.

Pour mieux comprendre cette réécriture, on va relever trois modifications essentielles du texte. La plus significative porte sur l'apparition, dans la dernière scène, de Genius, présenté dans la liste des personnages comme le « bon ange d'Acolastus ». Dans la version de 1529, à la fin, le Prodigue hésite longuement avant de se décider à retourner vers son père. Ses mots « Je ne veux pas. Je veux » traduisent son embarras. Toutefois, se parlant toujours à soi-même, il ajoute brusquement : « Mais tu ne dois pas faire demi-tour », et il perçoit au même moment un sifflement qu'il ne peut interpréter. C'est alors que l'espoir lui revient et, juste après, il se retrouve en présence de son père. Dans la version de 1555, c'est Genius, vu seulement par le public, qui s'approche de lui et l'interpelle par ces mêmes mots avant de disparaître : « Mais tu ne dois pas faire demi-tour. » Rien ne change pour le Prodigue qui se lève aussitôt, mais le spectateur comprend mieux l'emploi de la deuxième personne pour l'injonction, ainsi que le sens du sifflement. Il comprend surtout que la repentance, loin d'être inscrite dans le cœur de l'homme, est plutôt un don de Dieu. Gnapheus a-t-il lu ce que Calvin venait de dire à ce sujet dans ses propres commentaires sur la parabole du Fils prodigue[48] ? Il se pourrait bien qu'il ait envisagé d'introduire l'ange dès la version de 1529. Mais en s'abstenant finalement et en se contentant de suggérer sa présence par un sifflement, sans doute voulait-il d'une part respecter au mieux les règles du genre comique, d'autre part ne pas amorcer de réflexion sur le libre arbitre, d'autant qu'il s'était promis au prologue d'écarter tout sujet de controverse. En 1555, moins entravé dans le monde, plus indulgent avec lui-même ou plus serein, il est revenu à son intention première. Dans la longue exécution de sa peinture, cet ange, d'abord imaginé, effacé puis rétabli, fait office de « repentir ».

Une deuxième modification importante nous ramène à la fin de la scène 5 de l'acte IV. Dans la version de 1529, le fils, dépouillé de tout à l'auberge où il séjournait, est jeté à la rue, ne disposant plus que d'un

48 La *Concordance* de Calvin sur les évangélistes Matthieu, Marc et Luc a été publiée à Genève au début de septembre 1555. Voir Delville, p. 102.

manteau de bure que lui a remis la courtisane. Suit un long monologue où il se plaint de la fortune. Dans la version révisée, c'est le maître de la maison qui lui remet la bure en le chassant et qui le menace, s'il ne disparaît pas assez vite, de lui faire subir le sort de Socrate, que son épouse Xanthippe éloignait en lui jetant des eaux usées. À la scène suivante, puisque le fils commence ses bruyantes lamentations, le maître excédé ouvre effectivement sa porte et l'asperge en le traitant de scélérat et de gibier de potence. Le malheureux se met à geindre de plus belle, tout en s'écartant du lieu de ses désillusions. Le public se prend à sourire au moment où la comédie vire à la farce. Il n'empêche que, par cet ajout, la scène gagne en mouvement, le ton reste léger et le monologue qui devait être statique en est d'autant raccourci. Cette variante, qui porte plus sur le jeu que sur le texte, révèle un sens intuitif de l'efficacité.

La troisième modification est encore différente. La scène 2 de l'acte V se présente comme un autre long monologue, où le fils s'abandonne cette fois vraiment au désespoir. Finalement il se demande si un dieu ne pourrait pas le prendre en pitié. Il trouve en lui la réponse, immédiate, sèche et sombre :

> Ils m'ont à ce point abandonné que cela me paraît impossible.

Dans le texte remanié, il se pose la même question, mais, trop épuisé, il ne peut répondre dans l'instant :

> La souffrance m'oblige à poser ma tête sur cette pierre.

La scène s'achève donc ici sur un silence, et surtout sur l'immobilisation du personnage, dans une posture incommode, la douleur engourdissant son esprit, sans briser toutefois l'espérance. La triste fin que l'on entrevoyait se mue cette fois en une fragile attente.

À travers ces exemples, on comprend ce que signifie concrètement « revoir » un texte. La première modification touche au contenu didactique, la deuxième à la dramaturgie et la troisième à l'esthétique. Il est dommage que les éditeurs modernes de l'*Acolastus* n'aient pas reproduit le texte définitif ou confronté pour le moins les deux versions. Sans doute cela tient-il aux conditions du commerce du livre. Quand une œuvre à succès est imprimée un peu partout, les éditions se multiplient sans se disséminer, sans même circuler. Chacune trouve sur place son lot de lecteurs et se conforme le plus souvent aux précédentes, produites à proximité. En somme, les nombreuses copies de l'*Acolastus* ont fini par figer le texte primitif au bout d'une génération, quoi que fasse Gnapheus. Aujourd'hui encore, les grandes œuvres échappent à leurs auteurs. On peut ainsi comprendre pourquoi Tiron a traduit l'*Acolastus* dans sa version initiale, qu'on peut qualifier de classique, en un temps où l'on éditait et rééditait pourtant la nouvelle version à Anvers, où il résidait.

L'*Acolastus* a d'abord été traduit en allemand et en anglais. Georg Binder, pédagogue proche de Zwingli, en a publié et fait jouer une version en vers allemands à Zurich en 1535. Il a suivi de près le découpage de l'original, mais il a ajouté un *Appendix* de près de trois cents vers, sans doute pour donner un tour joyeux à la fin du spectacle, qui met en scène le festin organisé pour le retour du fils. Outre des valets, on y voit intervenir le frère aîné, appelé Eunomius, le « sage » en somme, ainsi que la mère, qui porte le nom de Sophrona, comme les nourrices chez Térence. Cette version a été plusieurs fois rééditée jusque dans les années 1570[49]. Peu après, le maître d'école catholique Wolfgang Schmeltzl, installé à Vienne, en a également publié une traduction en vers allemands, mais fortement raccourcie, surtout vers la fin. Le frère aîné, ici encore appelé Eunomius, y intervient aussi, mais il n'y a pas d'appendice festif comme chez Binder. Cette pièce a été imprimée en 1545, telle qu'elle fut jouée cette année-là, nous dit le titre, en présence de Charles Quint. Schmeltzl a composé d'autres pièces bibliques en allemand[50]. Plus connue peut-être est la traduction en prose anglaise de John Palsgrave, grammairien et chapelain du roi Henry VIII. Elle a paru à Londres en 1540. Le titre de cette édition, à vocation strictement scolaire, indique qu'on y trouvera une double traduction, d'abord une restitution au mot à mot, puis un rendu global en fonction du sens, le tout accompagné de plusieurs exposés de rhétorique et de métrique, ainsi que d'un grand nombre d'annotations marginales. En définitive, ce travail philologique dénature un peu l'*Acolastus* dont on souhaitait au départ célébrer les beautés[51]. Si les traducteurs allemands conservent une perspective dramaturgique tout en s'affranchissant des codes latins, Palsgrave réduit la pièce à un exercice de classe. Les trois traducteurs perdent un peu de vue l'esprit de la comédie sacrée. Comme on le verra, Antoine Tiron fera preuve d'une plus grande finesse.

---

49 Bosshart (rééd. car. gothiques) ; Bolte, p. XIV ; Michael, p. 202.
50 Schmeltzl, I, p. 147-188 (texte de la pièce), 345-370 (commentaire).
51 Carver (rééd. fac-similé).

GEORGIUS MACROPEDIUS

Georgius Macropedius, de son vrai nom Joris van Lanckvelt, est le plus célèbre pédagogue hollandais de la Renaissance. Né en 1487 à Gemert, en Brabant-Septentrional, il a fait ses études à Bois-le-Duc. D'abord frère de la Vie commune, puis prêtre, il s'est entièrement consacré à l'enseignement. Toute sa carrière, de 1530 à 1558, année de son décès, s'est déroulée à Utrecht, où il fut recteur du collège Saint-Jérôme. Pendant tout ce temps, il ne s'est absenté que pour un bref voyage à Rome, vers 1540. Sa réputation de maître accompli, bon catholique de surcroît, s'est affirmée grâce à la publication régulière de manuels et de pièces de théâtre latines qu'il faisait jouer par ses élèves[52].

Son répertoire, qui nous intéresse ici, comporte douze pièces en cinq actes et en vers, publiées entre 1535 et 1556, le plus souvent à Bois-le-Duc, Anvers et Utrecht[53]. Les actes s'achèvent par des chœurs qui devaient être chantés et dont Macropedius composait lui-même la musique[54]. L'ensemble n'a pas une grande unité, ni par les thèmes ni par l'inspiration. La forme emprunte autant aux vieilles moralités qu'à la comédie latine. On n'y sent pas une intention polémique. Il semble plutôt que chaque pièce ait été motivée par le succès ou les critiques des précédentes, sans projet affirmé. Les prologues, avec leurs habituelles précautions et interprétations, révèlent un souci de prudence et de formation morale, ce qui n'exclut pas l'humour. L'auteur se plaît à écrire et écrit pour plaire. Cinq pièces traitent un sujet biblique ou religieux. Évoquons rapidement les deux plus tardives, qui sont aussi les moins réussies : *Adamus* et *Jesus scholasticus*, publiées respectivement en 1552 et 1556[55].

---

52 Giebels / Slits ; Bloemendal ; notice dans KNAW. Bibliographie dans *BB*, IV, p. 5-23.

53 Giebels / Slits (CD joint avec transcription des douze pièces) ; Bloemendal, éd., *Georgius Macropedius / Verzameld toneel* (trad. néerl. des douze pièces) ; Best (analyse des pièces) ; Michael, p. 204-208 ; Hartelust (sources).

54 Liliencron ; Grijp.

55 On met à part la pièce tardive *Hypomone* (1554), même si elle met en scène certains personnages bibliques. Il s'agit d'une stricte moralité, au centre de laquelle évoluent les deux sœurs Hypomone et Graphè, allégories de la Patience et de l'Écriture sainte, qui exhortent, dans une suite de tableaux, différents personnages tentés par le désespoir, comme Job, le vieux Tobie, David, Lazare et le prophète Élie. Giebels / Slits, p. 274-278 ; Best, p. 165-168.

Adamus se présente comme une « fable pleine de piété chrétienne, dans laquelle est montré, de façon comique, comment l'homme déchu retrouve, après de nombreuses calamités et misères endurées pendant des siècles, la perspective de son salut, grâce au Christ promis dès l'origine et enfin venu en ce monde[56] ». En fait de « fable », il s'agit plutôt d'une fresque ou suite de tableaux qui se déroulent « comiquement », c'est-à-dire dans un sens heureux pour l'homme. En effet, chaque acte correspond à un temps de l'humanité. Constamment présents, Adam et Ève, à l'origine de la déchéance, traversent cinq périodes bibliques. Successivement ils côtoient Caïn et Abel leur progéniture, puis Abraham et son fils Isaac, Moïse et Aaron, puis David, Goliath et les principaux prophètes, enfin, dans le dernier acte, Marie et Joseph, Siméon, Élisabeth et Zacharie, sans omettre l'archange Gabriel, porteur de la promesse. Le message est limpide. Dans un ensemble plutôt bavard et statique, Macropedius déploie une certaine inventivité. Le même constat se dégage du *Jesus scholasticus*, sa dernière œuvre[57]. Elle met en scène l'épisode de Jésus enfant dans le temple de Jérusalem, au milieu des docteurs. Là encore, la tension dramatique, impossible à rendre, est compensée par la déambulation d'une quantité de personnages secondaires qui se croisent ou se cherchent. On y rencontre, comme on s'y attendait, Joseph et Marie, les parents anxieux, ainsi qu'Élisabeth, Zacharie et leur fils. De façon judicieuse, l'auteur a rassemblé en outre un certain nombre d'enfants, de l'âge de Jésus, promis à devenir les premiers acteurs du christianisme, présents dans les Actes des apôtres, comme Saul le futur Paul, Étienne le futur protomartyr, le futur apôtre Jean fils de Zébédée, Justus qui remplacera Judas. Chacun parle à son tour, préfigurant plus ou moins sa destinée. Le spectacle, plein d'échos, pouvait être plaisant. Dans le bref épilogue, qui donne la leçon, l'auteur exhorte la jeunesse à rester humble, droite et soumise comme l'était Jésus à douze ans ; il estime qu'on peut l'excuser d'avoir exhibé le Christ sur scène, puisqu'il ne le montre qu'en son bas âge ; enfin il assure, en jouant le maître sévère, que celui qui estimerait déplacé qu'on applique à Jésus le qualificatif de *scholasticus* pourrait fort bien pour sa peine être traité lui-même d'une

56 On traduit la mention figurant au titre. Analyse dans Giebels / Slits, p. 266-274 (page de titre reproduite en p. 267) ; Best, p. 159-165.

57 Analyse dans Giebels / Slits, p. 278-285 (page de titre reproduite en p. 279) ; Best, p. 153-158.

façon « scolastique ». En approchant mieux ces œuvres oubliées, on retrouverait une certaine richesse de l'ancien théâtre scolaire.

Les trois autres pièces bibliques touchent de plus près à ce qu'on appelle la comédie sacrée, surtout en raison de leur caractère formel. Il s'agit, chronologiquement, de l'*Asotus*, du *Lazarus mendicus* et du *Josephus*. La première est une autre adaptation de la parabole du Fils prodigue. Elle a été publiée en 1537, donc bien après celle de Gnapheus, mais l'auteur assure, dans son épître dédicatoire, l'avoir écrite trente ans plus tôt[58]. Il est possible que le succès de l'*Acolastus* l'ait dissuadé longtemps de publier une pièce sur le sujet. En tout cas, cet *Asotus*, tel que nous le découvrons, ne doit rien à Gnapheus et comporte, pourrait-on dire, certaines maladresses de débutant. Ce qui frappe au premier abord, c'est son architecture, qui ne respecte pas le déroulement, pourtant si commode, du récit biblique. Le père, nommé cette fois Eumenius, a deux fils qui s'opposent en tous points : l'aîné, Philaetius, est courageux mais sombre[59], tandis que le cadet, Asotus, se montre insouciant et dépensier. Comme le père est parti en voyage avec son aîné, Asotus organise dans la maison, avec la complicité de serviteurs et de parasites, un grand festin, où deux courtisanes sont conviées. Alerté par un serviteur qui lui est resté fidèle, le père revient précipitamment et fait bonne justice des coupables. Durement réprimandé par son frère, Asotus finit par réclamer sa part d'héritage. L'ayant obtenue, il loue un bateau et part au loin en compagnie des deux courtisanes. Quatre actes se sont ainsi écoulés. Le dernier se situe un an après. Le père a appris que son fils vivait dans la misère et songeait, sans se décider vraiment, à revenir solliciter son pardon. Finalement il revient et retrouvera sa place dans la maison. L'aîné, d'abord réticent, accepte de participer à la célébration de ce retour. Les serviteurs et parasites qui s'étaient faits complices d'Asotus au début sont eux aussi pardonnés. En situant seulement le départ d'Asotus à l'acte IV et en le faisant rentrer à l'acte suivant, Macropedius prive le spectateur des moments forts de l'histoire, auxquels Gnapheus a consacré de longues scènes et de beaux monologues, à savoir le contact

58 Le titre se traduit ainsi : « Le Débauché de l'Évangile, ou parabole évangélique du Fils prodigue, racontée à la manière comique par Georgius Macropedius », éd. *princeps* de Bois-le-Duc, 1537, en ligne (archive.org ou Eromm web search). Analyse dans Giebels / Slits, p. 225-233 ; Best, p. 28-41 ; Atkinson, p. 223-224 (comparaison entre l'*Asotus* et l'*Acolastus*). Éd. moderne par Puttiger (texte lat., trad. néerl.).

59 *Ευμενίου* = bon ; *Φιλοίτιος* = dévoué (comme le bouvier d'Ulysse).

brutal avec la misère et la famine, et surtout le lent cheminement vers le repentir. Tout ici se passe au loin. Nous ne voyons le fils qu'à travers les yeux du père. On peut expliquer une telle dramaturgie de deux façons. D'une part, Macropedius n'a sans doute pas voulu montrer les scènes de la déchéance, gardant en cela la discrétion du texte évangélique. Il s'est contenté de suggérer, par le festin licencieux organisé au début dans la maison paternelle, les faiblesses du fils et d'annoncer ainsi son comportement à venir. Il ne s'est donc pas accordé la franche audace de Gnapheus. D'autre part, il avait peut-être en tête certaines comédies latines qui lui offraient des modèles qu'il n'était pas encore en mesure d'adapter ou de dépasser. Dans son prologue, il fait allusion à Plaute, en particulier à la comédie des *Captifs*, où l'on assiste aux tourments d'un vieillard longtemps privé de ses fils. D'autres passages font également penser à la comédie du *Revenant*, qui parle d'un fils ayant dissipé tout le bien de son père. L'*Asotus* est ainsi tributaire de ses sources, tant en ce qui concerne les situations que les nombreux emprunts linguistiques[60]. Cela dit, à la fin de l'acte III, à un moment où l'on s'y attend le moins, deux diables sortis du Moyen Âge surgissent sur la scène, nommés Bélial et Astaroth, qui viennent se réjouir qu'Asotus, en décidant de rompre avec son père, soit un jour leur proie. Bouffonnerie déplacée, joyeux intermède, manque de goût ? Il semble que Macropedius, dès cette première pièce, triomphe malgré tout de bien des contraintes et inaugure un théâtre où la liberté sera beaucoup plus présente qu'on ne l'imagine au départ.

Le *Lazarus mendicus*, publié en 1541, s'apparente aussi à la comédie sacrée[61]. Comme la parabole du Fils prodigue, celle du mauvais Riche et du pauvre Lazare avait des atouts. Outre ses qualités dramatiques, elle délivre un message simplement consolatoire, alors que celle du Fils prodigue suggère plutôt une morale. Pour traiter le thème, qui touche à la mort et aux conditions du salut individuel, Macropedius a repris des situations qu'il avait développées dans une pièce antérieure[62], mais il s'est en outre inspiré du sujet européen classique de l'*Everyman*[63]. Sans doute connaissait-il aussi les moralités imprimées ici et là. Toujours est-il que

---

60 Hartelust, p. 28-31 (emprunts aux *Captifs* et au *Revenant*).

61 L'édition *princeps* d'Utrecht, 1541, est en ligne (Eromm web search). Analyse dans Giebels / Slits, p. 233-240 ; Best, p. 124-135.

62 Il s'agit de l'*Hecastus* (Anvers, 1539). Se reporter à Best pour les emprunts.

63 Voir Bourgne.

son *Lazarus* se présente comme une pièce foisonnante et gesticulante. Dans la *Moralité nouvelle du mauvais riche et du ladre à douze personnages*, publiée vers 1500, apparaissaient l'épouse du mauvais riche, son homme de peine et son cuisinier, mais aussi, comme le public l'imaginait, Dieu le Père, Abraham, un archange, et surtout Satan, Lucifer et leurs suppôts[64]. Dans le *Lazarus*, on retrouve, mais démultipliés, la plupart de ces personnages, qui marquent le passage de la vie humaine à l'au-delà. Le mauvais riche, appelé Laemargus, est entouré de son épouse Tryphera[65], de ses frères, comme évoqués dans l'Évangile, d'un bon nombre de serviteurs, plutôt bien caractérisés, qui empruntent pour certains leur nom à Térence. Quant à Lazare, il se distingue parmi d'autres mendiants, petits ou grands, qui se disputent à la porte du riche. Bien sûr, Dieu est cette fois absent, mais trois anges seront là pour conduire Lazare au moment opportun dans le sein d'Abraham. On retrouve les diablotins Bélial et Astaroth, que le public avait rencontrés dans l'*Asotus* et qui participent à l'action à partir du moment où, dans l'acte IV, la mort du riche devient probable. En tout, vingt-cinq personnages, sans compter les chœurs, qui vont et viennent pour les préparatifs d'un banquet qui n'a pas encore eu lieu à la fin de l'acte III. L'auteur, comme c'est souvent le cas dans le théâtre scolaire, avait manifestement prévu de faire jouer toute une cohorte de collégiens. Pour imaginer la mise en scène, il faut prendre aussi en compte, puisque Macropedius était musicien, les nombreuses parties chantées, qu'il s'agisse de paraphrases bibliques ou de joyeux appels à brandir le *cantharus*, comme chez Plaute[66]. Le *Lazarus mendicus* restitue assez bien, du moins dans sa première moitié, l'ambiance de la comédie latine, mais en l'absence de toute vigueur dramatique. En raison de sa couleur et de son hybridité, la pièce ne débouche pas, comme la *Moralité nouvelle*, sur une remontrance verbeuse. Les rééditions de Cologne, à partir de 1550, la présentent comme la « comédie sacrée du riche banqueteur et du mendiant Lazare », en insistant sur la leçon qu'elle véhicule[67]. Sa représentation fut appréciée. C'est du moins ce que laisse entendre le prologue du *Josephus*.

64 Édition (Paris ? 1505-1510 ?) accessible dans Gallica (NUMM-70574).

65 *Λαμαργος* = gourmand ; *Τρυφερα* = tendre.

66 Par exemple *Pseudolus*, 1051 ; *Les Ménechmes*, 187 ; *Le Revenant*, 347.

67 Les pages de titre ajoutent que cette « histoire fort éloquente » est une « sévère mise en garde contre ceux qui débordent de richesses et se montrent durs avec les pauvres », mais

Même s'il n'a été publié qu'en 1544, le *Josephus* a dû être composé un ou deux ans plus tôt, sans doute avec l'espoir de renouveler le succès du *Lazarus*[68]. Dans son épître dédicatoire, dont on propose ci-dessous une traduction, l'auteur en parle comme d'un projet déjà ancien, retardé par les tracasseries du quotidien. Cette épître évoque aussi, avec sensibilité, l'attachement de l'écrivain à son œuvre :

> Georges Macropedius adresse son salut à Jacobus Delfius[69].
>
> Tu penseras peut-être, cher Jacobus, que tu récupères ma pièce *Josephus* en vertu du droit de *postliminium*, étant donné que je te l'ai dédiée dès l'an passé mais que je l'ai depuis ce temps gardée captive, si je puis dire[70], jusqu'à ce que je me décide à la mettre au net. Quand tu auras eu de mes nouvelles, tu comprendras, je le sais, que ce retard est dû à mes occupations incessantes, tant privées que scolaires. Il est vrai qu'elles me retiennent et tiraillent tellement qu'il ne m'est guère permis actuellement de me soucier de mes propres affaires et obligations. Reçois donc ce petit présent littéraire, bien que modeste, fruit de mes veilles, et fais-lui bon accueil. Et si par hasard il plaît, ce qui est mon souhait, confie-le aux presses dans l'intérêt de tous les lettrés. Si, dans le cas contraire, il devait disparaître, il faudrait alors me laisser au moins un exemplaire en vue d'une révision du texte.
>
> J'ignore vraiment pourquoi chaque mère – il y a comme une nature en commun de tous les êtres vivants – désire prendre soin de son enfant, si disgracié soit-il à sa naissance, et non le voir périr, sinon parce que, comme le dit un vieux proverbe, chacun trouve belles ses propres œuvres[71]. Pour ce qui est de la guenon, elle nourrit, réchauffe et embrasse ses petits, même s'ils sont difformes[72]. Quant à

---

qu'elle est aussi « une vraie consolation pour les affligés et ceux qui vivent dans la misère à cause de leur grand dénuement ».

68 *Iosephus Macropedii, fabula sacra, pietatis et pudicitiae cultoribus perlegenda*, Antverpiae, excudebat Michael Hillenius, 1544, in-8°, [40] f. (2035 vers), en ligne (books.google). Description typographique dans *BB*, IV, p. 18 (M 72). Analyse dans Giebels / Slits, p. 240-251 ; Best, p. 137-153.

69 On laisse *Jacobus*, faute de pouvoir trancher entre Jacques et Jacob. Ce personnage, probablement maître d'école, appartenait-il à la famille patricienne Van der Dilft d'Anvers ? Était-il apparenté à Gillis van Delft, du diocèse d'Utrecht (Bietenholz, vol. 1, p. 382-383, 392-393) ? Faut-il l'identifier à Jacobus Delphensis, inscrit en 1520 à l'Université d'Orléans (Giebels / Slits, p. 241, note 19) ?

70 Macropedius poursuit la métaphore juridique : selon le droit romain, une *res capta* reprise à l'ennemi devait retourner à son ancien propriétaire (Dig. XLIX, 15, *De captivis et postliminio reversis*).

71 Érasme, adage 115 (*Suum cuique pulchrum*).

72 Adage 1017 (*Sine rivali diligere*). Il y est question de ceux qui aiment aveuglément ce que personne d'autre ne convoite. Érasme fait un parallèle entre la guenon, qui admire et caresse sa laide progéniture, et le mauvais poète qui est seul à admirer ses écrits. Cette comparaison faisait déjà l'objet de la fable 14 d'Avianus (*La Guenon et Jupiter*). Autre

l'ourse, si l'on en croit Pline[73], elle forme et façonne peu à peu son ourson qui n'a pas encore d'apparence en le léchant, et, une fois façonné, elle le presse sur sa poitrine d'un mouvement naturel, afin de le réchauffer délicatement. On peut raconter cela en plaisantant, mais toi, considère cette pièce avec sérieux, examine-la et retouche-la selon ton jugement. Porte-toi bien, cher Jacobus, et conserve-moi ton amitié, comme à l'ordinaire.

Utrecht, le 16 août 1544.

Il est inutile de rappeler à quel point l'histoire de Joseph a inspiré la littérature à toutes les époques, et pas seulement le théâtre. Macropedius a évidemment retenu la période de la vie du personnage où il s'impose, sous les yeux de la jeunesse, comme un modèle d'honnêteté et de mesure, c'est-à-dire depuis le moment où il est emprisonné à la suite des fausses accusations de la femme de Putiphar, jusqu'au jour où, après avoir interprété les songes de Pharaon, il devient le second du royaume d'Égypte. Tout un itinéraire qui montre comment échapper aux pièges de l'adolescence et assumer les responsabilités de la vie adulte. Tout le monde avait aussi en mémoire la leçon, peut-être moins pénétrante parce que tragique, laissée par l'Hippolyte d'Euripide et de Sénèque. Plus tard, au temps des collèges jésuites, le romain Crispus, surtout connu grâce à Zonaras, allait offrir un autre modèle de pudeur héroïque, mais on ne lisait pas encore aisément la littérature byzantine dans la première moitié du XVIe siècle[74]. Le *Josephus* de Macropedius se présente au titre comme une « fable sacrée, que doivent lire entièrement ceux qui cultivent la piété et la pudeur ». Il faut en quelque sorte, comme souvent au théâtre, exhiber le péché pour mieux exalter celui qui n'y sombre pas.

Il n'y a pas lieu d'en refaire ici l'analyse. On ne peut que renvoyer aux études, récentes et approfondies, concernant le personnage de Joseph sur le théâtre de la Renaissance, et en particulier aux comparaisons qui ont été faites des nombreux drames scolaires qui lui ont été consacrés[75]. Il convient cependant de signaler la place exceptionnelle occupée à l'époque par le *Joseph* de Cornelius Crocus, qui a connu un succès européen semblable à celui de l'*Acolastus*. Crocus, ou Kroock en néerlandais, est

---

comparaison entre la guenon et le mauvais poète dans l'adage 1454 (*Simiarum pulcherrima deformis est*).

73 *Histoire naturelle*, VIII, 126-127. Autre allusion chez Ovide, *Métamorphoses*, XV, 379-381.

74 Voir Forestier, avec références sur Crispus en note.

75 C'est l'objet de la thèse de Lebeau, *Salvator mundi*. Voir aussi Kupisz.

un pédagogue d'Amsterdam, qui enseigna les humanités, tardivement la théologie à Louvain, et qui s'engagea dans la lutte antiprotestante. Contrairement à Macropedius, il voyagea beaucoup. À la fin de sa vie, il entra chez les jésuites et mourut à Rome en 1550[76]. Il a laissé des écrits didactiques et polémiques, une riche correspondance, et surtout une pièce scolaire qu'il publia en 1536, au moment où il était encore recteur de collège à Amsterdam[77]. Cette pièce se présente comme une « comédie sacrée, intitulée *Joseph*, pour l'instruction de la jeunesse chrétienne, avec, en marge, les sources utilisées et les règles antiques », autrement dit les références bibliques et les termes de métrique[78]. Elle a été éditée un peu partout, notamment à Anvers, à Paris et en plusieurs villes d'Allemagne[79]. On la retrouve dans des recueils collectifs où figure parfois aussi l'*Acolastus*[80]. Ceux qui l'ont analysée insistent sur ses qualités de composition, sur la netteté de ses personnages, sur la maîtrise de l'écriture et le respect de l'Antiquité[81].

En abordant le même thème, Macropedius n'avait d'autre possibilité que de se démarquer de ce modèle. Il avait alors assez d'expérience du théâtre pour tenter autre chose. C'est ce qu'il fit. Lebeau, qui lui consacre une grande place dans sa thèse, présente le *Josephus* comme une « comédie d'intrigue », dont le « scénario complexe » s'écarte quelque peu de la Bible, mais sans jamais perdre sa visée édifiante. En effet, Macropedius a identifié Putiphar, le chef des gardes dont Joseph était l'esclave, avec le grand prêtre Putiphéra, dont Joseph épousa par la suite la fille. De la sorte, son jeune héros devient à la fin le gendre de celle qui voulait porter atteinte à sa vertu. Il en résulte un « effet piquant » qui donne à l'ensemble un caractère enjoué et trépidant, et qui surtout

76 Sterck, p. 77-90 ; notice dans KNAW.

77 *BB*, VI, p. 177-192 (analyse de la réédition de ses œuvres à Anvers, en 1612-1613, par le jésuite André Schott).

78 *Comoedia sacra, cui titulus Joseph, ad Christianae juventutis institutionem, juxta locos inventionis, veteremq. artem, nunc primum et scripta et edita per Cor. Crocum Amsterodami ludimagistrum*, Antverpiae, in aedibus Joan. Steelsii, 1536 (Gallica, NUMM-850185).

79 Sur la fortune scolaire de la pièce, voir Spies. Traduction allemande tardive (Strasbourg, Nicolas Wyriot, 1583).

80 *Comoediae ac tragoediae aliquot ex Novo et Vetere Testamento desumptae...* (Bâle, Brylinger, 1540) ; *Dramata sacra. Comoediae ac tragoediae aliquot e Veteri Testamento desumptae...* (Bâle, Oporin, 1547). L'*Acolastus* ne figure évidemment pas dans ce second recueil. Voir Bloemendal, « Neo-latin drama... », p. 311-316.

81 Lebeau, *Salvator mundi*, p. 88-89, 301-326 ; Best, p. 136 (comparaison avec le *Josephus* de Macropedius).

fait de la femme de Putiphar le personnage central, tour à tour fourbe, insinuante, enjôleuse, agressive et, pour finir, pleurnicharde et assagie. Elle est le seul personnage présentant du relief. Les autres font assez pâle figure, y compris Joseph qui incarne la vertu et la répand autour de lui. Putiphar est honnête, sans nuance, et se sent accablé au moment où, la vérité éclatant, il pourrait à son tour devenir une victime. Sa méfiance constante à l'égard de sa femme le rend sympathique. Les serviteurs, qui ne sont jamais dupes, peuvent friponner, mais sans méchanceté. Macropedius, de plus en plus inventif, fait preuve ici, comme le dit encore Lebeau, d'une « aisance désinvolte » et d'un « humour subtil » qui font le charme de sa pièce, un charme auquel on est encore sensible aujourd'hui[82]. Mais il faut se méfier de nos critères modernes. Ce qui nous séduit dans ce type de vaudeville avant la lettre, c'est peut-être ce qui déplaisait le plus aux lecteurs ou spectateurs du temps. Ce que nous considérons comme une sorte d'enthousiasme créatif pouvait apparaître comme manière débridée ou licencieuse[83]. Il ne semble pas que le *Josephus* ait été réédité isolément. Même jusqu'à une époque récente, on l'a délaissé, alors que d'autres pièces de Macropedius ont fait l'objet d'études critiques[84].

Entre 1552 et 1554, Macropedius a réédité à Utrecht l'ensemble de ses « fables comiques » en deux volumes. Il y manque évidemment le *Jesus scholasticus* qui n'était pas encore écrit. Dans certaines pièces, on constate qu'une scène non numérotée a été ajoutée, dite « intercalée », ce qui justifie la mention « à nouveau révisées », portée au titre[85]. Mais le plus intéressant tient à l'insertion de la musique de tous les chœurs, à la fin de chaque acte, sous la forme de deux ou trois portées. Ce gros recueil, un peu laborieux, résume pratiquement toute une carrière

82 Lebeau, *ibid.*, p. 89.

83 *Ibid.*, p. 326.

84 On retrouvera les éditions modernes dans Giebels / Slits, p. 350-363 (bibliographie).

85 *Omnes Georgii Macropedii fabulae comicae, denuo recognitae et justo ordine (prout editae sunt) in duas partes divisae…*, Ultrajecti, Harmannus Borculous, 1552 [suivi de :] *Comicarum fabularum Georgii Macropedii tomus secundus…*, Ultrajecti, Harmannus Borculous, 1553, 2 vol. in-8°, signature propre à chacun, en ligne (books.google). *BB*, IV, p. 11-12 (M 53) ; Giebels / Slits, p. 184-185. Le premier volume regroupe donc quatre pièces bibliques et religieuses, dont on a parlé (*Asotus, Lazarus mendicus, Josephus, Adamus*), ainsi que les deux moralités pieuses (*Hecastus, Hypomone*) ; le *Josephus* (f. sign. L-$Q_{[6]}$) n'a pas de page de titre propre, mais porte à la fin un achevé d'imprimer daté de 1553 ; l'*Hypomone* comporte une autorisation d'impression datée de mai 1554. Le second volume contient les cinq pièces profanes que l'on n'aborde pas ici (*Aluta, Rebelles, Petriscus, Andrisca, Bassarus*).

dramatique sur une vingtaine d'années. Outre les paratextes, on dispose de peu de documents qui informent sur la réception de ce théâtre. Ce qui est sûr, c'est qu'il avait vocation à être joué ou, pour le moins, comme l'indique le titre du *Josephus*, « lu entièrement[86] ». C'est un ensemble très personnel, dans lequel les pièces qui s'apparentent à la comédie sacrée sont peut-être les plus contraintes, mais non les moins réussies. A-t-on reproché à l'auteur une inspiration trop libre, un cheminement incertain ? Signalons qu'il fut lui aussi mis un temps à l'index. Dans la liste des titres prohibés par Rome en 1557, on trouve les « *Georgii Macropedii comoediae et tragoediae*[87] ».

ANTOINE TIRON

Antoine Tiron est connu comme traducteur et correcteur d'imprimerie à Anvers, dans les années 1560-1580[88]. Il devait être également maître d'école, ce cumul d'activités étant courant[89]. On rencontre son patronyme dans des archives, sous différentes graphies, mais les informations sont trop fragmentaires pour qu'on puisse établir des parentés[90]. Il a traduit en français, qui était sa langue maternelle, des textes latins, néerlandais ou castillans, à vocation pédagogique ou édifiante[91]. Ses livres ne le révèlent guère. Il affiche sa ferveur catholique dans certaines épîtres

86 « *perlegenda* ». On ne sait si le *Josephus* a été représenté. Voir à ce sujet Lebeau, *Salvator mundi*, p. [946], tableau (1), n° 9.

87 Bujanda, VIII, *Index de Rome*, 1557, notice 061, p. 225, 728. Cette condamnation a été apparemment établie sur la base des indications fournies par la notice consacrée à Macropedius dans la *Bibliotheca universalis* de Conrad Gesner, elle-même prohibée. Les censeurs se servaient de livres qu'ils avaient condamnés pour en condamner d'autres, indirectement. Voir aussi Giebels / Slits, p. 311-312.

88 *BNB* ; Miotti, p. 3-9.

89 Son nom n'apparaît pas dans les listes de la guilde des maîtres d'école d'Anvers. Voir Poffé.

90 Un certain David Tiron était greffier au bailliage de Rouen en 1562 (Lebeurier, p. 86). Sur des sites généalogiques courants, on trouve mention d'Antoine Tyron, né en 1540 en France, marié à Anvers en janvier 1574 avec Catharina Daneels. Voir aussi Lebègue, p. 163, note 2. On conserve ici la graphie Tiron pour le patronyme.

91 Bibliographie complète, avec localisations, dans Cullière, « La première anthologie… », p. 72-74.

dédicatoires[92]. Dans celles qui s'adressent à des jeunes gens en fin d'étude, il apparaît comme un maître soucieux de travailler pour le « profit de la jeunesse », soit de sa propre initiative, soit en répondant aux projets des libraires[93]. C'est surtout grâce aux mentions qui le concernent dans les annales de l'imprimerie Plantin qu'on peut reconstituer son parcours[94]. Christophe Plantin l'a employé à titre permanent de 1564 à 1566. Il lui a également confié pendant cette période l'éducation de ses filles[95]. Ses tâches d'atelier, dont on connaît la nature et les salaires, consistaient à relire ou copier des manuscrits, à établir des notes marginales, à dresser des index et tables des matières, donc à mettre les œuvres au net avant la presse. Les mêmes annales indiquent aussi diverses traductions qui lui auraient été commandées, mais qui n'ont pas vu le jour. Après un séjour à Liège, à compter de mai 1566, Tiron est revenu à Anvers, où Plantin a continué de l'employer occasionnellement jusqu'en 1582[96]. Il l'a notamment chargé de traduire l'*Institution de la femme chrétienne* de Vivès, publiée en 1579. Comme traducteur, Tiron a surtout travaillé avec d'autres imprimeurs anversois.

Mis à part quelques vers d'escorte, il n'a rien écrit[97]. Dans la dédicace de sa traduction de Vivès, il définit avec modestie la part qui lui revient : « Il n'y a rien de moi que les paroles appropriées au sens de l'auteur[98]. » C'est là un propos qu'on pourrait généraliser, mais ce serait oublier le rôle important des traducteurs à partir de la Renaissance dans la diffusion

---

92 *Promptuaire des exemples des vices et des vertus*…, Anvers, 1569, p. [6]-[7] lim. : « Étant donc ces exemples […] non seulement profitables, mais aussi nécessaires pour l'instruction, correction et salut des fidèles, dignes d'être à toujours imprimés ès cœurs des bons catholiques… ».

93 *Épîtres morales de M. Jean Tissier*…, Anvers, 1563, f. [2] v° : « … lesquelles [épîtres] sont comme un tableau par moi grossement imité pour le profit de la jeunesse » ; *L'Histoire de l'Enfant prodigue*…, Anvers, 1564, f. [2] v° : « Et pourtant ayant délibéré écrire quelque chose en ma langue maternelle française, pour le profit et instruction de la jeunesse… ».

94 Voet, art. 854, 964, 996, 1589, 2077, 2091, 2174, 2468. ; *BNB*, col. 328.

95 Rooses, p. 231. Le *Journal de Marguerite Plantin*, de Bertheroy, évoque les trois années pendant lesquelles Tiron a appris le latin aux filles de Plantin. Ce *Journal* est évidemment une fiction, mais il s'appuie sur une connaissance très sûre des archives plantiniennes.

96 Comme trace du séjour de Tiron à Liège, voir la dédicace du *Promptuaire* à Gérard de Groesbeeck, prince évêque de Liège. À Liège, Tiron aurait notamment été employé par un chanoine bénéficier de la cathédrale Saint-Lambert pour la préparation de sermons. Voir éventuellement Bertheroy, p. 160-161.

97 188 alexandrins *Aux lecteurs*, dans le *Refuge et garant des pupilles*… de Josse de Damhoudere, Anvers, 1567, f. [5] v°-[8] r° lim.

98 *Institution de la femme chrétienne*, Anvers, 1579, p. 3.

de la culture. Ils n'étaient plus « invisibles » et pouvaient acquérir de la réputation, même si les témoignages contemporains sont rares[99]. En tout cas, Plantin a rendu hommage aux traductions de « maître Antoine Tiron », qu'il considérait comme « assez bien accoutumé et propre à telles choses », estimant qu'il accomplissait son devoir en la matière avec « propriété et fidélité[100] ». En 1574, Étienne de Walcourt adressait ces vers à son collègue Tiron, qu'il connaissait de longue date :

> On a pieça connu que le désiré fruit
> De tes traductions a été bien utile
> Pour rendre la jeunesse aux lettres plus fertile,
> Dont tu en as acquis un honorable bruit[101].

Dans le domaine du théâtre, Tiron n'a pas seulement traduit Gnapheus et Macropedius. Par la suite, il a collaboré au moins à deux reprises à des éditions. Les annales de Plantin signalent qu'on a eu recours à lui en mars 1566, au moment de la publication des *Comoediae viginti* de Plaute. Pour cette grosse entreprise, engagée par Joachim Camerarius et continuée par Jean Sambuc, plusieurs philologues avaient fourni des annotations et commentaires. Le modeste rôle de Tiron a consisté à copier certaines « observations » destinées à l'équipe éditoriale[102]. Son nom ne figure évidemment pas dans le livre. En revanche, il semble avoir pris réellement part à la réédition à Anvers, en 1580, des *Trois comédies françaises* de Gérard de Vivre. Le titre indique qu'il a « revu et corrigé » l'ensemble. En l'absence de toute autre indication, on peut supposer qu'il a réuni les pièces, qui avaient été publiées séparément trois ans plus tôt, et qu'il les a relues, peut-être à la demande de l'auteur, exilé à Cologne[103]. Ce recueil, fait « pour l'utilité de la jeunesse et usage des écoles françaises » a été réimprimé quatre fois, tant à Anvers qu'à Rotterdam, entre 1589 et 1602. Tiron a participé à ce succès, puisque

99 Lochert / Schweitzer, p. 17 : « Ce dernier [le traducteur] a cependant tendance à se faire de moins en moins invisible [...] Faisant entendre une voix singulière, il n'est plus seulement le passeur d'une langue à une autre, mais un auteur secondaire, inscrit dans une démarche interprétative, qui propose un texte original. »

100 *Institution de la femme chrétienne*, p. 7.

101 *Quatorzième livre d'Amadis*, Anvers, 1574, f. [2] v° lim.

102 Voet, art. 2077.

103 Deux de ces trois comédies ont été rééditées dans *Théâtre français de la Renaissance, La comédie à l'époque d'Henri III*, 2e série, vol. 7, Florence, Leo S. Olschki, 2015, p. 325-440 [CR par A. Cullière dans *Bibliothèque d'Humanisme et Renaissance*, 2016, p. 724-727].

son nom a été maintenu en couverture. En 1618, la guilde des maîtres d'école anversois a publié une assez longue liste de livres interdits, où figurent notamment de grands classiques de la littérature narrative du siècle passé. Or cette liste se clôt par « les trois comédies d'Antoine Tiron[104] ». Cette surprenante mention permet trois constats. On s'aperçoit d'abord que le réviseur a fini par être tenu pour l'auteur. Son nom était-il encore en mémoire à Anvers dans les milieux scolaires des nouvelles générations ? On a ensuite la preuve que le recueil en question, dont on ne connaît pourtant pas de réédition après 1602, a été très longtemps pratiqué dans les classes, comme modèle d'un théâtre lu plutôt que joué. Enfin, cette prohibition tardive montre que la censure tient moins au contenu des livres qu'à l'époque où on les lit.

En 1563, Tiron se mit à la traduction du *Josephus* de Macropedius, à laquelle il a « ajouté tout d'un suivant » celle de l'*Acolastus*. D'après son épître dédicatoire, le projet relèverait d'une « délibération » personnelle, avec toujours ce souci d'offrir aux « jeunes gens » le moyen d'en apprendre davantage sur le « langage » et les « mœurs ». Associer Joseph et le Prodigue son contre-exemple allait de soi, le « lustre » et la « grâce » du premier prenant plus d'éclat en regard des « péchés et crimes » du second. Les sermonnaires du temps, qui aimaient cheminer entre l'Ancien et le Nouveau Testament, ont multiplié ce type de rapprochement. Dans sa quatrième homélie sur l'Enfant prodigue, Claude d'Espence comparait le rôle néfaste que les paillardes ont tenu auprès de son personnage au « mal » qui avait été fait à Joseph par sa « maîtresse ». Dans l'homélie précédente, il mettait sur le même plan l'anneau que le Prodigue reçoit de son père à son retour et celui que Pharaon avait mis au doigt de Joseph en signe d'alliance[105]. Le *Promptuaire* des vices et des vertus, du dominicain Nicolas de Hanapes, que Tiron a traduit en 1568 mais qu'il connaissait sans doute bien avant, rapproche également Joseph et le Prodigue dans des chapitres autres que ceux qui sont consacrés à la luxure et à la chasteté. Par exemple, le thème de l'envie permet d'y confronter le frère aîné de la parabole, mécontent des honneurs faits au pécheur à son retour, et les frères de Joseph, jaloux que leur cadet bénéficie de la préférence paternelle[106]. Il n'y a donc pas lieu de s'interroger

104 Poffé, p. 60.
105 Espence, p. 153, 129, respectivement.
106 *Promptuaire*, Anvers, 1569, chap. 43, p. 160-163.

plus longuement sur les choix de Tiron et sur les leçons qu'il entendait donner en mettant les deux héros bibliques « à l'opposite ».

En revanche, on peut se demander pourquoi il a retenu la pièce de Macropedius plutôt que celle de Crocus, auteur également catholique, bien plus diffusée. Certains éditeurs reprenaient conjointement l'*Acolastus* et le *Joseph* de Crocus[107]. Les deux pièces, comme on l'a dit, voisinaient dans des recueils collectifs[108]. Tout était fait pour qu'elles s'appellent et s'éclairent mutuellement, tant pour la lecture individuelle que pour le commentaire collectif. Ce serait aléatoire de penser que Tiron appréciait davantage la pièce de Macropedius, qu'il aurait été sensible, comme nous le sommes aujourd'hui, à sa libre inspiration, à sa dramaturgie ou au lyrisme des chœurs. Son choix ne s'est sûrement pas établi sur de tels critères. Il faut reconnaître que Crocus, sa pièce mise à part, était au fond peu connu, alors que Macropedius avait une solide réputation de pédagogue, qui s'est maintenue après son décès, grâce surtout à ses nombreux manuels. Ses douze pièces, même inégales, s'inscrivaient dans une pratique continue de la vie des collèges, qui inspirait confiance. Tiron a sans doute préféré la comédie discrète d'un maître qualifié à l'œuvre fameuse d'un auteur plus lointain.

A-t-il été bon traducteur ? Il a commis des fautes d'inadvertance. Étant donné la médiocre qualité des copies latines dont il a pu se servir, imprimées en caractères serrés, sans retour systématique à la ligne d'une réplique à l'autre, avec beaucoup de mots abrégés, en particulier les noms des personnages, il lui est arrivé, en lisant sans doute trop vite, de ne pas s'apercevoir qu'il y avait parfois un changement d'interlocuteur à l'intérieur d'un vers, ce qui l'a conduit à faire dire les mots de la brève réplique insérée à celui qui parlait, comme s'il n'avait pas été interrompu. De plus, il se trouve qu'on ne sait pas toujours qui prend la parole en début de scène, en raison d'une présentation confuse ou incomplète des intervenants. Dans notre édition des deux traductions, on relèvera ces imperfections qui pourraient aussi être imputées au typographe.

Cela mis à part, le travail de Tiron est satisfaisant. Les critiques modernes ont vanté son savoir-faire, mais sans l'analyser. Bolte, éditeur

---

107 Par exemple à Dortmund, Melchior Soter, 1549. On pouvait trouver pour la vente les deux œuvres reliées ensemble (Soleinne 393).

108 Le recueil déjà cité des *Comoediae ac tragoediae* (Bâle, Nicolas Brylinger, 1540) s'ouvre par l'*Acolastus*, immédiatement suivi du *Joseph* de Crocus.

de l'*Acolastus*, dit simplement que Tiron a fourni une traduction en prose littérale[109]. À propos de celle du *Josephus*, les jugements sont plus précis. Von Weilen, également sensible à la fidélité au texte original, parle en plus d'une « prose extrêmement fluide[110] ». Lebeau constate que la traduction suit et sert l'œuvre scrupuleusement, comme souvent à l'époque, et notamment qu'elle « ne manque pas de saveur » dans les scènes où la femme de Putiphar attire Joseph à elle. Il conclut dans les mêmes termes : « Tiron fut un excellent traducteur. Sa version française du *Joseph* de Macropedius est non seulement fidèle, mais pleine de saveur[111]. » Il est vrai que Tiron a travaillé au plus près du texte, à la façon des translateurs français qui, dès les années 1530, disaient, comme Lazare de Baïf, qu'il fallait procéder « ligne par ligne » et « en simple truchement fidèle ». C'était là un scrupule de pédagogue, les élèves étant amenés à travailler sur des textes en parallèle. Passer de la langue savante à la langue vernaculaire, ou l'inverse, était, comme on l'a dit, un exercice essentiel de l'assimilation linguistique. Mais Baïf disait aussi qu'il fallait donner de la « grâce » à la traduction, ce qui suppose qu'on ne soit ni trop près ni trop loin de l'original[112]. En somme, se faire à la fois, si l'on veut user de nos mots récents, « sourcier » et « cibliste[113] ». C'est dans la recherche d'un tel équilibre qu'on peut essayer de définir la « saveur » propre à Tiron.

Comme le faisaient déjà les tout premiers traducteurs des comiques latins[114], il substitue presque toujours aux termes qui renvoient à la culture antique des mots français plus neutres. Par exemple, les jurons et serments, du type *Pol*, *Per Herculem* ou *Pro dii immortales*, si fréquents chez Plaute, prennent des formes chrétiennes, si on peut dire. L'univers évoqué nous devient ainsi plus familier sans que les repères soient déplacés. Il ne s'agit là que d'un aménagement technique. Par ailleurs, toutes les marques théâtrales ont été gommées, de façon que la pièce s'adresse surtout à des lecteurs. Tiron ne projetait en aucune façon de faire jouer ses traductions. Si on pouvait comparer latin et français dans le cadre d'un exercice, il s'agissait surtout, selon lui, de méditer sur les

109 Bolte, p. XV : « … wörtlich in Prosa ».
110 Von Weilen, p. 92 : « Die Übersetzung ist in äusserst fliessender Prosa, ganz wörtlich. »
111 Lebeau, *Salvator mundi*, p. 732, 1077.
112 Karsenti, p. 159.
113 Bocquet, dans Luther, *Écrits sur la traduction*, p. 57.
114 Malatrait, p. 54.

situations dramatiques et de relever les sentences à des fins morales. Dans cette optique, il a donc supprimé les allusions au spectacle figurant dans les prologues et les appels aux applaudissements à la fin. Il a également évacué de très courtes répliques accompagnant un salut, un geste de courtoisie, l'entrée ou la sortie d'un personnage, ou pour signifier l'acquiescement d'un valet à un ordre reçu. Ces répliques de liaison assez nombreuses, notamment dans les dernières scènes du *Josephus*, servaient à éviter les silences pendant certains mouvements de scène, car il faut toujours donner à voir et à entendre aux spectateurs. En revanche, elles devenaient inutiles pour un simple lecteur, qui s'installe dans un autre type de durée. À l'habileté de l'auteur œuvrant pour son public, le traducteur a préféré la sienne propre, pour un usage de l'œuvre différent mais tout aussi efficace.

Au-delà de ce souci d'adaptation, Tiron s'est appliqué à produire un texte d'une parfaite compréhension. Dans bien des cas, il remplace certains pronoms démonstratifs, comme *hoc* ou *haec*, qui font souvent office de chevilles dans le vers latin, par les substantifs qu'ils désignent, en tenant compte du contexte. Ainsi, quand Joseph dit : « *Haec fero* », on pourrait traduire par « Je porte ces choses », mais la situation du personnage à cet endroit de la pièce permet de dire précisément « Je porte cette infortune ». L'utilisation de la prose facilite le procédé, qui ne dérive pas vers la paraphrase. De même, un terme latin, sémantiquement complexe, peut être rendu par deux termes français coordonnés, mais c'est là une astuce connue. Il faut reconnaître que Tiron perçoit fort bien la tonalité des pièces, les niveaux de langue et en particulier les passages d'un ton grave à un ton plus léger. Il lui arrive ainsi de quitter le tutoiement pour le vouvoiement, ou l'inverse, comme le font les tragiques. Est-ce vraiment concerté ? Cela prouve, pour le moins, qu'il entend ses phrases françaises, vit les péripéties et s'approprie véritablement les textes qu'il transpose. À d'autres moments, il peut traduire différemment le même mot, en tenant compte de l'état d'esprit de celui qui le prononce. Par exemple, après avoir interrogé Joseph, Putiphar décide de le faire emprisonner : « *Abducite* », ce qui est traduit par les mots « Qu'on me le mène. » Comme Joseph proteste et se lamente, Putiphar renouvelle son ordre : « *Abducite* », mais cette fois nous lisons : « Qu'on me le coffre. » Cette seconde façon de dire, plus brutale, répond peut-être à un souci de style, la variété étant une forme d'élégance, mais, plus profondément, on touche au naturel du langage, qui se façonne sur les réactions et les humeurs. Putiphar n'est pas seulement ferme dans ses décisions, on le sent cette fois irrité de devoir se répéter. C'est là que la traduction, touchant utilement au sens, devient créative.

En poursuivant plus loin l'examen, on constate que Tiron apporte une marque personnelle, avec autant d'aisance que de mesure. Il recourt à des locutions populaires pour rendre au mieux le langage bas de certains personnages ou le style imagé des adages dont les deux comédies abondent. L'original n'en pâtit jamais. Dans les notes de notre édition, toutes ces locutions, vigoureuses mais non triviales, seront soigneusement relevées et étudiées en référence au latin. Des mots ou groupes de mots figurent même à titre d'hapax. Pour rendre un juron ou la vive exclamation d'un valet, on peut trouver « Par saint Copin ! », ce qui recrée le climat des farces qu'on jouait encore un peu partout. Mais quand une servante excédée s'exclame « Par la merci saint Pic ! », sans équivalent dans le texte latin, on se demande si le traducteur ne puise pas machinalement dans un fonds provincial, donnant ainsi à son expression, sans parler d'une simple coloration, un peu de lui-même.

Tiron a également versifié plusieurs passages, en particulier les chants et les chœurs, qui sont le plus souvent d'un registre élevé. Dans l'acte II de l'*Acolastus*, pour le chant de liesse que le Prodigue entonne au moment de s'aventurer dans le monde, il a agencé des quintils sur lesquels on pourrait, précise-t-il, mettre la mélodie composée spécifiquement pour un poème à la mode de Saint-Gelais. Pour l'acte III du *Josephus*, qui s'achève par une paraphrase du psaume *Usquequo Domine*, il a eu la bonne idée d'insérer la version du même psaume publiée par Marot. Au lieu de reprendre l'argument de l'*Acolastus*, il s'est servi des vers que l'« Acteur » déclame dans la moralité de l'*Enfant prodigue par personnages*. Selon le procédé habituel du théâtre médiéval, cet « Acteur » vient épisodiquement résumer par un quatrain chaque épisode de l'histoire. Tiron a mis ces quatrains bout à bout pour constituer un argument versifié. Il s'est malheureusement embrouillé dans leur agencement, mais l'idée était judicieuse. Cette célèbre moralité de l'*Enfant prodigue*, publiée jusqu'au début du XVIIe siècle, lui a également fourni deux ou trois noms savoureux, puisqu'il souhaitait donner une identité française aux personnages de l'*Acolastus*. Il semble aussi qu'il se soit souvenu de cette même moralité pour rendre certaines tournures[115]. On a dit précédemment que Tiron n'avait rien écrit par lui-même, mais il arrive que traduire requière, comme on le voit, une bonne part d'invention.

Ses deux traductions ont paru ensemble sous la forme de livrets qui se ressemblent et se complètent. Tous deux reproduisent un privilège identique. Le premier, intitulé *L'Histoire de Joseph*, comporte à la fin un *imprimatur* sommaire, sans indication de titre et non signé, daté du 8 octobre 1563. Le second, *L'Histoire de l'Enfant prodigue*, contient l'épître dédicatoire, qui vaut pour les deux pièces, et redonne à la fin l'adresse typographique. Les textes sont imprimés en italiques, malheureusement sans beaucoup de soin. Les coquilles, qui sautent aux yeux, sont assez nombreuses. L'imprimeur a mis sa vignette au titre de *Joseph* et à la fin de l'*Enfant prodigue*, sans doute pour donner un peu de diversité et peut-être aussi pour rappeler que les deux volumes forment diptyque[116]. Il faut signaler que celui de l'*Enfant prodigue*, qui porte par ailleurs un assez beau frontispice, présente un détail étonnant. Comme il restait quelques feuillets inemployés au dernier cahier, on y a reproduit intégralement deux prières de Calvin, empruntées au *Catéchisme de Genève.* Il s'agit de l'*Oraison pour dire au matin en se levant* et de l'*Oraison pour dire devant que dormir.* Calvin n'y est pas cité, mais les nombreuses éditions de son *Catéchisme* depuis 1545 en faisaient des textes que beaucoup pouvaient reconnaître. On aura sans doute estimé que ces prières, après l'agrément des deux pièces et avant de refermer le tout, pouvaient porter davantage les jeunes gens à la méditation, voire au recueillement. À vrai dire, d'une délicate sensibilité, elles ne contiennent rien qui aurait pu heurter les catholiques.

Qu'elles figurent à cet endroit nous informe surtout sur les opinions de l'imprimeur. Il s'agit de Jan I van Waesberghe, actif à Anvers depuis 1555[117]. Comme beaucoup de libraires, il détenait un compte chez Plantin. C'est lui qui, un an plus tôt, avait publié la traduction des *Épîtres morales* de Tixier de Ravisi, faite par Tiron. La collaboration se poursuivait donc. Il est possible que Waesberghe ait été dès cette époque tourné vers la Réforme. Le cosmopolitisme culturel anversois

115 On connaît six éditions de la moralité, la dernière datant de 1616. Tiron a pu consulter la première (Paris, s.n., c. 1520) ou la deuxième (Lyon, maison de feu Barnabé Chaussard, 1548). Voir *EPP*, p. 39-49.

116 Description matérielle dans notre *Bibliographie.*

117 Rouzet, p. 243-244.

nourrissait les rencontres et les idées. Plus que quiconque, les imprimeurs multipliaient les contacts et entretenaient la suspicion. Plantin aussi fut un temps inquiété dans le cadre de ses activités[118]. Waesberghe finit par se compromettre. En 1569, il fut emprisonné pour avoir vendu des livres prohibés et assisté à des prêches. Ayant fait amende honorable au bout d'un an, il obtint rémission et put reprendre son métier. Mais longtemps après, en 1589, il préféra s'exiler et s'installer auprès de son fils à Rotterdam. C'est dans cette ville qu'il est mort en 1591. Il publia également, en 1574, la traduction par Tiron du *Quatorzième livre d'Amadis*. Tiron a également travaillé par la suite avec un autre imprimeur local de sensibilité protestante, Henricus Henricius[119]. On notera toutefois que sa collaboration avec ces deux imprimeurs se situe à des périodes où ils n'étaient pas poursuivis.

Ses deux traductions n'ont pas été rééditées. Destinées à la jeunesse anversoise, elles ont trouvé sur place leur plein usage, sans pénétrer le marché français. On a considéré que l'absence du nom de Gnapheus au titre de *L'Histoire de l'Enfant prodigue* tenait à un réflexe de prudence, puisque l'auteur était depuis longtemps mis à l'index. Mais n'est-ce pas donner à la censure un pouvoir qu'elle n'avait pas ? Rappelons que les milliers de livres prohibés n'étaient pas rejetés pour autant. Par ailleurs, les divergences d'opinion, même au temps des conflits armés, n'ont jamais vraiment enfermé les consciences. Tiron savait sûrement, comme Montaigne, que l'âme est « à plusieurs étages[120] ». Si le nom de Gnapheus manque, c'est plutôt parce qu'il était impossible, en parlant de l'Enfant prodigue au théâtre, d'envisager autre chose, sauf mention contraire, que cette fameuse pièce néerlandaise que tout le monde lisait en Europe depuis plus de trente ans. Quant à Macropedius, qui est bien nommé au titre de *L'Histoire de Joseph*, dira-t-on qu'on le savait catholique, ou alors qu'on ignorait qu'il avait lui aussi été mis à l'index sept ans plus tôt ? En fait, les professionnels du livre réagissaient de façon plus pratique : comme les maîtres d'école et autres usagers connaissaient les meilleures comédies latines sur Joseph, il fallait bien préciser qu'il s'agissait de celle de Macropedius et non de celle de Crocus.

118 Rooses, p. 54-59.

119 Ou Henry Heindrickx. Il a imprimé le *Recueil de plusieurs plaisantes nouvelles* traduit par Tiron (1578) et les *Trois comédies françaises* de Gérard de Vivre (1580). Voir Rouzet, p. 91.

120 *Essais*, III, 3 (éd. Villey, Paris, PUF, 1965, p. 821).

L'absence du nom de Gnapheus a quand même eu un double inconvénient. Dans des bibliographies tardives, on a parfois indiqué que Tiron avait traduit non pas l'*Acolastus* mais l'*Asotus* et, par conséquent, réuni deux pièces de Macropedius[121], ou alors, de façon plus confuse, qu'il avait lui-même adapté ou composé l'ensemble[122]. À ce titre, on l'a inséré dans divers corpus du théâtre français, où le souci d'exhaustivité conduit à tout répertorier, ne serait-ce que « par acquit de conscience[123] ». En marge de la production parisienne ou lyonnaise, tenu pour auteur de telles pièces en prose, d'un genre incertain, au demeurant rares et mal imprimées, Tiron ne pouvait être bien reçu. Pour l'estimer, sans parti pris de réévaluation, il faut d'abord lui rendre, comme on le fait ici, sa qualité de traducteur visible et donner à ses deux traductions, qui ne sont évidemment pas des œuvres originales, le statut de textes français de la Renaissance.

121 *BB*, IV, p. 14 (M 62) : on dit à tort de l'*Asotus* qu'il a été traduit par Antoine Tiron. On ne parlera pas ici des confusions fréquentes qui ont été faites entre la traduction de l'*Acolastus* et les moralités antérieures, dont l'*EPP*, qui ont aussi parfois été attribuées à Tiron.

122 La confusion entre Tiron auteur et Tiron traducteur a commencé avec la *Bibliothèque française* de La Croix du Maine (1584), où on lit : « Il a traduit en vers français l'histoire de l'Enfant prodigue, de laquelle il a fait une comédie française, imprimée à Anvers l'an 1564… » (Rigoley, I, p. 53). De la même façon, on considère encore, dans certaines études récentes consacrées aux genres brefs, que Tiron est l'auteur du *Recueil de plusieurs plaisantes nouvelles*, sans se référer à l'original néerlandais.

123 Le Hir, p. 53.

NOTE SUR LA PRÉSENTE ÉDITION

Les traductions de Tiron sont présentées ici dans une graphie modernisée qui vise à en faciliter la lecture sans altérer le texte. On a en outre évacué les imperfections typographiques, qui sont assez nombreuses.

LA SYNTAXE

L'ordre des mots est maintenu, sauf dans de très rares cas portant sur de courtes unités (par exemple, *Voy me ci* est remplacé par *Me voici*). Un mot est parfois ajouté (un pronom comme antécédent à un relatif), supprimé (conjonction de reprise dans une phrase longue) ou remplacé (dans certains cas, *d'où* à la place de *dont*). Ces modifications, nécessaires pour la compréhension, sont généralement signalées par insertion de crochets dans le texte ou par des précisions en note. Les accords de proximité sont respectés. Les élisions sont supprimées (*s'elles* devient *si elles*, *n'avoir* devient dans certains cas *ni avoir*...). Dans la traduction des pièces liminaires, prologues ou épîtres, on introduit une segmentation en paragraphes correspondant à des unités de sens.

LA PONCTUATION

On l'adapte à nos usages, qui tiennent compte du sens et du rythme. L'emploi fréquent par le typographe de la virgule à la place du point conduit parfois à des flottements de sens, un groupe de mots pouvant être perçu comme une fin de phrase ou l'amorce d'une phrase nouvelle.

Toute ambiguïté que l'examen du texte latin ne permet pas de lever est signalée. Les parenthèses encadrant les incises sont remplacées par des virgules.

LE LEXIQUE

Les mots hors d'usage sont conservés. Pour ceux dont on modernise la graphie, un renvoi au glossaire est parfois nécessaire pour en donner le sens ou en justifier l'emploi. Dans les vers, on maintient la graphie ancienne si la métrique l'exige (par exemple, *contrerôleur* perdrait une syllabe en étant écrit *contrôleur*). On laisse en l'état les mots qui coexistent en moyen français, avec des nuances sémantiques, sous une forme estimée archaïque et sous une forme apparemment moderne (*amiable* et *aimable*, *grief* et *grave*, *corrompeur* et *corrupteur*). On maintient le genre des substantifs (*âge*, *affaire*…), ainsi que la forme neutre de certains adjectifs (*grand*). On garde les pronoms démonstratifs *ce* (pour *cela*), *icelui*, *iceux* et *icelle(s)* ; *cestui-ci* et *ceste-là* sont remplacés par *celui-ci* et *celle-là* ; *cestui* comme adjectif est conservé (par exemple, *cestui Hébreu*). On garde aussi les formes plurielles disparues (*aucuns*, *nulles*…). L'emploi de la majuscule est réservé aux noms propres. On ne suit pas le traducteur qui, sur le modèle du vocatif latin, modifie parfois les noms des personnages interpellés. On les laisse tels qu'ils apparaissent dans les listes initiales des rôles.

LES FORMES VERBALES

On garde les désinences anciennes, ainsi que les subjonctifs irréguliers (*voise*, *doint*, *die*…). En principe, le conditionnel porte à la première personne la terminaison *-aye*, mais il arrive que le *-e* final manque et que la confusion avec le futur s'instaure. On opte alors, compte tenu du contexte, pour le temps le plus plausible.

LES INTERJECTIONS ET INTERPELLATIONS

Afin de remédier à certaines imprécisions du texte imprimé, on adopte un dispositif rigoureux pour les interjections courantes : *ô* sert à l'incantation ; *oh* et *ah* conviennent à l'émotion ou l'indignation ; *ho, ha* et *hé* à la surprise ou l'interpellation. Mais les nuances sont parfois délicates, surtout lorsque ces mots sont doublés. On introduit également une distinction entre l'interjection *adieu* et le complément indirect *à Dieu* ; de même entre *madame* (quand un personnage désigne la dame à laquelle il s'adresse) et *ma dame* (quand il parle de sa maîtresse à un tiers).

LES VERS FRANÇAIS

Pour les passages versifiés, la graphie respecte toujours les assonances, le mètre et la rime, à la fois sonore et visuelle.

LES NOTES DE BAS DE PAGE

Elles portent sur :

- La comparaison de la traduction avec l'original
  Pour mesurer certains écarts, on insère en italiques des extraits du texte source précédés de la mention OL (= original latin), suivis, entre parenthèses et en caractères droits, de leur traduction littérale. Pour ces extraits, on ne mentionne pas, sauf exception, la séparation des vers.
- Les sources textuelles
  Comme on ne procède pas à une édition savante des textes latins, il n'est pas nécessaire de relever toutes les références à Plaute et

Térence. Pour la pièce de Gnapheus ce travail a déjà été effectué de façon presque exhaustive (Bolte, Minderaa), de façon partielle pour celle de Macropedius (Hartelust). Toutefois, pour un éclairage d'ensemble, il est utile de mentionner les emprunts à la Bible et à la poésie antique, ainsi que les adages d'Érasme qui ont souvent guidé la pensée et l'écriture des deux auteurs et de leur traducteur. Concernant le traducteur, on relèvera en outre les tournures et expressions qui tiennent à son emploi propre du français ou qui reflètent sa culture et son milieu.

– Les particularités linguistiques
  Il s'agit surtout d'évoquer les faits de langue et, au-delà des règles protocolaires définies, toutes les questions relatives à l'établissement modernisé du texte français.

L'HISTOIRE DE JOSEPH

[SOMMAIRE OU ARGUMENT[1]

Joseph, fils d'Israël[2], est vendu au prêtre sacrificateur de Pharaon, Putiphar[3], qui lui confie toutes ses affaires. La maîtresse de maison, sensible à son charme, veut le pousser au déshonneur, mais, comme il refuse une telle abomination, elle retient son manteau pour preuve et le dénonce comme criminel auprès de son mari. Pour sa peine, il est jeté dans la prison royale. Mais sachez qu'après avoir interprété là les songes de deux prisonniers, il est pris pour un devin et le roi, qui lui aussi a des songes, ordonne de le libérer. Comme il a élucidé les visions nocturnes du roi, il est mis à la tête de toutes les affaires du royaume. Par la suite, ayant embrassé Putiphar ainsi que sa chère épouse, il s'est marié avec leur chaste fille.

1 Tiron a négligé le *Perioche seu argumentum* et la liste des *Dramatis personae*. On en donne ici une traduction, entre crochets.

2 Jacob a été appelé Israël par l'ange avec lequel il a lutté (Genèse, 32, 28).

3 OL : *sacrificoq. Potiphar.* Putiphar, qui achète Joseph, est d'emblée identifié au prêtre Putiphéra, dont Joseph épousera la fille (Genèse, 41, 45).

PERSONNAGES DE LA PIÈCE

L'acteur du *Prologue*
Putiphar et Égla[4], époux
L'Hébreu Joseph
Agna et Catharis, servantes[5]
Asenath[6], fille
Phronime et Pistus, serviteurs[7]
Stratophile et Eupolème, soldats[8]
Desmophile[9]
Hypérète et son collègue Apotome[10]
Le panetier et l'échanson, captifs[11]
Pharaon, roi
Quatre sages
Thaltibius, héraut[12]
Quatre conseillers
Quatre joueurs de flûte
La troupe des acteurs[13]]

---

4 OL : *Potiphar, Aegla, conjuges.* La femme de Putiphar n'a pas de nom dans la Bible. Égla, qui signifie génisse en hébreu, est le nom d'une des épouses du roi David (II Samuel, 3, 5 ; I Chroniques, 3, 3). Dans la mythologie grecque, Égla est le nom d'une fille d'Asclépios, d'une des trois Hespérides, la « brillante », ainsi que d'une jeune fille dont Thésée aurait été épris et pour laquelle il aurait abandonné Ariane.

5 Les deux noms, d'origine grecque, renvoient à l'idée de pureté.

6 Fille de Putiphar et Égla. Nom effectivement donné dans la Bible à la fille de Putiphéra (Genèse, 41, 45).

7 En grec, respectivement le « sage » et le « fidèle ».

8 En grec, « celui qui aime l'armée » et le « guerrier ».

9 OL : *Desmophylax* (geôlier). Mot grec plutôt rare, désignant le « gardien des fers », employé dans le version grecque du Nouveau Testament (Actes des apôtres, 16 ; 23, 27, 36).

10 OL : *Hyporetes cum suo collega Apotomo.* Il s'agit du « sous-officier » et de son second, ce dernier agissant avec rigueur, étymologiquement « de façon tranchante ».

11 OL : *Sitocopus, Œnochous, vincti.* Ces patronymes respectifs du panetier et de l'échanson sont des termes savants qui renvoient à leur fonction. Dans la pièce, Sitocopus est en fait nommé Artocopus. Les deux personnages sont aussi appelés, en termes plus communs, *pistor* et *pincerna.* Tiron n'a pas conservé les patronymes.

12 Dans l'*Iliade*, c'est le nom du héraut d'Agamemnon, chargé de diverses missions. On le retrouve dans les *Troyennes* de Sénèque.

13 OL : *Grex.* Ce mot est employé dans le même sens chez Plaute (*Casina*, 22) et Térence (*Phormion*, 32 ; *Heaut.*, 45).

PROLOGUE

Comme ainsi soit que l'auteur de cette fable eut, longtemps a, entendu que vous, qui ci assistez[14], avez bénignement reçu sa comédie du *Lazare*, ensemble plusieurs autres lesquelles il vous a fait voir[15], il a en soi proposé, moyennant qu'il vous plaise l'écouter, de vous en représenter une autre, extraite aussi des saintes Écritures, à laquelle il a imposé l'honnête nom de *Joseph*. Quelqu'un d'entre vous autres peut-être s'ébahira dont j'ai nommé[16] fable une chose sainte et sacrée, mais que tel se persuade et croie que tout ce qui se traite par artifice tragique et comique est par les poètes nommé fable, pour autant que l'on n'y couche pas tant la vérité du fait, qui est le propre de l'histoire, que la semblance du vrai y est dépeinte, ce qui gît en l'artifice. D'autant que le poète n'a coutume d'attribuer aux personnages ce qui du tout leur est propre, mais bien choses qui lui sont aptes et vraisemblables, comme ce que, pour le regard du temps et du lieu, s'est pu dire pertinemment[17].

Pour ces raisons, ne pensent ceux qui sont venus nous écouter[18] qu'en oyant souvent nommer Joseph, suivant le thème pris, l'acteur[19] veuille derechef et tout au long retistre la vie de ce personnage, car cela nullement ne compète à l'artifice de comédie. Mais bien dira comme par l'envie et émulation de ses frères il fut vendu, comme il fut serviteur du prince d'Égypte, comme, refusant la compagnie de sa dame, il fut jeté en prison et finablement comme, par commandement du roi, il en fut hors mis et établi sur toutes

14 OL : *vos, quos huic theatro adesse gaudeo* (vous, que je me réjouis de voir en ce théâtre).

15 Dans l'ordre des publications, le *Lazarus mendicus* (Utrecht, 1541) précède directement le *Josephus*. Sept des douze comédies de Macropedius avaient déjà été publiées entre 1535 et 1540.

16 Le récitant s'identifie maintenant avec l'*author fabulae* du début.

17 Aristote, *Poétique*, IX, 1451 b. Alors que l'historien restitue la réalité des faits et des personnes, le poète relate ce qui est vraisemblable. Pour Aristote, la fable, qui atteint le général, est plus noble que l'histoire, qui reste dans le particulier.

18 OL : *is qui contulit se ad hoc theatron* (celui qui s'est transporté dans ce théâtre). Cette fois encore, le traducteur évite de se référer expressément au théâtre, pour que le prologue soit aussi bien perçu par des lecteurs que par des spectateurs.

19 OL : *scriptor ipse*.

les affaires royales[20]. C'est ce qu'il vous démontrera à la manière comique[21].

Quant au surplus, que ce ne soit attribué à ignorance ou nonchalance vilaine de l'art comique, dont il exhibe les choses[22] qui sont advenues par longs intervalles de temps tout d'un train, comme si elles fussent succédées[23] par ordre l'une après l'autre et tout d'une tire[24]. D'autant qu'il a mieux aimé démontrer au simple peuple une histoire sainte selon son fil et ordre, comme autrefois il a fait[25], que trop rigoureusement garder les lois comiques[26].

Or à Dieu tous les assistants[27] et, pour[28] les farces amoureuses des paillardes, jetez les yeux sur Joseph, patron et protecteur de chasteté[29]. Tenez-vous cois, oyez et regardez. Mais holà ! J'avais presque oublié ce qu'il me fallait dire d'entrée. C'est qu'on vous prie que nul ne fasse mal son profit des propos safres et déshonnêtes, ni des mines et gestes lubriques d'une femme impudique, pour autant que sans cela le chaste cœur de Joseph ne se pourrait bien représenter. Mais, comme devant j'ai dit, recevez, au lieu d'amours impudiques, Joseph, garant de chasteté[30].

[Fin du prologue[31]]

---

20 Le texte latin ici est proche de l'*Argumentum*. C'est peut-être la raison pour laquelle celui-ci a été laissé de côté par le traducteur. L'épisode de la vente de Joseph par ses frères ne figure pas dans la pièce, mais il y est fait allusion.

21 OL : *solum exhibebit comice, aut (nisi siet vox dura) tragicocomice* (qu'il vous présentera uniquement à la manière comique, ou, si cette façon de dire n'est pas trop rude, tragi-comique). Pourquoi Tiron a-t-il évacué cette nuance relative au mode tragi-comique ?

22 Pour le reste, que le fait d'exhiber les choses… ne soit pas attribué à ignorance…

23 On conserve l'accord du participe, sans construction pronominale (succéder = arriver, advenir).

24 Ces choses présentées « tout d'une tire » (*sine medio*), donc resserrées dans la durée, peuvent effectivement devenir des épisodes sans continuité, ce que condamne également Aristote (*ibid.*).

25 Dans son *Asotus* et dans son *Lazarus mendicus*.

26 Il s'agira donc d'une pièce suscitant moins l'émotion que l'édification, destinée à un public plus « simple » (*populo rudi*) que sensible.

27 OL : *Valete quotquot adestis huic spectaculo* (Salut à vous tous qui assistez à ce spectacle).

28 Plutôt que sur…

29 OL : *castitatis vindicem* (défenseur de la chasteté). Comme voulait l'être Phèdre au moment du remords (Sénèque, *Phèdre*, 261).

30 Tiron introduit un peu de diversité, alors que le texte latin est répétitif (*suscipite… castitatis vindicem*).

31 OL : *Finis prologi*. Non traduit par Tiron.

ACTE PREMIER

Scène Première

PUTIPHAR, ÉGLA

PUTIPHAR. Or est bien la vie de cour sur toutes la plus misérable, sujette à divers accidents et incommodités. Maintenant, comme s'il était jugé à mort, [elle][32] ira hasarder la vie d'un personnage d'étoffe entre les ennemis, sans en faire cas non plus que d'un goujat ou palefrenier, le chassant partout où bon lui semble, sans jamais lui laisser prendre repos ni plaisir, ni avoir le soin de ses enfants et femme. Or de la mienne, combien que cette commission royale me presse, si ne la dois-je ni l'ose laisser sans lui dire adieu, si je ne veux pas endurer d'elle querelles, haine et indignation. Mais la voilà, elle me viendra reprendre de ma trop longue demeure.

ÉGLA. À quoi tient-il, mon Putiphar, qu'à peine vous laissez voir une fois la semaine ? Suis-je si malplaisante, suis-je si malgracieuse, suis-je tant indigne de votre compagnie, à votre semblant[33], que veniez à ainsi me dépriser, Putiphar ?

PUTIPHAR. De moi, mon soulas[34], je ne vous contemne ni méprise, mais je suis, comme bien savez, tant empêché en ces affaires royales que ne m'en puis désenvelopper, quelque désir et envie que j'en aie. Même, ce qui vous viendra trop plus à déplaisir, présentement me faut accomplir une ambassade fort fâcheuse vers le roi d'Éthiopie[35].

---

32 On corrige le texte français qui indique « il ». Le sujet ne peut être que la *vita aulica*. Ces imprécations contre la vie aulique résument assez bien le *Mépris de la cour* de Guevara (Valladolid, 1539, pour l'original espagnol ; Lyon, 1542, pour la traduction française), qui dépeint l'état « malheureux et du tout misérable » des courtisans (p. 95), ainsi que leur vie « en perpétuelle angoisse » (p. 85). Ce type de critique, qui remonte à Juvénal, avait déjà été actualisé par le dialogue *Aula* d'Ulrich von Hutten (1518), très souvent imprimé (voir Peyrebonne, p. 52-54, 67-82). Même critique dans le dialogue *Fortuna et Aulicus* de Tixier de Ravisi (voir Vodoz, p. 96-98).

33 OL : … *adeo tuis indigna thalamis visa sum* (… est-ce que je semble si indigne de votre lit).

34 OL : *voluptas mea* (ma volupté). *Blanditia* très commune chez Plaute.

35 Pline présente l'Éthiopie comme un vaste territoire brûlé par le soleil (*Histoire naturelle*, II, 189), ruiné par les guerres avec ses voisins égyptiens, morcelé en quarante-cinq royaumes et comportant des hommes et animaux monstrueux, dénaturés par la chaleur (VI, 182, 186-187).

Si n'ai-je voulu néanmoins me bouger ni faire un pas sans premier vous saluer et dire adieu, comme il appartient, craignant, si je me fusse parti à votre desceu, non seulement de vous mettre en tristesse mais aussi que n'entrissiez en doute de l'amour et bonne affection que j'ai envers vous[36].

ÉGLA. Hélas ! Que me dites-vous ? Vous, partant derechef, me laisserez ici veuve, triste et angoisseuse ? Ce n'est d'amour qu'ayez en moi, que[37] si souvent me jouez de tels tours et que celle, laquelle à tous coups vous appelez comme votre femme, n'en faites compte non plus que si ne lui étiez mari. Mais dites-moi, je vous prie, quand sera ce départ ?

PUTIPHAR. Tout maintenant, vous dis-je. Vous me voyez sur le point de partir.

ÉGLA. Si soudain ? Ne viendrez-vous pas ce soir souper au logis ?

PUTIPHAR. Non.

ÉGLA. Et ne viendrez à la chambre avec moi reposer ?

PUTIPHAR. Je ne pourrai, pourtant que le mandement du roi me presse de partir sans délai.

ÉGLA. Si c'est chose si forcée, dites-moi, mon ami, de qui serez-vous accompagné en ce voyage ?

PUTIPHAR. J'aurai avec moi bonne partie de la gendarmerie.

ÉGLA. Soupçonnez-vous donc quelque guerre ?

PUTIPHAR. Combien que les passages soient dangereux, si n'ai-je nul doute de guerre.

ÉGLA. Mais dites-moi, mon ami, quand serez-vous de retour au logis ?

PUTIPHAR. Après trois semaines, Dieu aidant, vous me verrez ci de retour.

ÉGLA. Hélas moi ! Quel soulas, quel plaisir, quel bien[38] j'ai d'être sujette à un tel mari ! Ou vous êtes hors du logis, ou bien retenu en ces affaires royales, de manière que je ne sens amitié ni douceur en vous,

---

36 OL : *sed et ne te minus amare videar* (mais aussi de paraître vous aimer moins). Tiron restitue sur un ton naturel et prolixe. On garde ici la conjugaison populaire archaïque du verbe entrer (Gougenheim, p. 116).

37 Vous n'avez pas d'amour pour moi, puisque…

38 OL : … *quae mihi vita miserae* (… quelle vie de misère pour moi). La phrase latine n'est pas heureuse : après soulas (*solatium*) et plaisir (*voluptas*), pris dans un sens ironique, il est assez illogique de parler de « vie de misère ». Tiron, qui l'a bien compris, a donc préféré employer les mots « quel bien » pour maintenir la tonalité ironique.

non plus qu'en quelque dur rocher[39]. En ma foi, il vaudrait mieux être mariée à quelque bon pauvre gentilhomme des champs[40].

PUTIPHAR. Ma femme, apaisez-vous. Je vous jure, par Jupiter[41], que désormais je me trouverai plus souvent à la maison, au banquet et au coucher.

ÉGLA. Il peut être. Comme le croirais-je ?

PUTIPHAR. Je me désenvelopperai, tant que pourrai, de ces affaires du roi.

ÉGLA. Comme par ci-devant. Mais pourquoi à cette heure êtes-vous si hâtif de partir que ne soyez au dernier banquet et à peine me daigniez donner un seul baiser ?

PUTIPHAR. Comment, m'amie, pourrais-je désobéir à Pharaon et contredire à son commandement ? Il me presse à toute instance, sans me permettre dilation quelconque. Au reste, je lui ai dérobé ce peu de temps pour, en vous baisant, vous dire le dernier adieu, afin de ne partir, Égla m'amie, au moins sans prendre congé de vous.

ÉGLA. C'est bien fait à vous et vous en sais bon gré. Mais qui aura la charge de notre famille durant votre absence ? Ce pesant faix n'est convenable ni à ma tendresse ni au peu d'expérience que j'ai encore[42].

PUTIPHAR. Cela entends-je bien. Et pourtant cet Hébreu, auquel jusqu'à présent j'ai commis la charge et dispensation de ma maison, famille et de tous mes biens, donnera à tout bon ordre en mon absence.

ÉGLA. De lui il est assez prudent, loyal et entier. Mais ô combien j'aurais plus cher vous voir gouverner votre ménage que non ce serviteur esclave !

PUTIPHAR. Maintenant nous faut-il obéir au temps. Que Joseph me

---

39 OL : *ut me tibi non arctius nuptam putem, quam euro et noto, aut insensibilibus cautibus* (si bien que je ne me sens pas plus étroitement unie à vous comme épouse que je ne le serais à l'eurus et au notus, ou à d'insensibles rochers). L'eurus et le notus sont souvent associés comme vents hostiles dans la littérature grecque (*Odyssée*, V, 296) ou latine (Sénèque, *Phèdre*, 1129). Tiron gomme le contexte antique. Le rocher comme symbole d'insensibilité est un lieu commun de la tragédie (Sénèque, *Phèdre*, 580). L'image du Caucase viendra un peu plus loin, quand Égla adressera ses reproches à Joseph (acte II, fin de la scène 4).

40 Guevara, qui a justement construit son *Mépris de la cour* sur l'opposition entre la vie rustique et celle des courtisans, dit aimer « trop mieux labourer la terre hors la cour » (p. 82).

41 OL : *per Herculem*. Ni l'auteur ni le traducteur ne se soucient du contexte biblique. Remplacer Hercule par Jupiter contribue quand même à donner un peu plus de gravité à la promesse.

42 OL : *Non nostrae id est vir teneritudinis nec experientiae* (Ce doit être un homme qui n'ait pas ma fragilité et mon inexpérience).

soit appelé, afin que de nouveau et en présence de ma femme je lui commette la charge de tout le mien.

ÉGLA. Que Joseph vienne çà, pour faire ce que mon mari lui commandera. Qu'il vienne à coup.

Scène 2

JOSEPH, PUTIPHAR, ÉGLA

JOSEPH. Dieu vous bénie[43]. [Voici Joseph, Putiphar. Commandez-lui ce que voulez qu'il fasse.][44]

PUTIPHAR. Arrête un peu[45].

[JOSEPH. Oui.

PUTIPHAR.][46] Tu sais bien comme je t'ai acheté étant encore fort jeune enfant et que je t'ai entretenu ni plus ni moins que si tu eusses été mon fils.

JOSEPH. Cela sais-je pour vrai, et que vous ne sauriez m'aimer davantage, quand vous seriez mon propre père.

PUTIPHAR. Par après, voyant que tu étais diligent et aimant Dieu, quant et quant te donnai superintendance sur toutes les affaires de mon hôtel, sur tous mes biens, serviteurs et servantes.

JOSEPH. Il est vrai, sire, et avez eu en moi tant de confiance que de vous reposer du tout sur votre humble serviteur quant au gouvernement de tous vos biens et affaires[47], combien que ne sois digne d'un tel bénéfice.

PUTIPHAR. Or entends ce que de nouveau je te veux dire. Pourtant que par toi ton Dieu m'a amplement béni[48], je t'établis derechef, et en présence de ma femme, au gouvernement de tout ce qu'auparavant

43 Forme archaïque du subjonctif présent. On ne signalera pas les autres occurrences.

44 Tiron, trompé sans doute par l'utilisation de la troisième personne, attribue ces mots qu'on met entre crochets à Égla.

45 Traduction littérale. Écoute-moi attentivement.

46 OL : *Hem.* Cette courte réplique, qui dénote l'émotion et la soumission de Joseph, n'a pas été traduite.

47 OL : *Ita ut nil siet domi tuae, quod (ut arbitror) quonam statu positum sit ipsus noveris* (À tel point, d'après ce que j'ai pu en juger, qu'il n'y a rien dans votre maison, de quelque nature que ce soit, que vous changeriez de vous-même). La traduction de Tiron est ici approximative.

48 Genèse, 39, 3-4. Putiphar est effectivement conscient que Joseph bénéficie de grâces divines particulières.

tu as eu en charge, sachant qu'elle aura agréable que telle charge te soit renouvelée[49], afin qu'étant libre et délivrée de tous affaires elle puisse mieux vivre à son plaisir. Tu sois le gouverneur de mes serviteurs et servantes en tout et partout. Quant à mon or, argent, habits, possessions et bétail, rentes et revenus, je mets tout entre tes mains et te les baille en charge sans nulle exception[50]. Montre-toi tel que toujours je t'ai trouvé en toutes choses. Âme ne fasse céans un pas sans ton congé[51], hormis ma femme seulement, car je veux que, sans sujétion ni empêchement aucun, franchement et à son privé vive avec ses demoiselles. Ordonnant en outre que libéralement lui soit fourni et administré tout ce qu'elle souhaitera pour son plaisir et soulas. Mais quant aux autres, pour autre fois te le ramentevoir[52], ordonne et dispose leur dépense tout ainsi que bon te semblera et qu'aviseras par ta prudence.

JOSEPH. Croyez, seigneur Putiphar, que je ne serai point autre que m'aviez éprouvé jusqu'à l'heure présente. Car j'espère, par la grâce de mon Dieu, que je me maintiendrai ès mœurs et façons de mes prédécesseurs et qu'en votre humble serviteur ne trouverez malice aucune ni mal engin[53] en chose qui soit. En outre, quant à votre honnête et chaste femme, madame Égla, je lui offrirai selon mon pouvoir non seulement ce qu'elle voudra avoir, mais aussi lui serai en tout et partout obéissant. Mais dites-moi, seigneur, ne vous déplaise, pour quelle raison me venez-vous maintenant à si expressément renouveler ce commandement ? Avez-vous en moi senti quelque déloyauté ?

PUTIPHAR. Chose qui soit[54], mais il me faut incontinent, par commandement du roi, veuille ou non[55], tirer au pays d'Éthiopie.

---

49 OL : *quam susq. deq. haec jussa ferre praescio* (sachant par avance qu'elle ne se soucie en aucune façon de ces charges). Érasme, adage 283 (*Susque deque*).

50 OL : *in universum industriae, prudentiae et fidei tuae committo* (je m'en remets pour le tout à ton habileté, à ta sagesse et à ton intégrité).

51 OL : *Nemo movebit absque te manum aut pedem in aedibus meis sine tuo arbitrio* (Que personne, en ton absence, ne bouge une main ou un pied ici sans ton consentement). En fait, ces propos sont ceux que tiendra plus tard Pharaon (Genèse, 41, 44).

52 Mais, quant aux autres personnes, car je tiens à te le remettre à l'esprit, ordonne...

53 OL : *ingenium malum et servile* (disposition vicieuse et dégradante). Les mots « mal engin » ont même sens que malice.

54 OL : *Nihil* (Nullement).

55 Érasme, adage 245 (*Nolens volens*).

Pourtant t'ai-je voulu renouveler ces charges qu'autrefois je te donnai présent ma femme, afin qu'elle ne perde courage en mon absence, sachant qu'à toi seul touchera le soin de tout le ménage et que par ce moyen elle sera délivrée de toute charge.

ÉGLA. Ta bonté et prud'homie est si connue à mon mari et à moi, Joseph mon ami, que jamais n'avons eu le moindre soupçon de déloyauté sur toi. Et quant à moi, je suis bien joyeuse d'avoir céans un homme tel que tu es, pourtant que, mon mari étant absent, tu entends et procures si bien aux affaires de la maison que par toi je viens à dresser ma contemplation en mon mari[56].

JOSEPH. Tous deux vous mercie très humblement, et le bien et honneur que me faites mon Dieu le vous rende à cent double[57].

PUTIPHAR. Or n'est-il plus saison de tarder. Joseph, entre là-dedans[58] et prends cette bougette d'argent qui t'a été délivrée des finances du roi. Si me l'apporteras incontinent au palais.

JOSEPH. J'y vais, seigneur.

PUTIPHAR. Or adieu maintenant, ma tourterelle, adieu, m'amie.

ÉGLA. Adieu, mari, adieu, ma vie[59], adieu, pour le dernier[60], adieu.

PUTIPHAR. Qu'est-ce qu'il vous faut maintenant ?

ÉGLA. Vous m'êtes un mari de pleurs.

PUTIPHAR. Ne pleurez point. Je serai ici de retour à la prochaine pleine lune. Cependant entretenez-vous en tout plaisir et soulas qu'il vous plaira. Je m'en vais en l'ost.

ÉGLA. Allez.

PUTIPHAR. Adieu donc.

ÉGLA. Adieu. Ne suis-je pas bien misérable d'être mariée à un tel homme ? Aurait-il raison de me reprendre, sentant que lui eusse faussé la foi[61] ? Fi de la vergogne, si je trouve occasion de faire à mon plaisir ! Voici Joseph. Allez après votre seigneur, à peine est-il encore entré au camp.

---

56 Traduction littérale. En regardant faire Joseph, elle devine par déduction ce que pense et veut Putiphar. Mais on peut aussi comprendre, de façon plus ambiguë, qu'en voyant Joseph elle voit son mari.

57 OL : *centuplum* (au centuple).

58 OL : *Puer, intro abi* (Mon petit, va dans cette pièce). Sans doute un secrétariat, désigné d'un geste de la main.

59 OL : *corculum meum* (mon petit cœur). Expression de Plaute (*Casina*, 837). L'emploi précédent *mea turturella* est moins commun.

60 OL : *novissimum* (pour la dernière fois).

61 Serait-il en droit de me faire des reproches, si je lui étais infidèle ?

JOSEPH. J'y vais à hâte.

ÉGLA. J'attendrai ici que soyez de retour. Oh ! S'il advient que j'aie jouissance de tes amoureux embrassements[62] et que la blessure que mon cœur sent puisse être consolidée ! Pour à ce parvenir, il me faut bien œuvrer de mon métier et déployer toute ma science, le servant d'épiceries, mignotises, caresses, soupirs, fallaces et toute manière de tromperies. Mais le voici venir, le plus beau qui vive sous le soleil[63], qui de traits amoureux durement me navre le cœur.

Scène 3

JOSEPH, ÉGLA

JOSEPH. C'est grand cas qu'Égla porte tant d'ennui de l'absence de son mari et qu'elle le pleure avec tant de larmes, vu que, si on doit ajouter foi aux signes qu'elle démontre, elle n'a envers lui grand amour. Toutefois il ne m'appartient de mal soupçonner de mes seigneurs. Elle m'attend là, devant l'hôtel, ainsi qu'elle m'avait dit.

ÉGLA. À ce que je vois, Joseph, le seigneur Putiphar n'était encore entré au camp quand lui avez rendu l'argent, pourtant qu'êtes si tôt retourné.

JOSEPH. À peine était-il encore entré, madame. Sachant aussi que vous m'attendiez ici, je suis accouru sans tarder.

ÉGLA. Comme se porte l'affaire ? Était le commandement du roi si urgent qu'il n'eût eu l'espace de souper avec moi ?

JOSEPH. De cela je n'en sais rien, madame. Toutefois j'ai là vu, en passant par le camp, des chevaux bardés et chariots de guerre appareillés, et avec ce une bonne troupe de vaillants soldats prêts à marcher.

ÉGLA. Comme, moi misérable, je suis bien née pour être malheureuse ! Et sans la confiance que j'ai en ton secours, impossible me serait de résister à tant de maux sans demeurer accablée sous le faix, car je me materais et dériverais toute de douleur[64]. Attendu

---

62 OL : *hujus... complexibus* (de ses embrassements). Mis à part ce recours à la deuxième personne, qui correspond peut-être à une coquille, la traduction de ce bref aparté d'Égla est très fidèle.

63 OL : *sub sole formosissimus*. Tout comme le jeune Bacchus est le plus beau au ciel immense, *formosissimus alto... caelo* (Ovide, *Métamorphoses*, IV, 18-19).

64 OL : *quae in his malis, nisi freta praesidio tuo subsisterem, dolore contabescerem* (moi qui, dans ces malheurs, me consumerais de douleur si je n'avais, pour me rassurer, confiance en ton soutien).

que[65] de tous ceux que céans je nourris je n'en tire tant soit peu de soulas. Car, quant aux autres serviteurs, les uns sont bêtes, les autres insolents, les affranchis sont orgueilleux, hautains et ingrats, mes servantes sottes et niaises. Au regard de ma fille, vrai est que je pourrais en elle prendre quelque récréation, mais tant elle est posée et rassise qu'elle en ressemble du tout au père, auquel n'y a déduit ni passe-temps[66]. En somme, si par ton confort je ne suis consolée, tout le malheur du monde me viendra présentement accabler. Tout mon espoir et tout mon bien repose en toi. De toi dépend ma vie et mon salut, mon cher ami Joseph, soutien et appui de ma maison[67]. Je te veux aimer, non pas comme simple serviteur jadis, mais je désire te chérir au lieu de mon mari absent.

JOSEPH. Vous me faites de l'honneur, madame, beaucoup plus que je n'en saurais mériter. Au surplus, ce que par prudence ou industrie se pourra faire pour votre commodité et soulas, je m'y emploierai promptement. Je suis votre serviteur, madame. Commandez-moi, comme il vous appartient.

ÉGLA. Je ne saurais dire la joie que j'ai de te trouver tant débonnaire, mon Hébreu. Je te prie ne faillir ce soir au convive que j'avais préparé pour mon mari, afin que sans être accompagnée je ne prenne mon repas. Ah ! Moi, de larmes serai-je accompagnée[68].

JOSEPH. Prenez courage[69], madame, sans vous déconforter ainsi. Je viendrai.

ÉGLA. Soit d'ici à une petite heure, afin que, comme mon mari vous a enchargé, donniez instruction[70] à notre fille et à nos serviteurs et servantes encore tout neufs, comme ils doivent adorer nos dieux et

65 OL : *Nam* (Pour ce qui est…).

66 Qui ne s'amuse ni ne se divertit jamais. Ces derniers mots sont ajoutés par Tiron.

67 OL : *meae… salutis anchora… domus columen meae.* Érasme, adages 243 (*Ancora domus*) et 242 (*Columen familiae*). L'image de l'ancre comme symbole de salut a plutôt une signification religieuse (Hébreux, 6, 19).

68 OL : *Ne sine viri solatio commisceam dapes meas, pro dolor, amaris lachrymis* (Afin que, sans le soutien d'un époux, ô douleur, je ne mêle à mon repas des larmes amères). La traduction brise quelque peu la syntaxe latine.

69 OL : *Animaequior sis* (Soyez confiante). L'exhortation est biblique (Baruch, 4, *passim* ; Marc, 10, 49).

70 OL : *Post horulam venturus es, ut interim, velut hactenus consueveris, servos rudes… colere doceas…* (Venez au bout d'une petite heure, afin qu'entre-temps, comme vous en avez jusqu'ici

les autres déités qui sont en l'univers. Et, pour autant qu'il fait beau temps, je les vous amènerai dehors au serein.

JOSEPH. Ainsi est-il bon de faire. Faites qu'ils viennent, madame. Qui pourrait entendre la fantaisie de cette cauteleuse femme ? La vérité se découvrira d'elle-même. Ce n'est pas sans cause qu'elle fait saillir sa famille hors la maison.

Scène 4

DEUX SERVITEURS, DEUX CHAMBRIÈRES, ASENATH, JOSEPH

[SERVITEURS, SERVANTES, ASENATH.] Ma dame veut que venions à vous ci-dehors, Joseph.

JOSEPH. Approchez-vous, mes bons frères et sœurs. Avez-vous bien retenu tous les points de la dernière leçon ?

PISTUS. Aucuns assez bien, et aucuns non, comme étant encore neufs et sans connaissance de Dieu.

JOSEPH. Toi, Pistus, dis le premier ce de quoi il te souvient.

PISTUS. J'ai appris qu'il est un vrai Dieu, qui a formé ciel et terre, et tout ce qui est compris en iceux.

JOSEPH. [Tout à fait exact.][71] Or dis donc, Phronime, qu'as-tu retenu ?

PHRONIME. Qu'Anubis, Sérapis et Isis ne sont autre chose sinon faux dieux pleins de vanités ou, pour mieux dire, ne sont que noms sans vertu[72].

JOSEPH. On ne pourrait mieux dire. Recorde après, Agna m'amie, ce qu'as retenu en mémoire.

AGNA. J'ai appris que Dieu est père de toutes choses, le fils est celui par qui sont toutes choses, et le Saint-Esprit auquel sont toutes choses[73].

JOSEPH. Mais attendu qu'il n'y en a qu'un, pourquoi en nommes-tu trois ?

AGNA. Je ne sais, certes.

---

l'habitude, vous puissiez apprendre à nos serviteurs ignorants… comment adorer…). Soit d'ici… = Que ce soit d'ici…

71 OL : *Recte quidem*. Ce début de réplique manque dans la traduction.

72 Macropedius n'a pas choisi les noms à la légère. Ils formaient une triade dont le culte était également très répandu dans le monde gréco-latin. Le jeu de mots de l'OL sur *numina* et *nomina* n'est pas rendu.

73 Romains, 11, 36 ; I Corinthiens, 8, 6 ; 2, 10.

JOSEPH. Et toi, m'amie Catharis, en as-tu bien intelligence ?
CATHARIS. Non, certes, je ne l'entends pas.
JOSEPH. Madame Asenath, dites-le donc si l'entendez.
ASENATH. Comment entendrais-je ce qui est à l'homme incompréhensible ? Et toutefois je le dirai en tant que la foi m'en a fait apprendre. C'est que je contemple une subsistance et éternelle permanence de Dieu[74] sous ces trois personnes, la révère, adore et supplie.
JOSEPH. Divine vierge, raison humaine ne t'a mis cela en l'entendement, mais l'esprit de celui qui est père de toutes créatures[75]. Et toi, ma Catharis, dis-moi ce que tu as appris.
CATHARIS. Que Dieu étant esprit, nous le devons adorer en esprit et pure pensée[76], non point charnellement.
JOSEPH. C'est bien et beau retenu. Ruminez diligemment en vos pensées ces sentences authentiques et dressez les yeux de votre entendement à cette lumière incompréhensible[77]. Ces jours prochains qui viennent, je vous enseignerai encore belles matières. À Dieu vous commande, frères et sœurs, car il me faut trouver au souper de ma dame.
LE CHŒUR. Adieu, frère.
Chantons louange en toute humilité
Au Dieu du ciel, suprême déité[78].

LE CHŒUR
[Par la famille présente][79]

Le créateur de ce muable monde,
Seul Dieu, forma lumière claire et monde,

74 OL : *Dei… hypostasin*. Le terme d'hypostase n'est plus employé en théologie.
75 Matthieu, 10, 20 ; 16, 17.
76 Jean, 4, 24.
77 Éphésiens, 1, 18.
78 OL : *Cœli Deo laudes canamus supplices* (Implorons le Dieu du ciel par nos chants de louange). Tiron traduit cette invite du chœur par un distique.
79 OL : *Per familiam praesentem*. Cette mention manque à la traduction. Le chœur est ici composé des deux serviteurs, des deux chambrières et d'Asenath, restés seuls après la départ de Joseph. Le texte latin, qui comporte huit quatrains, est fidèlement rendu par la traduction, qui en comporte neuf. Dans l'éd. 1553 du *Josephus*, qui précise que la composition musicale est à double chant (*discantus*), la musique de la version basse est insérée en cette fin d'acte Ier et celle de la version ténor reportée après l'acte V.

Et, dissipant les ténèbres à la ronde[80],
Les nomma nuit.
Jour appela la lumière qui luit.
Entre eaux le ciel bien ferme il établit,
Afin qu'à l'un l'autre ne se joignît
Et s'assemblasse[81].
Mit les grands eaux en la région basse,
La terre après, qui de hauteur les passe,
À ce qu'herbes et fruits d'elle prochasse
Tous animaux[82].
Après cela, les reluisants flambeaux,
Lune et soleil fit luire clairs et beaux,
Étoiles aussi, et tous astres nouveaux[83]
Pour nuit obscure.
Des eaux tira les oiseaux par sa cure[84]
Et tout cela qui en mer nourriture
Prend, et qui court et rampe à l'aventure,
Puis les bénit,
Leur commandant de croître et faire fruit.
De terre, après, le bétail il produit,
Fiers animaux de mainte forme il fit,
Auxquels encharge
Multiplier, orner la terre large
De leurs faons[85] foisonnant en tout âge.
Cela parfait, Adam à son image

80 Pour la régularité du vers, la troisième syllabe du mot ténèbres ne doit pas être prise en compte.

81 OL : *Inter... undas condidit coelum, ut* στερέωμα *firmum sive discrimen sine mixtione esset utrisque* (Entre les eaux... il établit le ciel, afin qu'un firmament stable ou ligne de séparation empêche les unes et les autres de se mêler). Le texte biblique distingue ainsi les eaux qui sont au-dessus du ciel et celles qui sont en dessous (Genèse, 1, 7). Dans les vers un peu confus de Tiron, les mots « l'un l'autre » renvoient justement aux deux types d'eau. Le subjonctif imparfait en *-sse* (assemblasse) à la troisième personne était encore en usage (Gougenheim, p. 116).

82 La terre surplombe les eaux qui sont sous le firmament, afin que tous les êtres animés puissent se mettre en quête des plantes et fruits qu'elle doit produire.

83 Il faut compter également le mot étoiles pour deux syllabes.

84 Il prit soin de tirer les oiseaux des eaux. L'expression « par sa cure », sans équivalent dans le texte latin, ne sert qu'à la rime.

85 Deux syllabes pour ce mot, contrairement à la prononciation actuelle.

A composé.
Son Saint-Esprit en lui a imposé,
Sens et raison au chef lui a posé,
À tous vivants l'ayant seul préposé
Par excellence.
Grâces rendons à la divine essence
Qui tout créa et, pour garder l'engeance
Du genre humain, par sa grande clémence
Fit l'univers[86].

86 OL : *Propter humani generis salutem / Cuncta creavit* (Pour le salut du genre humain / Il créa toutes choses). À la fin, Macropedius précise que ces deux derniers vers doivent, pour le chœur, servir de refrain à chaque strophe (*Repetitio ad singulos quaternarios*).

ACTE II

Scène Première

JOSEPH *à part*

Dieu d'Abraham, Dieu d'Isaac, Dieu d'Israël[87], pourquoi, moi misérable, me réduis-tu à ce point et angoisseux détroit, de t'abandonner par paillardise, ou bien, si j'use de résistance, de mettre ma vie en hasard ? Or ne s'est-il passé jour, depuis l'heure que se partit mon seigneur, qu'elle ne se soit à moi abandonnée[88], en la maison, dehors, en la chambre et au convi, et tant sollicité ma fragilité qu'à peine sais-je si je lui dois accorder ou refuser. Et, si nous croyons aux fables, onc ne fut Phèdre tant importune à son Hippolyte comme je suis amadoué[89] par les gémissements et mignotises de celle-ci. Ce sont les armes desquelles jusqu'à présent elle m'a combattu. Tantôt usera de cautèles, subtilités et fraudes. Finalement, comme j'imagine, elle m'abordera avec menaces de mort. Toutefois, seigneur Dieu, il me vaut mieux souffrir quoi que ce soit, plutôt que par méchanceté t'abandonner[90] comme déloyal. Donne-moi donc fermeté, prudence et patience, pour pouvoir résister à ces flambeaux ardents[91]. On a ouvert l'huis. Elle rabroue fièrement ses demoiselles, pour autant qu'elle ard de luxure. Je m'en vais trouver Desmophile, ce mien unique ami, auquel j'ai de coutume découvrir sans danger mes secrets plus privés, afin que par ses propos je sois quelque peu soulagé de l'angoisse qui tant me presse. Auquel toutefois n'est licite déclarer les tours de ma dame.

---

87 Invocation du prophète Élie (I Rois, 18, 36).

88 OL : *quo non stuprandam obtulit* (qu'elle n'ait fait de propositions déshonorantes).

89 OL : *quam haec me... ad impudicitiam illicit* (que celle-ci, qui me pousse à l'impudicité par ses...). Il est vrai que l'héroïne d'Euripide et de Sénèque, avant le mensonge, n'est coupable que d'un aveu.

90 OL : *abs te recedam*. Souvenir du psaume 79, 19 : *Et non recedemus abs te...*

91 Éphésiens, 6, 16.

Scène 2

ÉGLA, PHRONIME

ÉGLA. Va, Phronime, et regarde où est allé Pistus. Si Joseph l'a quelque part envoyé, il suffit, mais s'il est sorti sans congé qu'il vienne ici, craignant que votre seigneur ne nous surprenne au dépourvu[92].

PHRONIME. Doit mon maître venir ce jourd'hui ?

ÉGLA. Je m'en doute, car demain est la pleine lune, qu'il avait dit qu'il serait de retour.

PHRONIME. Ainsi le ferai.

ÉGLA. Oh ! Attends un peu.

PHRONIME. Que vous plaît-il ?

ÉGLA. Si tu vois le serf hébreu, dis-lui que j'ai à parler à lui.

[PHRONIME. Je le lui dirai.

ÉGLA.][93] Ce galant est plus fin que je ne voudrais.

PHRONIME. Ma dame pensera que je m'en sois allé faire mon message, mais je me tiendrai ci mussé en ce coignet, pour ouïr [ce] qu'elle traite avec ses demoiselles. Si ce n'est qu'elle machine quelque tromperie avec elles[94], estrifs, males paroles et battures ne leur faudront non plus que mars en carême[95].

Scène 3

ÉGLA, CATHARIS, AGNA, PHRONIME

ÉGLA. Dépêchez-vous de faire ce que vous ai chargé. Que la chambre me soit nettement préparée et que le lit de votre seigneur soit bien et mollement fait, lequel, comme j'estime, viendra ce soir fort travaillé

---

92 OL : *ne forte herus minus paratos opprimat* (afin que le maître ne vienne pas nous surprendre au moment où nous ne sommes pas encore prêts).

93 OL : *Sic dixero.* Petite réplique non traduite, que Phronime prononce en faisant mine de s'éloigner.

94 Si elle n'a pas l'aide de ses demoiselles pour machiner sa tromperie, elles en subiront les conséquences.

95 OL : *mala verba dabit et verbera* (il y aura des réprimandes, puis des coups). Cette formulation, proche de certaines tournures populaires (*post verba verbera, de verbis ad verbera*), est commune dans la comédie latine (Plaute, *Les Ménechmes*, 978 ; Térence, *Heaut.*, 356). L'expression « comme mars en carême » (Di Stefano, p. 1046), ajoutée par Tiron, correspond assez bien ici à la tonalité de la comédie, soudain devenue plus légère.

et fâché[96]. Gardez-vous bien qu'il ne s'y trouve poudre ni ordure, tant soit petite, ou fronçure en couverture. Car netteté est l'honneur d'une maison et le soulas de l'homme et de la femme[97].

CATHARIS. Nous vous obéirons et mettrons en bon ordre[98] tout ce qu'avez commandé, madame. N'y a-t-il autre chose que veuillez être faite[99] ?

ÉGLA. Que commandiez, fallait-il dire. Combien me font de peine[100] ces niaises à les apprendre !

CATHARIS. Pardonnez-moi, madame, j'aviserai une autre fois à parler plus sagement. Vous plaît-il autre chose commander ?

ÉGLA. Je veux puis après que la chambre soit jonchée de verveine, aurone, marjolaine et autres herbes de bonne odeur, jadis dédiées aux jeux de Vénus[101].

CATHARIS. Nous y emploierons.

ÉGLA. Que fais-tu là debout, plantée comme une statue morte[102] ? Ne réponds-tu rien à ce qu'on te commande ?

AGNA. Volontiers vous obéirai, madame, prête à mettre en effet votre commandement.

ÉGLA. N'est-ce pas grand honte et fâcherie que ces garces ne se sauraient duire sinon à horions[103] ?

AGNA. Nous mettrons toute peine, madame, de vous servir plus soigneusement au doigt et à l'œil[104].

---

96 OL : *curis gravem* (accablé par les soucis).

97 Ce passage, quoique plus développé, fait songer à la *meretrix* Érotie de Plaute, qui s'empresse auprès de ses esclaves pour qu'ils ornent et parfument la chambre de son amant, tout en faisant également au passage un bref éloge de la *munditia* (*Les Ménechmes*, 352-355).

98 OL : *Parebimus parabimusque…* Il était difficile pour le traducteur de restituer le jeu de mots.

99 OL : … *quod perfici petis ?* (… à quoi vous désirez qu'on apporte les derniers soins ?). On conserve la forme littéraire ancienne du subjonctif du verbe vouloir, dont on trouvera d'autres occurrences chez Tiron.

100 OL : *Quantum mihi negocii … exhibent* (Quel travail elles me donnent…).

101 La verveine, utilisée pour les purifications, était censée apporter de la gaîté dans les festins si la pièce était aspergée d'eau où elle avait détrempé (Pline, *Histoire naturelle*, XXV, 105, 107) ; l'aurone était aussi appréciée pour son odeur forte (*Ibid.*, XXI, 60-61). Vénus-Aphrodite était réputée aimer les parfums (*Odyssée*, XVIII, 192-194).

102 Comparaison proverbiale. Érasme, adage 3299 (*Statua taciturnior*).

103 OL : … *vos usque verberibus meis instituere* (… que je ne puisse vous faire apprendre que par des coups).

104 OL : *parere dicto et nutibus… tuis* (d'obéir à vos paroles et gestes).

ÉGLA. Faites que toute la maison me soit tapissée à l'égyptienne[105], et qu'il n'y ait rien qui ne soit net et luisant.

AGNA. Cela ferons-nous, madame, et tout ce qu'il vous plaira nous commander.

ÉGLA. N'oublierez-vous jamais ces sottes et lourdes manières, pour accoutumer à façons plus gentilles et honnêtes ?

AGNA. Pardonnez-nous, je vous en prie, nous aurons par ci-après toujours vos avertissements en mémoire[106].

ÉGLA. Levez-moi la queue de cette cotte de samit et l'accrochez à l'agrafe[107]. Gardez-vous de remplier le bord maussadement, faites qu'il soit mignonnement agencé.

CATHARIS. Nous l'accoutrerons gentiment. Agna, prends à dextre, et moi à senestre. Nous la soulèverons ainsi.

ÉGLA. Gardez de détacher l'agrafe d'or[108].

CATHARIS. Ne vous chaille, madame, il n'y a rien qui soit gâté. Mais nous l'avons proprement adressée, comme vous vouliez qu'elle fût.

ÉGLA. Or entrez là-dedans et faites par ordre tout ce que je vous ai commandé, si vous ne voulez au soir être battues comme plâtre[109]. Je me veux ici un peu promener par récréation.

AGNA. Nous y allons, madame. Qui est la fille qui pourra endurer l'orgueil, fierté et insolence extrême de cette femme, sinon qu'elle soit du tout dépourvue de sens et jugement ?

ÉGLA. Qu'est-ce que tu barbotes ?

AGNA. Rien, madame.

---

105 Proverbes, 7, 16. L'allusion biblique à l'épouse infidèle, qui orne sa chambre de tapisseries d'Égypte, sera plus explicite à la scène 7.

106 OL : *Posthac hera hujus tum diei tum loci meminerimus* (Nous nous souviendrons désormais, madame, de ce jour comme de ce lieu). Il y a une certaine rancune dans le propos, que la traduction ne rend pas. Agna l'exprimera plus ouvertement par la suite.

107 OL : *Hujus levate byssinae syrma tunicae, atque ex fibula suspendite* (Relevez la traîne de cette tunique de lin, puis fixez-la à la fibule).

108 Tiron emploie le même terme d'agrafe pour désigner cette fois un *spinther*, bracelet qui se fixait en haut du bras gauche.

109 OL : *ulmeae spectarier* (être changées en ormes). À force de recevoir des coups de bâton (en bois d'orme), la chair en sera tout imprégnée. L'image est chez Plaute (*Asinaire*, 363). L'expression « être battu comme plâtre » est notamment chez Rabelais (*Pantagruel*, 31). Di Stefano, p. 1384.

ÉGLA. Que maudites soient tes oreilles[110]. Allez à coup, si ne voulez qu'oubliant ma dignité je vous assomme ici de coups[111].

CATHARIS. Il nous faudra quitter la place à cette insensée.

AGNA. Ô servitude misérable !

CATHARIS. Tais-toi, si tu ne veux que soyons ici misérablement martyrisées.

AGNA. Mais de supporter ces maux-ci, ce nous est chose intolérable.

CATHARIS. Toutefois le meilleur est d'endurer ce qui est inévitable.

AGNA. Elle exerce sur tous sa cruauté, ainsi qu'une tigresse, et n'y a que Joseph qui soit exempt de sa félonie, de l'amour duquel elle est vilainement embrasée, ou je suis bien abusée.

CATHARIS. Ce que tu dis est bien vraisemblable, car ces œillades, ces tant douces paroles et cette parure qui se fait pour l'amour du jeune homme, autre chose ne signifient qu'une flamme amoureuse en elle. Car tous ces attintements[112] ne se font sinon afin de gagner le chaste cœur de l'Hébreu.

AGNA. Ma foi, il n'y a rien plus vrai, car, détournant son affection de son mari, elle tient les yeux sur lui. Mais l'honnête personnage jamais ne consentira à telle méchanceté.

CATHARIS. Qu'il y consente ? Premier s'amollirait un caillou qu'il donne consentement à commettre paillardise. Mais entrons là-dedans, qu'après cris et tançons ne vienne à nous aborder[113].

AGNA. C'est bien avisé, elle regarde deçà[114]. Que fait Phronime ci, en ce coignet ?

PHRONIME. Je prends garde[115] aux propos de ma maîtresse et aux coups qu'elle baille. Mais surtout, j'ai la luxure en abomination.

CATHARIS. De qui ?

---

110 OL : *Vaeh capiti tuo* (Malheur à toi !). Expression très fréquente chez Plaute (*Amphitryon*, 741 ; *Curculion*, 314 ; *Les Ménechmes*, 513, 841 ; *Le Revenant*, 1002).

111 OL : *nisi dignitatis me meae velitis obliviscier* (si vous ne voulez pas que j'oublie ma dignité). Tiron précise, mais l'allusion aux coups était sous-entendue.

112 OL : *haec tota… corporis compositio* (tout ce soin qu'elle met à se parer).

113 OL : *ne mala post verba denuo sequantur verbera* (afin que les réprimandes ne soient pas à nouveau suivies de coups). Le propos fait écho à la dernière réplique de Phronime dans la scène précédente. Le texte français se comprend ainsi : afin qu'après les cris et les querelles [elle] ne vienne pas nous agresser. Le pronom sujet a peut-être été oublié dans la traduction.

114 OL : *respectat huc* (elle tourne la tête par ici).

115 OL : *Observo tacitus* (J'observe en silence).

PHRONIME. De ma dame. Tout coi, il vaut mieux entrer. Cette furie tempête[116], j'irai où elle m'a commandé[117].

Scène 4

JOSEPH, DESMOPHILE, ÉGLA

JOSEPH. Je voulais parler à toi ci-dehors, Desmophile, mais notre maîtresse est à la porte, qui demande à parler à moi, ce sais-je bien. Il faudra aviser autre opportunité pour ce faire.

DESMOPHILE. Je suis tout à votre commandement et serai en tous cas et aventures. Le Dieu de votre père vous doint[118] patience en toutes angoisses et tribulations.

JOSEPH. Ainsi advienne, adieu. Voici pour moi un nouveau combat. Ce n'est sans cause qu'elle s'est ainsi parée à l'avantage. Dieu vous maintienne en santé, madame.

ÉGLA. Et Dieu te garde, Joseph, que j'aime de tout mon cœur. Que ne m'appelles-tu t'amie[119], comme je désire, plutôt que ta dame ?

JOSEPH. Pourtant que je vous reconnais pour maîtresse et non pour femme.

ÉGLA. De ma part, Joseph, je te souhaite pour époux et non pour simple serviteur. Beau fils Joseph, accorde-moi cela.

JOSEPH. Ne me veuillez, madame, conseiller chose qui n'est à vous ni à moi utile, honnête ni sainte.

ÉGLA. Comme ne serait-ce chose sainte ma vie et seul salut ? Vu que, si vous m'aimez, appliquerez le remède à la plaie sanglante et cruelle dont mon pauvre cœur est navré, et prolongerez une douce vie à moi, jeune dame misérable, ou, pour mieux dire, me garderez du lien de la mort[120].

JOSEPH. Nous n'estimons cela être chose sainte, madame, de laquelle

---

116 OL : *Carcer sonat*. L'emploi métonymique de *carcer*, pour désigner une créature des cachots infernaux, est peu commun. La traduction est excellente.

117 Phronime devait s'enquérir de Pistus et, au passage, signaler à Joseph que sa maîtresse le demandait. Il a donc pris le temps d'assister discrètement à toute la scène.

118 Forme archaïque du subjonctif du verbe donner (Gougenheim, p. 115).

119 OL : *quin magis vocas me amicam ? MVT*, v. 18877 : « Joseph, appelle-moi t'amie. »

120 OL : *a laqueo necis servaveris* (vous m'aurez sauvé du lacet de la mort). On peut prendre le mot lacet ou filet dans le sens biblique et métaphorique de piège (II Samuel, 22, 6), mais c'est aussi la corde pour se pendre. Égla s'identifie-t-elle à la Phèdre d'Euripide ? .

Dieu très bon, très grand et père très clément est offensé, qui nous a donné la vie et l'âme en notre fragile corps, et toutes choses qui au monde sont pour notre usage. Pour vrai, Dieu doit être honoré et révéré par sus les hommes.

ÉGLA. Je vous l'accorde bien. Mais si vous avez tant à cœur l'honneur, vénération et la crainte de Dieu, que ne m'aidez-vous donc, moi qui suis délaissée de tout secours ? Pourquoi ne me serez appui, où force et vertu me défaut ? Que ne me remettez-vous avec un doux soulas ? D'où vient que ne soutenez la calamité d'autrui, comme vous enseignez à mes gens ? Dieu ne vous commande-t-il pas le soin de votre prochain ? Jugez-vous cela déshonnête à l'occasion de quoi[121] vous faites devant Dieu tant d'œuvres honnêtes, cher Joseph ?

JOSEPH. Quelque belle apparence d'honnêteté qu'aient nos œuvres, s'il y a de la vilenie brouillée parmi, elles sont purement et simplement déshonnêtes[122]. Si par ma vilenie je voulais vous maintenir en déshonneur, quel plus méchant acte se pourrait imaginer ? Trop mieux vaudrait tous deux mourir honnêtement que donner l'un à l'autre occasion de commettre vilenie et ne vivre honnêtement.

ÉGLA. Soit ainsi. Mais, dis-moi, quel tant grand déshonneur serait-ce, si prenions joyeusement un doux amoureux passe-temps par ensemble[123] ? Ne sont pas les amours naturelles de l'ordonnance de Dieu ? N'est-il pas vrai que par telle loi tous animaux s'apparient et conjoignent, gardant à toujours une belle coutume ? Peut être la chose sinon bonne et équitable qui établit amitié entre les hommes et entretient toutes choses[124] ?

---

121 OL : *per quod*. Estimez-vous déshonnête ce qui vous pousse à faire… En somme, si l'action est honnête, la cause peut-elle être malhonnête ?

122 Joseph répond en inversant les données : si la cause est malhonnête, l'action l'est aussi. On est en plein dans les « fâcheuses subtilités philosophiques » (*tetricis philosophicisque argutiis*) qu'Égla, agacée par Joseph raisonneur, va dénoncer à la fin de la scène.

123 OL : *si suaviter mecum interim fruare consuetudine ?* (que d'avoir avec moi, en attendant, une tendre liaison ?). Se présentant comme une épouse abandonnée, Égla a d'abord demandé à Joseph de lui servir de second mari. Il lui a opposé sa fidélité à Dieu et les règles de morale, auxquelles elle n'a su que répondre. Dans cette seconde partie de la scène, elle demande à Joseph d'être simplement un compagnon de plaisir, conformément aux lois de nature. Joseph va répliquer en invoquant cette fois la nécessaire modération des appétits et en rappelant sa loyauté à l'égard de Putiphar. Égla se fait pressante, puis, se sentant vaincue, elle se répand en imprécations et profère des menaces. Cette belle scène est très scrupuleusement rendue par le traducteur.

124 C'est la leçon que la nourrice de Phèdre fait à Hippolyte (Sénèque, *Phèdre*, 466-468).

JOSEPH. Quant aux hommes, Dieu a en eux refraint telles amours par certaines lois qu'il leur a imposées, et ce, afin que notre genre n'eût rien commun avec celui des bêtes. Car, dès le commencement, donna à l'homme après sa création une femme pour amie, voulant qu'il engendrât enfants d'elle et ordonnant à toute la postérité de garder semblable manière de vivre. Parquoi mariage ne se peut honnêtement ni dignement contracter entre vous et moi, madame. N'y soit donc trouvée nulle vilenie d'amour illicite.

ÉGLA. Or çà, je te donne la foi de mariage. Prends cet anneau pour signe de notre amour. Que diffères-tu maintenant, mon cœur ? Reçois ce gage.

JOSEPH. Je n'en ferai rien. Mon seigneur, en votre présence, m'a mis entre mains tout quant qu'il a[125], soit aux champs ou à la maison, au loin et au large[126], vous seulement exceptée, qu'il désire lui garder foi et loyauté[127]. Comme donc commettrais-je envers lui telle ingratitude et trahison de lui vouloir usurper sa femme ?

ÉGLA. C'est bien tout au contraire, car il m'a par espécial donnée à vous en garde, ordonnant que me fournissiez de tout ce qui servirait à mon soulas et plaisir.

JOSEPH. Pensez, madame, et demandez tout ce qui vous viendra à plaisir et passe-temps. Vous ne l'aurez si tôt dit que serez servie abondamment et à votre contentement. Si vous souhaitez manger de l'or, ainsi qu'on parle[128], je le vous baillerai. Si voulez que je chante, je chanterai. Si commandez que je danse, je danserai. Mais quant à entrer en votre couche, jamais ne m'y attirerez.

ÉGLA. Sans toi m'est toute douceur amère, doux Joseph. C'est toi qui es le comble et accomplissement de tout mon soulas et douceur. Or çà donc, mon doux confort[129], çà, que je vous embrasse. Jouissez avec moi du plaisir amoureux. Tout ce que j'ai est à votre commandement[130]. Je vous entretiendrai en la bonne grâce de mon mari. Je vous baillerai

125 OL : *universa quae… possidet* (l'ensemble de ses possessions).

126 OL : *longe atq. late* (sur une vaste étendue). Érasme, adage 970.

127 OL : *quam sibi castam et fidelem expostulat* (qu'il entend garder pour lui, chaste et fidèle).

128 OL : *Si aurum vorare cupieris…* L'expression « manger de l'or » peut être prise dans un sens hyperbolique, en référence au roi Midas (faire des choses impossibles), ou dans un sens figuré (accumuler de l'or ou le dépenser inconsidérément).

129 OL : *melculum meum* (mon petit miel). Langage familier de Plaute (*Casina*, 837).

130 Sur les *blanditiae* chez Macropedius, voir Hartelust, p. 125-126.

entrée à l'amitié de Pharaon. Je vous affranchirai et ôterai la servitude qui vous oppresse, et si aurez de par moi grands biens et richesses. Je vous relèverai de tous travaux, je vous surhausserai aux honneurs. Vous m'oyez suppliante, vous m'oyez gémissante, jugez par là combien est grand l'amoureux flambeau qui m'embrase le pauvre cœur.

JOSEPH. Que me serviront toutes vos promesses, madame, si vous m'enlevez sans plus mon innocence, si vous m'ôtez ma foi, loyauté, et de mon Dieu la grâce perpétuelle ? Ce qui n'est accompagné d'honnêteté ne pourra à jamais être utile[131].

ÉGLA. Tu m'étourdis avec tes sermons[132] et fâcheuses subtilités philosophiques. Donne-moi une bonne parole d'amour et soulas.

JOSEPH. Quant à cela, madame, ainsi m'aide Dieu, il ne sortira de ma bouche un seul mot au contraire de ce que déjà vous ai répondu. Jamais je ne consentirai de commettre paillardise.

ÉGLA. Ah ! Dur Joseph, plus dur que marbre bis[133], le cœur duquel ne s'amollit par nulles prières. Ah ! Homme cruel, et plus cruel qu'onc ne fut Atrée, d'ainsi me transpercer le cœur par ce seul mot[134]. N'es-tu point ému de mes larmes ? N'ont envers toi nulle efficace mes prières ? [Ni ma plainte, ni ces soupirs, ni cette mort même ?][135] Ah ! Moi dolente, avoir jusqu'à présent voulu user de tant de bénéfices envers cet ingrat. À Dieu te commande ainsi que tu mérites, personne ingrate. Le temps viendra que tu voudrais avoir eu pitié de moi. Las moi !

---

131 OL : *Utilia nulla sunt, nisi eadem honesta sint*. Repris par Érasme, adage 3693 (*Quod utile honestum*).

132 OL : *his Dei tui sermonibus* (avec ces sermons de ton Dieu).

133 OL : *Caucaso durior* (plus dur que le Caucase). L'image du Caucase, symbole de dureté hostile, est habituelle dans la littérature antique. Didon reproche à Énée qui l'abandonne d'avoir été engendré par les durs rochers qui hérissent le Caucase (Virgile, *Énéide*, IV, 366-367) ; Thyeste, victime de la cruauté d'Atrée, évoque les âpres rochers du Caucase inhospitalier (Sénèque, *Thyeste*, 1048). Tiron, comme souvent, préfère une image plus familière, celle du marbre bis (ou gris), autre symbole de dureté, auquel les poètes médiévaux, comme Guillaume de Machaut et Eustache Deschamps, avaient déjà recours pour qualifier le cœur féminin. Di Stefano, p. 1036-1037.

134 Il s'agit du mot jamais (*nunquam*), placé, comme dans l'OL, au début de la dernière phrase de Joseph.

135 OL : *Nil gemitus et suspiria haec ? Nil ipsa mors ?* On ajoute entre crochets la traduction manquante de ce vers. Cette absence n'est sans doute pas volontaire de la part de Tiron, car ce vers important constitue avec le précédent une sorte de gradation dans la lamentation.

Scène 5

JOSEPH *à part*

Les larmes de cette femme, combien qu'elles soient feintes, me contraignent de pleurer. Vraiment je confesse qu'elle m'a fait beaucoup de biens, même de m'avoir élevé comme son propre fils. Néanmoins si n'en suis-je pas ingrat comme elle me reproche. Tu es témoin, Dieu d'Israël, que si je pouvais convertir tous mes membres en mains et pieds et par mes travaux muer toute la substance de mon seigneur[136] en or fin, volontiers je le ferais. Mais ce que je sais être à tes lois contraire, je n'y ose attenter et ne suis point pour le faire. Toutefois je sais bien que telle constance me fera tomber en péril. Mais néanmoins si vaut-il mieux souffrir, quoi qu'il advienne, que, te mettant en oubli, me contaminer de paillardise. Dieu des exercites[137], donne-moi victoire et patience. Que veut dire cela ?

Scène 6

DEUX SERVITEURS, DEUX SERVANTES, JOSEPH, ASENATH

[SERVITEURS, SERVANTES, ASENATH.] Joseph, [on] est derechef jeté hors[138].

JOSEPH. Dites-moi, frères et sœurs, à quelle occasion êtes hors du logis ?

PISTUS. Elle a sans faute en quoi entendre à la maison[139], où elle demande d'être seule, et veut que soyons enseignés dehors. Au reste, combien qu'elle soit troublée, si nous permet-elle une heurette promener.

JOSEPH. Elle fait bien. Une mère de famille n'a pas toujours l'esprit à repos, même quand le seigneur n'est au logis[140].

---

136 OL : *omnem herae substantiam* (tous les biens de ma maîtresse).

137 OL : *Dee sabaoth* (Dieu des armées). Qualificatif courant pour désigner le Dieu d'Israël, surtout dans les Psaumes et les livres prophétiques.

138 OL : *Joseph denuo ejicimur foras* (Joseph, nous sommes à nouveau mis dehors). On ajoute une virgule après le mot Joseph et un pronom indéfini sujet entre crochets. Sans cela, la traduction laisserait penser que les domestiques et Asenath constatent que Joseph a été écarté de la maison, alors que ce sont eux qui en ont été écartés et qui en informent Joseph. D'où la curiosité de celui-ci dans la réplique qui suit.

139 Elle a sans doute quelque chose à faire à la maison…

140 OL : *potissimum ubi domum conjux reliquerit* (surtout quand le mari s'est absenté).

PHRONIME. Elle pense, à mon avis, qu'il sera ce soir de retour, à cause de ses tapis et parements qu'elle a fait tendre.

JOSEPH. Dieu le veuille. Dites-moi cependant ce qu'un chacun a retenu depuis hier. Dites, madame Asenath, ce dont il vous souvient et ce où chacun doit mettre son soin, ayant reçu la foi, pour entendre à l'honneur de Dieu. Dites, Asenath madame[141].

ASENATH. Un vouloir et pensement humble, à raison que Satan par son orgueil fut déchassé de paradis.

JOSEPH. On ne saurait dire chose plus raisonnable, Asenath m'amie. Il n'y a rien plus agréable à Dieu que modestie. Dites, Catharis, ce qu'avez retenu.

CATHARIS. J'appareille à mon Dieu une vie sobre, d'autant que gloutonnie a déchassé Adam de paradis.

JOSEPH. C'est très bien dit, et nous a apporté plusieurs incommodités. Et vous, Agna, qu'avez-vous appris ?

AGNA. Je prépare à mon Dieu une âme chaste, pourtant que luxure fut cause que le monde fut noyé du déluge.

JOSEPH. Voire, et ruina Sodome et Gomorrhe de fond en comble. Et toi, Phronime, que dis-tu ?

PHRONIME. Qu'il faut tenir une débonnaireté de cœur, pourtant que Caïn portant envie à son frère encourut malédiction.

JOSEPH. Envie avait engendré la rancune, qui l'incita à mettre à mort son frère. Et toi, Pistus ?

PISTUS. Je m'accoutume à être de peu content et avoir la pensée délivrée de toutes les richesses de ce monde, à raison qu'il n'y a méchanceté plus grande que d'avoir son cœur adonné à l'argent.

JOSEPH. [Car de là sourdent guerres, occisions, fraudes et perjurements.][142] Mettons peine, mes amis, d'être décorés de telles mœurs et vertus, desquelles nous avons dit que Dieu doit principalement être honoré, et nous appareillons davantage un esprit posé et tranquille en ces maux auxquels est sujette la servitude. Car ceux qui sont vrais amateurs de Dieu ne sont exempts d'adversités, afin que je fasse mention de ce que nul de vous n'a mis en avant. À Dieu soyez, et vous promenez comme ma dame l'a commandé.

141 L'OL ne comporte pas cette répétition.

142 Tiron attribue à tort à Pistus cette phrase, qu'on met entre crochets.

[FAMILLE. Allons.

JOSEPH.][143] Mon Dieu, que ferai-je ? Si je viens à entrer, je vois un nouveau combat tout prêt, et même d'autant qu'elle aura noté les larmes que j'ai jetées. Si je n'y vais point, elle forgera une accusation, disant que je suis paresseux aux affaires de mon seigneur et que lui laisse toute la charge de la maison et ménage, ce que mon maître qui doit ce soir venir m'avait défendu. Il est toutefois meilleur procurer de faire mon devoir et entrer, à quoi qu'elle doive attenter.

Scène 7

JOSEPH, ÉGLA

JOSEPH. Dieu vous garde, madame.

ÉGLA. Mon Joseph, Dieu vous mette en joie. J'ai bien affaire de votre prudence, pourtant que j'estime que mon mari viendra ce soir. Mais, pour autant qu'étiez empêché à endoctriner mes gens et ma fille, j'ai différé vous appeler jusqu'à présent. Or maintenant, Joseph, mon seul soulas et plaisir singulier, puisqu'il n'y a au logis âme qui nous détourbe de prendre notre amoureux plaisir[144], étant tous mes gens assez éloignés d'ici, couche-toi avec moi.

JOSEPH. Je n'y coucherai point.

ÉGLA. Si te le faudra-t-il bien faire. Autrement je crierai que tu me prends à force.

JOSEPH. Est-ce là le bien que me voulez ? Est-ce là la flamme amoureuse, qui se tourne non en courroux et haine mais en forcenerie ?

ÉGLA. Je me raille, mon petit ami[145]. Il n'y a personne céans qui rien sût savoir de notre fait ni de nos amours. Or sus, sans tant te faire prier, entre-embrassons-nous. Je ne te trouvai onc ni dur ni lâche à accomplir mes commandements[146]. Prends ce premier gage, jouissons du premier fruit de nos noces. Vois-tu comme je t'ai paré la chambre

---

143 OL : *FAM. Hem.* Bref salut des domestiques et d'Asenath qui s'éloignent, oublié du traducteur. Joseph parle seul ensuite.

144 *MVT*, v. 18602 : « De prendre l'amoureux plaisir ».

145 OL : *Jocor, mi amicule* (Je plaisante, mon petit ami). Le propos se veut rassurant. En revanche, la phrase française pourrait être interprétée aujourd'hui comme un sarcasme. Sur le diminutif *amiculus* chez Macropedius, voir Hartelust, p. 123-124.

146 Tu n'as jamais jusqu'ici refusé d'obéir à mes ordres.

de tapis, les plus beaux que j'eusse, et ai parfumé le lit de bonnes odeurs[147] ? Mes gens sont dehors, mon mari bien loin d'ici, qui ne retournera de ce jour, combien que je leur aie donné à entendre[148]. Approche-toi, jouissons de baisers, accolements, embrassements, et du reste jusqu'au matin[149]. Que doutes-tu ?

JOSEPH. Je ne doute point, madame, je ne doute point, et n'est en rien ma volonté et fermeté changée, non plus qu'auparavant, et vous venez toujours me chanter une même chanson[150]. Je vous le dis une fois pour toutes, je ne ferai point ce dont me sollicitez, et ne vous travaillez en vain[151]. Permettez, je vous prie, madame, que je puisse garder ma chasteté entière et impollue.

ÉGLA. Et laisse-moi remédier à ces larmes que tu jettes. Ôte toute feintise et doute. Ce qui pour moi naît, naît aussi à mon mari[152]. Çà, çà, approche-toi.

JOSEPH. Ne me tirez jà[153].

ÉGLA. Or sus, sus. Mais voyez comme il fait bonne mine[154].

JOSEPH. N'avez-vous point de honte, madame ?

ÉGLA. Eh ! Çà, çà, viens. Te fais-tu tant tirer pour prendre un petit ton déduit[155] ?

JOSEPH. Las ! Seigneur Dieu, ce que j'endure ! Plutôt fuir honteusement que de mouvoir ici quelque vacarme[156]. Or tenez ce manteau, femme éhontée, que ma chasteté me demeure sauve.

ÉGLA. À l'aide, mes serviteurs. Où êtes-vous ? Oh ! Que je sois efforcée par ce méchant paillard !

---

147 OL : *stravi cubile et mirrho et aloe et cinnamo* (j'ai parfumé la couche de myrrhe, d'aloès et de cannelle).

148 Bien que je leur aie laissé croire que son retour était proche.

149 Proverbes, 7, 16-19. Tout ce passage (tapis, parfums, mari absent, promesse de voluptés jusqu'au matin) reprend, dans les termes mêmes de la Bible, le discours de l'épouse infidèle qui veut piéger le jeune passant.

150 Érasme, adage 1476 (*Cantilenam eamdem canis*), avec renvoi notamment à Térence (*Phormion*, 495).

151 OL : … *quod suggeris nec operibus consentiam nefariis. Stulto labori parcito* (… ce pourquoi vous me sollicitez ni ne consentirai à des choses impies. Abstenez-vous d'un vain effort).

152 Ce qui m'est bienvenu l'est aussi à mon mari.

153 OL : *Ne traxeris* (Lâchez-moi). Dans la traduction, l'adverbe jà met simplement l'accent sur la situation présente.

154 OL : *Ut simulat hic* (Comme il se fait prier !).

155 OL : *Ad gaudium trahendus es ?* (Est-il besoin de te solliciter pour prendre du plaisir ?).

156 OL : *quam hic excitare tragoediam* (que de provoquer ici une tragédie).

Scène 8

LA FAMILLE[157], JOSEPH, ÉGLA

[LA FAMILLE.] Qu'avez-vous à fuir, Joseph ? Quelle émeute y a-t-il au logis ?

JOSEPH. Dieu qui est juge le sait.

PISTUS. Que vous faut-il, madame ? D'où vous viennent les membres à trembler, les yeux à être ainsi étonnés ? Que veut dire ce changement de couleur au visage ? Pourquoi tenez cet habit ? Que veuillent signifier ces rubans et templettes éparpillés çà et là[158] ? Que ne parlez-vous, madame ? Que ne dites-vous ce qui vous grève ?

ÉGLA. Moi misérable ! Comme j'ai l'esprit troublé et comme j'ai tous les membres de mon corps froissés ! J'ai enduré fille, j'ai souffert enfant choses indignes de moi[159]. Cet Hébreu écourté, cette peste, ne sentant âme céans, m'a voulu violer et m'a fait force, et de fait m'eût maîtrisée si ne fût que par beau crier et me défendre[160] je l'ai chassé dehors, tirant à moi son manteau. Souffrirai-je être ainsi vilipendée par un méchant esclave ? Oh ! Que Putiphar revinsse[161] maintenant, pour nettoyer ma maison de cette contagion, premier qu'il ait gâté toute notre famille et notre fille.

PHRONIME. C'était de vrai un véhément aiguillon de luxure[162], mais pardonnez à sa jeunesse, madame. De nous, assurez-vous que n'avons onc trouvé en lui sinon toute honnêteté et chasteté.

ÉGLA. Je lui pardonnerais ? Non, non, ce n'est pas de ce jourd'hui qu'il m'a abordée pour me vilener et honnir. Il en a souventesfois fait essai.

PISTUS. Étant repris, il se châtiera, madame. Je vous prie n'en vouloir rien dire à notre seigneur.

---

157 OL : *Familia*. Le mot, placé maintenant dans la liste des personnages présents, désigne toujours les deux serviteurs (Pistus, Phronime), les deux servantes (Catharis, Agna) et Asenath. Chacun va prononcer une réplique.

158 On laisse le verbe au subjonctif, appelé par le doute de la réponse, alors que l'indicatif s'imposerait aujourd'hui. Les templettes (*redimicula*) sont des rubans qui entourent le front et les tempes (lat. pop. *tempula*).

159 OL : *Indigna gnata, indigna pueri passa sum* (Quand j'étais petite fille, j'ai enduré des choses indignes, indignes d'un enfant).

160 En criant fortement et en me défendant. L'adjectif beau a valeur adverbiale.

161 Subjonctif imparfait à valeur hypothétique, avec désinence archaïque.

162 Ce n'est pas une accusation. Au contraire, de façon insinuante, Phronime laisse entendre que Joseph, en raison de sa beauté, ne peut qu'inspirer le péché de luxure. La beauté de Joseph est signalée dans la Bible (Genèse, 39, 6).

AGNA. Pardonnez-lui, je vous prie.

CATHARIS. Pardonnez-lui, madame.

ASENATH. Si mes prières ont envers vous quelque crédit, ma mère, pardonnez à Joseph cette faute.

ÉGLA. Vous me priez pour néant. Quoi ! Cet écourté me viendra affronter ? Viens çà, fille, et vous servantes, que mettions à point cette chambre pour mon mari. Vous autres serviteurs, que chacun entende à son cas diligemment.

PISTUS. Nous ferons très bien, madame, tout ce que commandera Joseph[163]. Qui est celui qui ne voit tout ceci avoir été cauteleusement machiné par cette très méchante femelle ? Mais voici Joseph, tout triste. Qu'il en die[164] la vérité.

Scène 9

JOSEPH, PISTUS, PHRONIME

JOSEPH. Dieu vous bénie, frères.

PISTUS. Et vous aussi, Joseph. Nous ne saurions dire le déplaisir que portons de votre infortune. Nous connaissons notre maîtresse jusqu'aux entrailles[165] et avons, jà passé longtemps, fait la preuve de votre innocence et prud'homie, sans que soupçonnions en vous nul maléfice. Toutefois si doutons-nous que mal ne vous en advienne.

JOSEPH. Dieu connaît bien ce que j'ai fait.

PISTUS. Aussi savons-nous bien que tu es sans coulpe[166]. Néanmoins nous craignons, si ma dame vient à vous accuser et relater sa machination brassée, que mon seigneur, croyant à son rapport plus que de raison, ne vous punie à un instant.

JOSEPH. Il nous faut souffrir de bon cœur tous les tours et injures que Dieu nous souffre être faits par les méchants, et que cette litharge

163 Cette première phrase, qui est une marque d'insubordination, ne peut être prononcée que si Égla est déjà partie.

164 Subjonctif archaïque. D'autres occurrences suivent.

165 OL : *intus heram et in cute novimus* (nous connaissons notre maîtresse du dehors comme du dedans). Érasme, adage 889 (*Intus et in cute*).

166 Tutoiement isolé, machinalement rendu par le traducteur qui voit le pronom latin *Te* en tête de vers.

soit bien recuite et parfaitement épurée[167]. Les pots d'argile sont éprouvés en la fournaise, et les hommes justes étant oppressés de maux[168]. Vous souvient-il qu'à tous coups je vous ramentevais cela ?

PHRONIME. Vous nous l'avez dit, Joseph, et en avons souvenance. Nonobstant nous ne pouvons être assurés quant à vous et nous touche au cœur votre infortune, et plût à Dieu que nous puissions vous secourir en quelque chose. Que vous en semble ? Serait-il bon que dissions et affermissions par serment devant notre seigneur ce que nous avons ouï et vu, afin qu'il ne croie à sa paillarde de femme ?

JOSEPH. Ah ! Je vous prie, ne veuillez, pour l'amour de moi, imposer note d'infamie à ma dame, encore qu'elle contînt toute vérité. Un sage serviteur, loyal et de bonne sorte, mettra toujours peine de celer le déshonneur de son seigneur et dame, sans les découvrir ni publier. Plutôt la mort que souffrir diffamer ma dame en la moindre chose que ce soit. Outre plus, nous ne sommes à nous-mêmes, mais serfs de nos seigneur et dame. Finablement vous faut-il taire, que ma dame ne soupçonne de vous quelque mal pour les propos qu'avons tenus ensemble. Entrez dedans et prenez garde que la salle soit bien parée et proprement.

PHRONIME. Nous en soignerons[169].

JOSEPH. Mais diligemment je marcherai seulet après vous. Seigneur, Dieu de mon père Israël[170], Dieu qui m'as délivré de la main de mes frères et m'as jusqu'aujourd'hui nourri, loin séparé de mon père et entre gens barbares, mon pauvre cœur, tout pantelant pour la crainte que j'ai de mourir, est destitué de tout soulas, comme si tu m'avais effacé du rôle des tiens[171], combien qu'à mon escient je n'aie en rien forfait contre tes lois. Et toutefois un point me donne bon courage,

---

167 OL : *Oportet ad purum excoqui auri scoriam* (Il faut que la scorie d'or soit cuite pour être purifiée). La litharge ou écume d'argent, tout comme la scorie d'or, se purifie par une cuisson répétée.

168 Ecclésiastique, 27, 6.

169 OL : *Curabimus* (Nous y veillerons). Le verbe répond à la recommandation de Joseph : « et prenez garde que… » (*et… curate…*).

170 Israël est le nom donné à Jacob. Se reporter au tout début du *Sommaire*.

171 OL : *ex amicorum catalogo* (de la liste de tes fidèles). La Bible mentionne que Dieu tient ou écrit le livre des justes (Exode, 32, 32-33 ; Psaumes, 68, 29).

c'est que tu n'abandonneras celui, Seigneur, qui de tout son cœur en toi se fie[172]. Ores entrerai-je et verrai que font les compagnons.

Cantique entre la famille[173]

L'homme qui par foi a compris
Le créateur de toutes choses,
Toutes rares vertus de prix
Seront en sa pensée encloses.
Qui s'étudie à Dieu complaire,
Le cœur ait doux, humble et bénin,
Car Lucifer, par trop se plaire,
Chassé fut du ciel souverain.
À Dieu prépare une pensée
De sobresse bien compassée,
Sans gourmandise, qui jadis
Adam jeta de paradis.
Toute lubricité abhorre,
Chaste soit sa vie, pourtant
Que Sodome avecque Gomorrhe
Perdit luxure[174] en un instant.
Tout son vivant soit débonnaire,
Bénin vers son proche en tout lieu,
Car Caïn par haïr son frère
Eut malédiction de Dieu.
À convoiter ne veuille entendre,
Fuie[175] appétit désordonné,
Car rien n'y a plus à reprendre
Que l'homme à pécune adonné.
Que volontiers souffre et endure
Mandements, tançons et batture,

172 Psaumes, 9, 11 ; 36, 28.

173 OL : *Chorus per familiam* (Chœur par la famille). Les huit strophes latines, en vers trochaïques, sont fidèlement rendues en octosyllabes à rimes croisées ou suivies. L'alternance des rimes masculines et féminines est rompue dans l'avant-dernière strophe. Ce chant reprend, souvent dans les mêmes termes latins ou français, la matière de la seconde leçon de catéchisme de Joseph (scène 6).

174 Sujet inversé.

175 Qu'il fuie…

Car par sus tout est agréable
À Dieu patience amiable.
Donc tout vivant qui se prépare
À ce que devant Dieu compare
Doit avoir ses sens revêtus
De ces précieuses[176] vertus[177].

176 Quatre syllabes pour ce mot.

177 OL : *His suam mentem studeto / Imbui virtutibus, / Quisquis ipsam conditori / Praeparat coenaculum* (Quiconque prépare son âme pour le Créateur, comme si c'était la salle d'un festin, devra veiller à ce qu'elle soit imprégnée de ces vertus). Tiron ne conserve pas l'image appelée par le double accusatif *coenaculum*. Sur le plan lexical, le verbe comparer a même sens que comparoir ou comparaître. Sur le plan syntaxique, on trouve une subordonnée (il se prépare à ce qu'il comparaisse) là où s'imposerait aujourd'hui un infinitif complément (Gougenheim, p. 169).

ACTE III

Scène Première

ÉGLA, STRATOPHILE

ÉGLA. Toute attente me dure un an[178], et ne saurais durer au logis jusqu'à ce que me sois vengée, étant mon mari de retour. Mais le voilà. Je vois le soldat Aime-Plume[179], qui très bien me fera récit de tout le cas de mon mari.

STRATOPHILE. Dieu vous garde de mal, madame, à joie soit et à bonheur. Votre mari est arrivé. Il vient incontinent après nous et veut qu'en vos beaux atours lui alliez au-devant pour le recevoir en joie et liesse, comme celui qui avec grand gloire, ayant fait grande occision de barbares et aguetteurs de chemins, et heureusement accompli son ambassade, a été du roi Pharaon reçu à grand honneur.

ÉGLA. Ô Aime-Duvet[180] mon ami, je ne me puis montrer à mon mari ni plaisante ni joyeuse, tant est grand l'ardeur, douleur et vergogne que je porte en mon cœur, pour ce que ce vilain bout-taillé m'a honteusement maniée[181].

STRATOPHILE. Qui ? Joseph ? Je l'avais toujours réputé homme de bien.

ÉGLA. Estime que c'est une peste. Vienne mon mari.

STRATOPHILE. Mais le voici. Mais que faut-il à cette femme ? Pourquoi court-elle là-dedans tant furieuse ?

178 OL : *Omnis mihi mora longa* (Tout délai me semble long). Ovide, *Métamorphoses*, XI, 451 ; *Héroïdes*, XIX, 3.

179 Sans se préoccuper du grec στρατὸ (armée), Tiron retient le mot latin *stratum*, qui désigne bien la couverture du lit, mais aussi la housse ou la selle du cheval. À défaut d'apparaître comme un soldat, Stratophile aurait pu être vu pour le moins comme un cavalier.

180 Aime-Plume ou Aime-Duvet, Tiron varie le lexique, mais le faux-sens demeure.

181 OL : *quod verpus hic me indignius tractaverit* (parce que ce circoncis a, de façon très indigne, porté la main sur moi). Précédemment, Égla avait désigné Joseph à deux reprises par le mot écourté (OL : *recutitus*)

Scène 2

PUTIPHAR, EUPOLÈME, ÉGLA

PUTIPHAR. D'où vient que ma femme en me voyant s'est fourrée là-dedans[182] ?

EUPOLÈME. Je ne sais. Elle retourne[183], chargée d'un manteau. Elle a quelque ennui sur le cœur. Cela démontre bien à son visage, qui pâlit, rougit et ternit coup à coup[184].

PUTIPHAR. Sans faute elle a quelque fâcherie.

ÉGLA. Est-il temps que vous veniez, Putiphar ? N'avez-vous autre soin de votre ménage, de votre femme, de votre fille et de toute votre famille ?

PUTIPHAR. Quel soin ? N'ai-je pas de votre gré donné charge à Joseph de tout le ménage, afin qu'étant libre et du tout déchargée puissiez vivre à votre plaisir ?

ÉGLA. C'est le gentil ménager, lequel m'avez céans amené pour en avoir votre passe-temps[185], c'est lui qui m'a voulu violer. Ô la vergogne ! Il m'a efforcée. Ne suis-je pas donc bienheureuse d'être baillée à telles gardes ?

PUTIPHAR. Je prends Dieu à témoin[186] que je n'ai en rien péché contre mon serviteur. Toutefois, s'il vous a offensée, je le corrigerai.

ÉGLA. Vous le corrigerez ? Je sais combien vous le tenez cher. Mais si la vie ne m'est ôtée à cet écourté, je veux mourir tout content[187]. Souffrirai-je vivre le paillard tant que vivrai, voire et converser avec ma fille et famille ? N'aurez-vous autre égard à l'honnêteté de votre maison, Putiphar ? Il me déplaît d'être mariée à un homme si lâche.

182 Elle rentre dans la maison, au lieu d'aller à la rencontre de Putiphar. Le verbe fourrer au figuré (entrer comme dans un fourreau) n'a pas de sens trivial.

183 OL : *redit* (elle revient). Elle n'est donc entrée dans la maison que pour prendre le manteau.

184 OL : *Pallor, rubor, livorque id in vultu indicant.* La traduction restitue habilement le jeu sur les sonorités.

185 OL : *tuis amoribus.* On ne trouve pas ce genre de remarque dans la Bible (Genèse, 39, 17).

186 OL : *ut hic sol testis est* (comme ce soleil en est témoin). Putiphar répond d'abord à sa femme qui l'accusait d'avoir utilisé Joseph comme « passe-temps ».

187 OL : *Nisi vita Apellae adempta sit, qui mihi stuprum per vim obtulit, prorsus recuso vivere* (Si la vie n'est pas ôtée à cet Apella, qui m'a poussée brutalement à la luxure, je ne veux plus vivre davantage). La tournure « ne m'est ôtée à » (= n'est ôtée, par respect envers moi, à) évite de reprendre la subordonnée relative à valeur causale de la phrase latine. Apella est le nom d'un Juif dont parle Horace (*Satires*, I, 5, 100), sans qu'on sache vraiment s'il s'agit d'une identité réelle ou de l'appellation moqueuse par antonomase de tout circoncis (*a-pellis*).

PUTIPHAR. Écoutez, femme, et tempérez un peu vos passions. Je confesse voirement que je l'ai toujours cher tenu, à raison que je l'ai trouvé fidèle en tous cas, pourtant que le voyais craignant et servant Dieu, et pourtant aussi que Dieu en toutes choses m'a par lui fait prospérer. Ce néanmoins, s'il vous a requise de déshonneur, il en portera la peine, car je ne suis point dissimulateur où il est question de méchanceté. Que Joseph me soit appelé pour subit répondre aux charges que lui donne sa dame.

ÉGLA. Qu'est-ce que j'ouïs de vous ? Croyez-vous pas à votre femme ? Doutez-vous donc de ma foi, mon mari ? Voyez ci le manteau qu'il a laissé en fuyant. Car lorsqu'il me fit force, ainsi que je criais, il saillit dehors dépouillé de son manteau. Ne sont-ce pas preuves toutes véritables et pertinentes ? [Et ne vous ai-je pas fait serment de fidélité au nom de toutes les choses sacrées ?][188]

PUTIPHAR. L'accusé doit être ouï en sa défense, et si ne donnerai contre lui sentence légèrement.

ÉGLA. Je vois bien que vous donnez plus de crédit à un paillard que non à moi. Le voici, le gentil maître d'hôtel[189]. Qu'il soit enquis.

Scène 3

PUTIPHAR, JOSEPH, ÉGLA

PUTIPHAR. Homme de bien, approche-toi près. Tu es un gentil serviteur[190] !

JOSEPH. Seigneur, je vois qu'êtes fort courroucé à moi. Je vous supplie qu'en votre ire ayez souvenance de miséricorde.

PUTIPHAR. Tu viens à demander miséricorde, fais[191] ? Corrompeur de notre famille et honnisseur de notre lit ! Or me dis, t'ayant acheté petit et non à petit prix[192], t'ai-je autrement nourri que mon enfant propre ?

JOSEPH. Non autrement, seigneur.

188 OL : *An tibi per omnia sacra juratura sum ?* Phrase non traduite par Tiron.

189 OL : *domus nostrae columen* (colonne de notre maison). C'est ainsi qu'Égla qualifiait précédemment Joseph, pour le flatter (acte Ier, scène 3).

190 OL : *Bone vir ades, lepidumque mancipium meum.* Emprunt à Plaute (*Les Captifs*, 954).

191 N'est-ce-pas ? Est-ce bien cela ? Le verbe faire a valeur de suppléant, comme aujourd'hui le verbe être (Gougenheim, p. 122-123).

192 Même jeu de mot dans l'OL sur l'adjectif (*parvulum – parvula*).

PUTIPHAR. Me suis-je servi de toi sinon en tout bien et honneur, ou t'ai-je donné la moindre occasion de paillarder ? Afin qu'aucun ne pense du contraire.

JOSEPH. Vous n'avez nullement abusé de moi, comme Dieu et ce soleil est témoin.

PUTIPHAR. Ne t'avais-je pas commis, passé longtemps et même lorsque dernièrement je me partis pour aller en Éthiopie, sur tous mes serviteurs et servantes ? Ne t'avais-je pas donné en charge tous mes biens et négoces et tout mis en ta puissance, hormis seulement cette mienne compagne ?

JOSEPH. Vous m'aviez établi sur tout votre vaillant et plus fait d'honneur que ne sauriez raconter.

PUTIPHAR. Or parle franchement, t'avons-nous pas, ma femme et moi, jusqu'aujourd'hui traité comme notre propre et cher fils ?

JOSEPH. Vous m'avez entretenu comme votre unique et bien-aimé fils, et si grands sont les biens que tous deux vous m'avez faits que ne pourrais jamais vous en rendre grâces condignes.

PUTIPHAR. Qui diable donc t'a poussé en telle rage de commettre adultère en mon lit et importuner ma femme de déshonneur en l'efforçant comme méchant et le plus ingrat des ingrats ?

JOSEPH. Je n'ai jusqu'à présent pourchassé autre chose que[193] votre salut, honneur et profit, seigneur, et n'ai point pollu votre lit. Bref, je n'ai fait nulle force à votre femme et n'ai pourchassé de la déshonorer.

ÉGLA. Oyez-vous comme ce finard tourne tous les propos, en niant cauteleusement qu'il ne m'a rien fait ?

PUTIPHAR. On n'est pas en question si tu as mis le fait à exécution, et Dieu ne le veuille, mais bien que tu t'es mis en effort de le faire.

JOSEPH. Je ne l'ai vilenée, je ne l'ai efforcée, et si n'en eus le vouloir, seigneur.

PUTIPHAR. Oyez-vous sa défense ?

ÉGLA. Le croyez-vous ? Ce que j'endure ! Qu'il faille que ce vilain soit cru et moi non ! Comme s'il n'osait mentir, [lui] qui n'a fait conscience de commettre adultère ! Dis, effronté, dis, paillard, ce manteau, ce chapeau[194], d'où sont-ils venus en mes mains ? N'est-il pas ainsi que,

---

193 OL : … *hucusq. pro mea virili quaesii* (j'ai recherché jusqu'à présent, selon mes moyens…). Érasme, adage 2792 (*Pro mea virili*).

194 OL : *haec chlamys et hic galerus* (cette chlamyde et ce bonnet). C'est la première fois qu'il est également question d'un chapeau. Le texte biblique ne parle que d'un manteau (lat. *pallium*).

quand je ne pouvais souffrir l'effort que tu me faisais et que je me pris à crier à l'aide, ce manteau et chapeau te tombèrent ? Que dis-je tombèrent ? Mais que tu jetas pour échapper, et je les retins pour gage. Tous mes gens sont témoins du cri que je fis et de ta fuite aussi. Est-il chose plus certaine ?

PUTIPHAR. Si nous croyons aux enseignes, la chose est toute notoire. Paillard infâme[195], d'où vient ma femme à avoir ce manteau ? D'où est procédé cet escri, ni qui t'a fait fuir ?

JOSEPH. Ma dame le sait.

ÉGLA. Je le sais voirement, et de cela ai-je fait protestation[196]. N'est-il pas appertement convaincu ?

PUTIPHAR. Es-tu muet ? Maintenant te faut-il confesser le crime ou sur champ appertement réfuter les signes évidents.

JOSEPH. Faites miséricorde à l'innocent.

PUTIPHAR. Quoi ! Te viens-tu encore moquer de moi ? Que cet innocent me soit garrotté et chargé des fers qu'on a coutumé d'attacher aux malfaiteurs.

JOSEPH. Je vous supplie que non, seigneur.

PUTIPHAR. Que viens-tu prier ? Rien, rien, c'est pour néant. Qu'il me soit mené ès prisons du roi, tant que je sache de quelle peine se doit punir un forfait tant exécrable.

ÉGLA. Est-ce toute la peine qu'il aura que d'aller lié en prison, après avoir essayé me faire un si lâche tour ? Oh ! La méchanceté ! Est-ce la sentence que baillez en faveur de votre femme, Putiphar ? S'il n'est attaché au gibet, je vous assure que la vie me sera ennuyeuse, je souhaite la mort, j'abandonne la vie.

PUTIPHAR. Ne lâchez tant la bride à votre cruauté, ma femme. Je sais comme il convient punir la safreté de ce jeune homme. Entrez[197], que grâce soit faite à l'âge chaleureuse[198] où il est. Aussi me faut-il un peu modérer mon courage et me garder de témérairement condamner un innocent.

---

195 OL : *impudice.* L'expression « paillard infâme » est dans *MVT*, v. 18915, 18995.

196 OL : *et istud obtestata sum* (et je l'ai attesté).

197 Retournez dans la maison.

198 OL : *calor aetatis* (l'ardeur de son âge). L'expression se rencontre notamment dans les *Apophtegmata* d'Érasme (*Opera*, IV, p. 125, 149-150).

ÉGLA. Hélas moi ! Je ne profite rien[199]. Ô moi misérable ! C'est fait de moi[200]. Que faut-il plus à Égla sinon un cordeau pour la pendre ?

PUTIPHAR (*à part soi*[201]). Tant plus cette femme démontre sa cruauté, sa fureur et fierté, et d'autant plus m'est cette cause suspecte, vu même que jusqu'à présent il a pudiquement vécu. Le tenant donc en mue et sous garde par quelques mois[202], je lui ferai amortir cette chaleur, puis l'examinerai plus âprement touchant ce fait. Qu'on le me mène[203].

JOSEPH. Seigneur !

PUTIPHAR. Tu perds ta peine de me prier.

JOSEPH. Hélas moi !

PUTIPHAR. Qu'il me soit coffré. J'irai prendre garde que ma femme ne se fasse quelque mal. Il n'y a mal qui surpasse courroux de femme[204].

Scène 4

EUPOLÈME, STRATOPHILE, JOSEPH,
LA FAMILLE, DESMOPHILE

EUPOLÈME. Il vous faut prendre en patience cette entorse, Joseph[205]. Car si vous êtes trouvé innocent, comme nous désirons, votre Dieu vous retirera et pour votre intégrité vous élèvera. L'innocent peut bien être oppressé mais non accablé[206]. Et combien que comme homme vous eussiez péché, ce que ne voudrions, vous connaissez la clémence de notre maître. Il ne vous lairra[207] pourrir en prison, assurément. Que

199 OL : *nihil proficio* (je n'obtiens rien). Ni le plaisir des sens, ni la satisfaction de la vengeance.

200 OL : *proh misera occidi* (Ô malheureuse, je suis perdue !). Plaute, *Le Revenant*, 739 ; Térence, *L'Eunuque*, 827.

201 Cette indication scénique est de Tiron, le texte latin ne présentant aucune didascalie. Il y a d'autres passages dans la pièce qui sont aussi prononcés en aparté et qui ne donnent pourtant lieu à aucune précision. Tiron signale ainsi que Putiphar ne doit être entendu ni de sa femme (qui est déjà entrée dans la maison) ni de Joseph (qui est toujours là).

202 OL : *Macerato eo in custodia aliquot mensibus* (Affaibli après quelques mois passés sous bonne garde). L'utilisation du mot mue, qui désigne la cage où l'on conditionne certains animaux, est plutôt judicieuse.

203 Cette dernière phrase n'est évidemment plus en aparté.

204 Ecclésiastique, 25, 23 ; Proverbes, 21, 19.

205 OL : *Te oportet hanc aerumnam Joseph exequi aequanimiter.* Proche de Plaute, *Les Captifs*, 195-196.

206 OL : *Premi… at non opprimi.* Devise juridique ancienne. Écho dans II Corinthiens, 4, 9.

207 Futur de l'ancien verbe laier, signifiant laisser (Gougenheim, p. 114).

son courroux seulement s'amortisse et la fureur de sa femme, je sais que tout soudain vous serez remis en grâce.

JOSEPH. Combien que je sois innocent et que je n'aie commis aucun crime, comme Dieu m'est témoin et ainsi qu'à la fin se trouvera, je porte néanmoins et porterai patiemment cette infortune, sans médire ni blasonner de mon seigneur et dame.

STRATOPHILE. Ce sera bien fait à vous.

EUPOLÈME. Sors dehors, Desmophile[208].

[LA FAMILLE.] Las ! Faut-il donc que notre Joseph soit mis en prison ? Hélas[209] !

EUPOLÈME. Putiphar, capitaine de la gendarmerie, t'envoie cet homme en garde, ami Philax, encore qu'il soit sans reproche.

DESMOPHILE. Le cas que naguère tu me découvris est-il parvenu jusqu'à telle misère, divin Joseph[210] ? J'ai été tien et tien serai, pourvu que par la clémence des princes me soit permis. Entre, je t'établirai incontinent gouverneur sur tous ceux qui sont détenus en ces prisons royales.

EUPOLÈME. Tu feras bien. Adieu, Joseph.

JOSEPH. Adieu vous dis. Adieu, pucelles et toute votre compagnie.

Scène 5

CATHARIS, AGNA, PHRONIME, PISTUS

CATHARIS. Adieu, Joseph, amateur de chasteté[211], et loyal aux affaires de votre maître. Votre Dieu vous doint tout endurer[212] patiemment ce que souffrez, sans l'avoir desservi.

AGNA. Mais puisse, ma sœur, endurer[213] tous les maux qu'il a soufferts, étant déchassé de son pays[214], lui qui de libre a été fait esclave, qui a

---

208 Le soldat Eupolème appelle le geôlier Desmophile pour qu'il prenne en charge le prisonnier.

209 Tiron attribue par erreur cette plainte à Eupolème. Elle pourrait être prononcée par Pistus ou Phronime, par Catharis ou Agna.

210 Renvoi au début de la scène 4 de l'acte II : Joseph avait fait part de sa préoccupation à Desmophile, mais l'arrivée d'Égla l'avait empêché de se confier.

211 OL : *castitatis amator.* Cette qualité est donnée à Jésus dans certaines hymnes et litanies, ainsi qu'à des saints dans la littérature hagiographique.

212 Que Dieu vous donne de pouvoir endurer…

213 OL : *Quin'… possiet… perpeti* (Qui donc pourrait… endurer).

214 OL : *qui patria pro castitate pulsus est* (qui a été chassé de sa patrie, en raison de sa piété filiale). Tiron n'a pas repris les mots *pro castitate*, peut-être pour ne pas se répéter, peut-être

passé par le milieu des brandons sans être brûlé[215] ? Et entre tant de maux et misères, qui jamais le vit plaindre outre mesure ? Qui onc le vit enorgueillir en tant de prospérité ? Dieu ne permettra défaillir son serviteur en cette orde et puante chartre.

PISTUS. Pourquoi craignez ainsi sans cause ? Il n'a garde de longtemps languir ici, car bien connaissons la bonté de notre maître et combien il aime l'Hébreu. Que la rancune de sa femme seulement s'amortisse un peu, il le rétablira en son premier office de maître d'hôtel. Et si s'accompliront encore, et m'en croyez, les songes lesquels il vit étant encore enfant en la maison de son père, lesquels il contait à ses frères, qui en conçurent indignation contre lui. Vous souvient-il comme à tous coups il nous en faisait le récit ? « Je voyais, disait-il, onze gerbes en un champ qui se venaient humilier devant ma gerbe et l'adoraient. Semblablement, que le soleil, la lune [et aussi onze étoiles][216] me venaient humblement adorer comme quelque chose divine. » [Ce] qui fut à ses frères un aiguillon de haine contre lui. Assurez-vous que verrons encore père, mère et ses onze frères lui porter révérence, étant haut élevé en gloire[217].

CATHARIS. J'ai bien aussi diligemment considéré ces songes, Pistus mon ami. Dieu, qui est juste juge, fasse qu'à fin de compte son innocence soit approuvée.

PISTUS. Elle sera approuvée, il sera sauvé, il sera honoré[218].

AGNA. Dieu le permette.

PHRONIME. Ainsi l'octroie Dieu. Entrons dedans, que d'aventure mon maître ne voise[219] dehors et que, ne me trouvant au logis, il me reprenne âprement, aussi que notre maîtresse enragée ne vienne à soi décharger sur vous[220].

---

aussi parce que l'idée ne correspond pas vraiment à la réalité biblique, du moins si l'on donne au mot *castitas* le sens précédent de pudeur. Joseph est parti à la recherche de ses frères hostiles, à la demande de son père, sans rechigner (Genèse, 37, 14). L'origine de ses malheurs réside donc dans son esprit de soumission et sa simplicité de vie.

215 Marcher dans le feu sans se brûler est un signe de confiance en Dieu (Isaïe, 43, 2). L'image est également évoquée à propos du refus de l'adultère (Proverbes, 6, 28).

216 OL : *et ultro stellas undecim*. Mots oubliés du traducteur. Genèse, 37, 6-9.

217 Annonce de la venue de Jacob et de sa famille en Égypte.

218 OL : *Probabitur, servabitur, honorabitur*. Les participes passés de la traduction permettent de conserver l'effet sonore.

219 Subjonctif archaïque du verbe aller (Gougenheim, p. 115).

220 À décharger sur vous sa fureur.

CATHARIS. Nous vous suivons, allez devant. J'en vois là d'autres que l'on mène en prison, et ce sont des gens du roi à leur habit. Regardons de loin, je vous prie, quelle en sera la fin.

Scène 6

DEUX SERGENTS[221], DEUX PRISONNIERS, DESMOPHILE, JOSEPH

[HYPÉRÈTE.] Viens avant, Desmophile.

DESMOPHILE. Le voici le geôlier.

HYPÉRÈTE. Nous te baillons ces deux hommes-ci en garde, de par le très puissant roi. Fais-en si bonne garde que tu en puisses rendre compte et montrer qu'auras accompli le mandement du roi quand en seras appelé.

DESMOPHILE. Je mettrai de lui satisfaire. Plaît-il autre chose au très grand roi ?

HYPÉRÈTE. Rien qui soit. Adieu.

DESMOPHILE. Adieu. Joseph, je te recommande ces deux-ci. Prends-en le soin et la charge, pour les nourrir, traiter et réconforter en leurs tristesses.

[JOSEPH. Entrez.

LES PRISONNIERS. Hélas !][222]

JOSEPH. Ce ferai-je volontiers.

DESMOPHILE. Dieu tout-puissant, que vois-je ici ? Et quelle mutation de fortune tant soudaine ! Tout premier cet Hébreu, dont ne se trouvait autre plus saint ni plus fidèle, par après deux des principaux officiers du roi, l'un desquels était échanson et l'autre maître de la paneterie, que maintenant la fortune tromperesse[223] a amenés ensemble en ces prisons. Qui est donc l'homme qui se fondera en ses présents,

---

221 OL : *Ministri regii duo*. Il s'agit d'Hypérète et de son adjoint Apotome. Ce dernier ne prend pas la parole dans la scène. L'interpellation de Desmophile au début, en l'absence de précision, peut donc être attribuée à Hypérète. La traduction de *ministri* (serviteurs) par sergents est pertinente.

222 OL : *Jo. Ingredimini. CAP. Heu*. Injonction de Joseph, avant de répondre à Desmophile, et plainte des captifs. Ce petit mouvement de scène n'a pas été traduit.

223 C'est la *fallax fortuna*, dont les grands biens égarent un temps le héros tragique (Sénèque, *Agamemnon*, 57-58).

quoiqu'elle les donne en abondance, s'il n'est du tout dépourvu de sens ? Mais je retourne visiter mes gens.

CANTIQUE PAR JOSEPH
et les autres prisonniers,
du psaume *Usquequo Domine oblivisceris*[224]

Jusques à quand as établi,
Seigneur, de me mettre en oubli ?
Est-ce à jamais ? Pour combien d'âge
Détourneras-tu ton visage
De moi, las ! d'angoisse rempli ?
Jusques à quand sera mon cœur
Veillant, conseillant, pratiqueur
Et plein de souci ordinaire ?
Jusques à quand mon adversaire
Sera-t-il dessus moi vainqueur ?
Regarde-moi, mon Dieu puissant,
Réponds à mon cœur languissant
Et mes yeux troublés illumine.
Que mortel dormir ne domine
Dessus moi quasi périssant.
Que celui qui guerre me fait
Ne die[225] point : « Je l'ai défait »,

224 Il s'agit du psaume 12 (Hébreu 13). Macropedius avait déjà composé une adaptation de ce psaume en dimètres jambiques (*Iambico dimetro tetrastropho*) pour son *Lazarus mendicus* (acte III, scène 4). Voir Hartelust, p. 63-64. Cette fois, son adaptation est en vers glyconiens (*carmine Glyconico*), correspondant verset pour verset, donc comportant six quatrains. Chacun est suivi d'un refrain de deux vers, pour lequel il est précisé que Desmophile doit se joindre au chœur des trois prisonniers (*Captivi cum Desmophilace*). Au lieu d'une traduction originale, Tiron a préféré insérer la version française de Marot, publiée à partir de 1541 (Pidoux, p. 34-35). Sa transcription comporte toutefois quelques variantes peu significatives : *pour* au lieu de *par* (v. 3 et 20), *languissant* au lieu de *gémissant* (v. 12), *aurai* au lieu de *j'aurai* (v. 25). Il importe peu de savoir quelle est l'édition dont il s'est servi, dans la mesure où le texte de Marot a toujours été réimprimé *ne varietur.* Signalons que Plantin a publié le *Psautier de Genève* de Marot et Bèze, entre juin et septembre 1564 (Voet, notice 722), donc à une date légèrement postérieure à l'entreprise de traduction de Tiron. Ce *Psautier*, qui s'était répandu partout depuis 1562, était en principe censuré en pays catholique, mais il a connu tant de succès qu'il dépassait les habituels clivages.

225 Forme archaïque déjà rencontrée (acte II, scène 8, fin).

Et que tous ceux qui tant me troublent
Le plaisir qu'ils ont ne redoublent
Pour me voir trébucher de fait.
    En toi gît tout l'espoir de moi.
Par ton secours, fais que l'émoi
De mon cœur en plaisir se change.
Lors à Dieu chanterai louange,
Car de chanter aurai de quoi.

ACTE IV

Scène Première

LE PANETIER, L'ÉCHANSON, JOSEPH

LE PANETIER. J'ai cette nuit été tourmenté de tant de songes que même en veillant mon esprit en est tout troublé.

L'ÉCHANSON. Ô mon ami, les songes ont mis plusieurs personnes en erreur[226]. J'ai aussi eu un songe, toutefois je n'en prends aucun émoi. Ayez bon courage.

LE PANETIER. S'il y avait homme qui le nous sût faire entendre ! Il y a quelque mystère caché sous mon songe.

L'ÉCHANSON. Le mien veut aussi dénoter quelque présage, qui aurait[227] quelque expositeur[228] fidèle et entendu.

LE PANETIER. Ô dolent que je suis ! Quel expositeur aurions-nous en prison ?

JOSEPH. Dieu vous bénie. Pourquoi[229] êtes-vous tristes plus que de coutume, tenant la vue baissée de grande mélancolie ?

L'ÉCHANSON. Tous deux avons eu chacun un songe et ne se trouve homme en place qui nous les donne à entendre.

JOSEPH. Or me dis tout premier ton songe. Dieu fera par moi opération.

L'ÉCHANSON. Dieu le veuille.

JOSEPH. Raconte ton songe.

L'ÉCHANSON. Il m'est apparu un cep de vigne à trois rinceaux, laquelle[230] m'a semblé boutonner, florir, puis produire force grappes très mûres. Il me semblait davantage que je tenais en ma main la coupe d'or de Pharaon et que dans icelle je prégnais[231] desdits raisins une liqueur très claire, et que la présentais à Pharaon. Voilà le contenu de mon songe.

---

226 OL : *Errare… fecere multos somnia*. Parole biblique (Ecclésiastique, 34, 7).

227 Qui nécessiterait d'avoir.

228 Le terme d'expositeur, qui sera réemployé une dizaine de fois, correspond au bas latin *expositor*. Toutefois, Macropedius, plus classique, n'emploie que le mot *interpres*.

229 OL : *Quid fratres mei…* (Pourquoi, mes frères, …).

230 OL : *vitis trium propaginum, quae…* Le relatif latin, suivi d'un verbe au pluriel, a pour antécédent *propaginum*. Le traducteur prend le mot vigne pour antécédent.

231 Imparfait de l'ancien verbe preindre.

JOSEPH. Oh oh ! Ce songe apporte bon présage, car les trois rinceaux de la vigne, ce sont trois jours après lesquels Pharaon aura de toi souvenance et de son gré te remettra en ta dignité première. Donc je te prie, quand lors tu auras toutes choses selon ton désir et souhait, qu'au moins tu aies souvenance de ton expositeur et que tant fasses envers Pharaon qu'il me fasse relâcher hors cette prison, lui donnant à connaître comme j'ai été secrètement emmené de la maison de mon père, vendu à Putiphar et finalement acconduit en cette chartre[232].

L'ÉCHANSON. Grâces je rends à Dieu premièrement et à toi mon expositeur, t'assurant que tant que vivrai je ne mettrai en oubli un tel bénéfice. Si te promets de faire pour toi sans tarder ce dont présentement tu me requiers devant Pharaon, comme aussi procurerai toute autre chose qui attouchera à ton profit.

LE PANETIER. À ce que j'ai ouï, divin Joseph, tu as esprit de prophétie[233], tant bien s'accordent ensemble tous ces points. Je te supplie aussi que veuilles expliquer le songe qui tant me donne d'ennui.

JOSEPH. Fais m'en donc le récit.

LE PANETIER. Il me semblait pareillement que j'avais sur ma tête trois corbeilles de farine et, au plus haut, toute manière de boulangerie que j'ai coutumé faire de mon métier[234], de laquelle venaient les oiseaux manger. Or avise quel bon signe me dénote cette vision.

JOSEPH. Hélas ! Ce songe est commencement de mauvais présage, car trois corbeilles signifient aussi trois jours, après lesquels Pharaon, t'ayant fait trancher la tête, te commandera mettre en la croix, où les oiseaux et vautours se paîtront de ton corps.

LE PANETIER. Moi misérable ! Comme ce présage est bien différent de l'autre !

JOSEPH. Il faut que prennes en patience ce que tu ne peux retarder. La

---

232 OL : *quod ex mei patris domo furtim actus ac venundatus sim, et innocens in hunc lacum detrusus sim* (comme j'ai été par surprise enlevé de la maison de mon père et vendu, et innocent jeté dans cette fosse). Macropedius a suivi le texte biblique (Genèse, 40, 15), en ajoutant toutefois les mots *ac venundatus*. La traduction précise que Joseph a été vendu « à Putiphar » et ne retient pas le mot *innocens*.

233 OL : *Conjector es vere ἔνθεος* (Tu es vraiment un devin inspiré). Le terme grec renvoie à la fameuse conception platonicienne de l'enthousiasme.

234 OL : *et in summo cibos omnes, meae artis quos coquo peritia* (et, par-dessus, les divers produits de boulangerie que je confectionne dans les règles de l'art).

mort a également sur tous puissance[235], bien que maintenant elle empoigne celui-ci et tantôt cet autre. Consolez-vous gentiment par ensemble, pourtant qu'il me faut aussi entendre aux autres. Adieu.

L'ÉCHANSON. Adieu aussi, divin Joseph.

Scène 2

PUTIPHAR *à part*

Depuis que j'ai fait mettre ce serviteur hébreu en prison et que l'ai déjeté hors de ma maison, j'ai toujours été chargé de cures et sollicitude, [et cela] jusqu'à présent, qui est encore pis que jamais. Car j'avais de sa loyauté tant d'expérience que je saurais avoir d'autre qui soit vivant[236]. Par sa sapience était toute ma maison endoctrinée. Aussi par sa prudence était tout mon bien gouverné, tant à la ville comme aux champs. Mais maintenant, à ce que je connais, toutes ces choses s'en vont ensemble à perdition, étant celui déposé de son office qui ensemble les maintenait. Je m'en irai à lui, lequel sera à mon avis bien amaigri, et si devant moi et ma femme qu'il a offensée il veut confesser son délit et requérir pardon, je le mettrai hors de prison et lui rendrai son premier office. Oh ! Voilà le geôlier.

Scène 3

DESMOPHILE[237], PUTIPHAR

DESMOPHILE. Dieu vous garde de mal, patron.

PUTIPHAR. Et toi aussi. Que fait céans mon Hébreu ? Se porte-t-il encore bien ?

---

235 OL : *ex aequo omnibus mors imminet.* Souvenir peut-être d'Érasme, qui rappelait en 1517, dans sa *Querela Pacis* (*Complainte de la Paix*), que la mort est suspendue au-dessus de toutes les têtes, autant celles des rois que celles des petites gens : « *Mors omnibus imminet, non minus regibus quam plebeiis.* » (*Opera*, IV, p. 500).

236 OL : *cujus fides mihi tam probata erat, ut mihi nunquam queat fieri ullius probatior* (la loyauté dont il faisait preuve envers moi était telle que je ne saurais en trouver de plus grande chez quiconque).

237 À partir de cette scène et jusqu'à la fin de l'acte, la traduction ne désigne plus Desmophile que par les mots « Le geôlier ». Par souci d'harmonisation, on va continuer d'appeler ce personnage Desmophile. Dans l'OL, il est toujours nommé *Desmophilax*.

DESMOPHILE. Très bien, fort et en bon point[238].

PUTIPHAR. Il me faut présentement parler à lui.

DESMOPHILE. Hé ! Je cuidais que deviez parler de le bouter hors.

PUTIPHAR. Après si grands forfaits par lui perpétrés ?

DESMOPHILE. Il ne me peut entrer en fantaisie que Joseph ait commis tels cas, maître.

PUTIPHAR. Les signes sont trop manifestes, tu ne les saurais rebouter.

DESMOPHILE. Il nie le fait trop constamment pour que l'on m'en fasse rien croire par tels signes.

PUTIPHAR. Demeure ici, que je parle à lui à part.

DESMOPHILE[239]. Comme j'entends, il ne demande que Joseph soit plus en cette prison, mais le voudrait bien tirer de cette ordure, à raison qu'il soupçonne, et à bon droit, qu'il est innocent, avec ce qu'il ne peut bonnement se passer de lui au logis. Néanmoins il craint sa femme trop hautaine, au vouloir de laquelle il n'ose contrevenir. Ô la honte abominable, ô la servitude infâme, qu'il faille qu'un lieutenant de roi craigne plus une femmelette[240] en sa maison que les armées des ennemis en la campagne ! Je ne répute point l'homme libre[241], auquel une femme commande, mande, encharge, défend tout ce qui lui vient à plaisir, et sans qu'on l'ose de rien éconduire. Puis, si elle demande il lui faut donner, si elle mande il faut venir, si elle vous chasse il faut sortir, si elle entre en colère il faut redouter. En outre, si elle vient à prendre en haine quelqu'un des serviteurs, ja soit qu'en lui n'y ait nul mal, il conviendra que le mari, veuille ou non veuille, fasse punition de l'innocent[242]. Il me déplaît de l'un et de l'autre[243], plus toutefois de Joseph qui est incoupable et qui, pour la haine d'une femme, est croupissant en cette place tant orde. Mais voici venir mon seigneur. Possible est qu'il aura fait quelque chose.

---

238 OL : *Valet pancratice* (Il est en pleine forme). Adverbe pris à Plaute (*Les Bacchis*, 248).

239 Desmophile reste seul en scène, pendant que Putiphar va interroger Joseph. Comme Desmophile le constatera au début de la scène suivante, l'interrogatoire aura été de courte durée.

240 OL : *uxorculam*. Dans la phrase suivante, le mot femme traduit le latin *muliercula*. Sur les diminutifs féminins chez Macropedius, voir Hartelust, p. 119-122.

241 OL : *Non is mihi liber videtur*… (Je ne considère pas qu'un homme soit libre, auquel…).

242 On songe, chez Juvénal, à l'épouse impérieuse qui ordonne sans raison la crucifixion d'un esclave (*Satires*, VI, 219-224).

243 OL : *Utrunq. doleo* (Je les plains tous les deux).

Scène 4

PUTIPHAR, DESMOPHILE

PUTIPHAR. Cet homme-ci me met en peine derechef et me charge chagrin sur souci.

DESMOPHILE. Vous avez bientôt dépêché votre cas, patron.

PUTIPHAR. Tôt assez, mais non à mon appétit, pourtant que cet homme-ci me fâche.

DESMOPHILE. Comment, Putiphar ?

PUTIPHAR. Tu sais combien je l'ai tenu cher, premier qu'il eût fait offense à ma femme.

DESMOPHILE. Bien le sais-je.

PUTIPHAR. Pour le record de l'amour que je lui porte et de ma foi à lui baillée, j'ai par prières apaisé ma femme à toute peine. Dont[244] m'en viens maintenant à lui et lui offre pardon de toutes ses fautes, pourvu que par sa bouche il veuille devant moi et ma femme, qui est intéressée[245], confesser et avouer le crime dont il est accusé. Qu'est-il besoin de long propos ? Il ne me répond autre chose que ce qu'autrefois m'a répondu[246].

DESMOPHILE. Quelle réponse vous rend-il ?

PUTIPHAR. Il dit très bien qu'il n'a offensé ni moi, ce que j'endure[247], ni même ma femme, et qu'en nulle manière il ne pourra être induit à être mensonger et confesser une chose que jamais il n'a commise, vu toutefois que les signes et enseignes y sont toutes évidentes, et, outre ce, le témoignage de toute notre famille confirmant le dire de ma femme.

DESMOPHILE. Vous aviserez à ce que devez faire. Si n'était que la vertu et loyauté de lui est à vous et moi[248] très connue et approuvée puis plusieurs années en çà, vraiment ces signes et témoignages que vous me dites auraient beaucoup plus de crédit envers moi qu'ils n'ont pas, et si ne crois toutefois que votre famille atteste avoir eu la vue de ce forfait, mais bien qu'ils ont ouï un cri et qu'ils ont vu

244 À la suite de quoi.

245 OL : … *atq. laesa conjuge* (et mon épouse, qui a subi l'outrage).

246 OL : *idem quod cecinit olim canticum mihi occinit* (il me fait toujours entendre la même chanson que jadis). Érasme, adage 1476, déjà signalé (acte II, scène 7).

247 OL : *quod tolero* (ce que j'admets).

248 OL : *et omni familiae* (et à toute la famille). Mots non traduits.

fuir Joseph, [ce] qui est une preuve de bien peu d'efficace, comme si toutes telles conjonctures, jointes avec le manteau, ne se pouvaient prendre en autre sens.

PUTIPHAR. Je vois que tu poursuis ce propos pour donner blâme et déshonneur à ma pudique femme, laquelle Joseph même ne charge de crime ainsi que toi.

DESMOPHILE. Ne vous courroucez. Je ne la vitupère point, car tout ce que j'en ai dit n'est que pour un peu supporter l'homme sans coulpe ni malice.

PUTIPHAR. Je traiterai une autre fois avec toi plus à plein de ce différend, pourtant qu'à présent je n'ai loisir d'en disputer. Et d'autant même que le jour de la nativité du roi est prochain, pour lequel il me faut faire un grand et somptueux appareil qui ne m'apporte peu de soin[249].

DESMOPHILE. J'ai aussi plusieurs affaires en mon logis. Adieu vous dis.

PUTIPHAR. Adieu donc. Cet homme-ci me met aussi en doute touchant le fait de Joseph. Toutefois si est-il plus honnête, plus commode et plus sûr de croire ma femme que ce serviteur esclave. Voilà les officiers du roi, qui vont quelque part à grand hâte. C'est assurément pour quelque affaire d'importance. Donc, sans entrer en ma maison, je tirerai tout droit au palais, si d'aventure le roi me voulait mettre en main et commander choses de conséquence ou ordonner quelque chose en son état.

Scène 5

APOTOME[250], HYPÉRÈTE

APOTOME. Qu'estimes-tu qu'il adviendra de ce commandement, [que le roi veut, le jour de son festin solennel, le panetier et échanson être tirés hors des prisons ? Est-ce pour l'un et l'autre rétablir en son office ou bien pour tous deux les faire exécuter ?][251]

HYPÉRÈTE. J'estime que ce ne sera l'un ni l'autre, mais que l'un sans plus sera reçu en grâce et l'autre sera exécuté, pour en l'un démontrer sa clémence, en l'autre publiquement faire apparaître la sévérité d'un juge, comme sur le temps de sa fête il a accoutumé faire.

249 Qui me donne beaucoup de souci.

250 Tiron le nomme Atom. On le nommera ici Apotome (OL : *Apotomus*).

251 Ce passage qu'on met entre crochets est attribué par Tiron à Hypérète. Il y a donc dans la traduction deux répliques d'Hypérète qui se suivent.

APOTOME. Par saint Copin[252], la fête sera triste et piteuse pour l'un d'eux. Oh ! Voilà le galant que demandons.

Scène 6

HYPÉRÈTE, DESMOPHILE, JOSEPH, LES DEUX CAPTIFS

HYPÉRÈTE. Holà ! Desmophile, fais-moi ici venir les deux personnages que je te donnai en garde.

DESMOPHILE. Je les vous ferai amener. Joseph, amène ci-dehors les deux officiers du roi.

JOSEPH. Je le ferai.

DESMOPHILE. Pourquoi les mande le grand roi être hors mis au jour de sa fête ? Ce jour-ci, qui a de coutume d'être joyeux et récréatif, sera-t-il point jour d'amertume et tristesse ?

HYPÉRÈTE. On le verra.

JOSEPH. Maintenant, échanson, souvienne-toi de moi.

L'ÉCHANSON. Si ferai-je, à la charge que la vie me soit sauve.

JOSEPH. Fie-t'en en moi.

[LE PANETIER. Hélas !][253]

HYPÉRÈTE. Ores saillez. Il vous faut soudain comparaître devant le roi.

L'ÉCHANSON. Nous voici tout prêts. Conduisez-nous vers lui.

LE PANETIER. Hélas !

DESMOPHILE. Que veut dire cela qu'étant l'un joyeux [cet autre gémit][254] ?

JOSEPH. Je le vous dirai. L'échanson de la grâce du roi aura la vie sauve, mais le panetier sera mis à mort.

DESMOPHILE. À l'un et l'autre sera donnée sa sentence ?

JOSEPH. Sans doute[255].

DESMOPHILE. Quel juge leur a signifié ?

---

252 OL : *Pol* (Par Pollux). Le juron « par saint Copin » figure dans plusieurs farces et miracles. On vénérait jadis un saint Copin dans le Hainaut (pays de Tiron ?). Il était invoqué pour la protection des enfants.

253 OL : *Ar. Heu.* Plainte brève du panetier, négligée par le traducteur.

254 OL : *Quid illud est quod altero gaudente hic alter ingemit ?* On a ajouté entre crochets la traduction de la fin de la question, indispensable pour le sens, qui manque au texte de Tiron.

255 OL : *Praescivit* (On en est déjà informé).

JOSEPH. Je n'en ai pas été le juge, mais bien expositeur de leurs songes.

DESMOPHILE. Oh ! Quels songes ?

JOSEPH. Il n'est pas maintenant saison de les raconter, pourtant que déjà sont prêts d'ouvrir la salle. Je le dirai là-dedans. Allez devant, je vous suivrai.

[DESMOPHILE.] Ainsi ferons plus honnêtement[256].

Scène 7

HYPÉRÈTE, L'ÉCHANSON,
LE PANETIER, PHARAON

HYPÉRÈTE. Nous présentons devant votre majesté royale, sire, ces deux malfaiteurs ici pour être délivrés ou punis, le tout suivant votre bon vouloir et jugement.

L'ÉCHANSON. Je vous supplie, sire, que par votre bonté et clémence me veuillez pardonner le forfait que contre vous et votre dignité royale j'ai perpétré par ma folie.

LE PANETIER. Ô roi très redouté, je vous supplie m'octroyer la vie.

PHARAON. Ne passe plus outre. Pour la souvenance que j'ai du devoir et diligence qu'as toujours faite en ton office, l'échanson, je te pardonne ton offense, je te donne la vie et te rétablis en ton office.

L'ÉCHANSON. Tant que je vivrai, sire, je suis tenu à vous de la vie et mettrai toute peine de n'être trouvé ingrat.

PHARAON. Lève-toi, approche et verse en ma coupe. Quant à toi, panetier, tu seras justicié.

LE PANETIER. Merci vous crie, sire.

PHARAON. J'ai fait merci et maintenant je juge. Pour le crime et trahison par toi commise, tu auras la tête tranchée et sera ton corps pendu en croix pour être déchiré des oiseaux.

LE PANETIER. Moi misérable ! Quelle amertume il y a en la mort[257] !

PHARAON. Qu'il me soit ôté d'ici.

[HYPÉRÈTE. Allons[258].

---

256 Dans la traduction, cette dernière phrase est attribuée à Joseph.

257 L'*amara mors* renvoie à la plainte du roi amalécite Agag au moment où il va être exécuté (I Samuel, 15, 32).

258 OL : *Hy. Hem.* Hypérète emmène le panetier. Petite réplique absente de la traduction.

PHARAON.] Au surplus, mettons-nous joyeusement à faire bonne chère et banqueter. Sonnent les violes et hautbois.

[CHŒUR
d'après Esdras, livre 3][259]

[1]
Bien que le vin soit très puissant,
Aussi quelque roi florissant,
Bien que femme valoir se fasse,
Toutefois vérité surpasse
Tous ces trois, reine glorieuse,
Et sur eux est victorieuse.
[2]
Vrai est que le vin sait tromper
Buveurs qui trop veuillent tremper[260],

---

259 Les chapitres 3 et 4 du troisième livre d'Esdras relatent un débat organisé à la cour de Darius entre trois gardes du corps. Le premier fait l'éloge du vin, le deuxième celui du roi. Le troisième, nommé Zorobabel, évoque d'abord le pouvoir des femmes, mais il continue en montrant que la vérité a partout suprématie. Zorobabel est finalement déclaré vainqueur et Darius, pour le récompenser, accepte d'engager la reconstruction de Jérusalem et notamment de son temple. Cet épisode très célèbre pouvait se lire, outre la Bible, chez Flavius Josèphe (*Antiquités judaïques*, XI, 3, 2-7) et chez Zonaras (traduction française par Jean de Maumont, Paris, 1561). Il a été souvent cité et adapté. On le rencontre, sous forme resserrée, dans certains recueils sentencieux ou divertissants (Guicciardini, *Detti et fatti piacevoli et gravi di diversi principi*…, nombreuses éditions à partir de 1558) ou, de façon plus étoffée, dans des paraphrases poétiques (Pierre de Borne, *Le jugement de Daire… sur la dispute de trois archers de sa garde*, Lyon, 1567). Tel est le sujet du chœur de l'acte IV de notre pièce. Macropedius a composé dix-huit quintils (*Iambico dimetro pentastropho*), le premier servant de refrain à tous les autres, dans la perspective du chant. En cas de représentation, l'exécution musicale et chorale devait donc être fort longue, mais il faut se souvenir qu'elle est censée accompagner le festin annoncé par Pharaon, festin qui pouvait être mis en scène, comme intermède avant le grand dernier acte. Dans la traduction très appliquée de Tiron, sans titre, on compte également dix-huit strophes, comportant chacune six vers, sauf les strophes 3 et 13 qui n'en ont que cinq. Tout comme dans le texte latin, on trouve le thème du débat (str. 1), l'éloge du vin (str. 2-4), celui du roi (str. 5-8), celui des femmes (str. 9-13), celui enfin de la vérité (str. 14-18). L'ensemble est en octosyllabes, sauf la strophe 9 qui est en décasyllabes et la strophe 17 en alexandrins. En outre, les deux derniers vers des strophes 8 et 18 sont aussi des décasyllabes. Alexandrins et décasyllabes pourraient correspondre à une volonté d'amplifier quelque peu l'éloge. Toutefois ces quelques irrégularités peuvent aussi trahir la peine du traducteur à se maintenir dans une forme fixe. Pour plus de clarté on introduit une numérotation des strophes.

260 Buveurs qui voudraient se laisser trop imprégner de vin. Ce vers, sollicité pour la rime, ne correspond à rien dans le texte latin. On conserve le subjonctif, qui apporte une nuance

Voire les mettre en tels desrois
Que bien cuideront être rois,
Soit pauvre, riche ou serviteur,
Tant à chacun hausse le cœur.
[3]
C'est lui qui, ès convis, les cœurs
Fait réjouir, et qui douleurs
Assoupit, et ceux qu'il surprend,
Quittes, contents, riches les rend,
Sans souci de leurs créditeurs[261].
[4]
Aussi ne sait-il faire honneur
À roi, à prince n'a seigneur[262],
Mais bien fait parler les suppôts[263],
En gravité à tous propos,
Battre son prochain et ami,
Et le tout vous mettre en oubli.
[5]
Après, sur les humains domine
Le roi, et ce qu'il détermine,
Faut qu'il se fasse sans faillir.
Si guerre il veut, faut assaillir,
S'exposer à périls divers,
Déroquer murs et boulevers.
[6]
S'on a vaincu les ennemis,
Au roi est le butin remis.
Puis ceux qui ne suivent la guerre
Servent à cultiver la terre,
Et, du fruit qu'elle leur rend et baille[264],
Au roi payent tribut et taille.

---

hypothétique, même s'il s'agit d'une coquille.

261 Rien ne semble manquer à cette strophe plus courte.

262 Ni à seigneur.

263 OL : *mystas suos* (ses initiés).

264 Il faudrait élider le pronom personnel (ell'), selon un procédé bien admis, pour rester dans le moule de l'octosyllabe.

[7]

Ce que lui seul mande et ordonne,
On le fait. On tue, on pardonne,
On bat, on ruine, on bâtit,
On plante, on rase, on obéit,
On dépeuple, et lui seulement
A loi de vivre librement.

[8]

En outre, il boit, mange et repose
À l'aise en maison forte et close,
Environné d'un corps de garde
Sur lui veillant, dont il n'a garde
De mal avoir, car plutôt en desroi
Leur bien lairront que faillir à leur roi.

[9]

Femme pourtant a pouvoir souverain
Par sus les rois, aussi par sus le vin,
Car l'humain genre augmenté par elle est.
Elle nourrit, elle entretient et vest[265]
Même le roi et les bons vignerons.
Nécessaire est à tous, toutes saisons.

[10]

Si l'homme or et argent assemble,
Maints précieux trésors ensemble,
En voyant, sans plus, la beauté
De la femme, il est arrêté,
Et vous mettra tout à mépris
Pour celle qui tient son cœur pris.

[11]

Davantage la tient si chère
Qu'il abandonne père et mère.
Le doux pays où prit naissance
Oublie, pour son accointance.
Vivre et mourir veut avec elle,
Laissant amis et parentèle.

---

265 On conserve la rime visuelle. La femme s'occupe de la nourriture, des soins et du tissage.

[12]
Qui plus est, bien il s'accoutume
À tout péril, charge, amertume,
Être meurtrier, trompeur, larron,
À mort s'offrir, cruel félon,
Mettre à mépris honneur et fame,
Et tout, pour l'amour d'une femme.
[13]
Quoique le roi soit haut en gloire,
Toutefois si est-il mémoire
Que femme au banquet lui ôta
Diadème et le frappa[266]
Privément de sa main senestre[267].
[14]
Or ja soit, ainsi que j'ai dit[268],
Que roi, vin et femme aient crédit[269]
D'avoir grand vertu et puissance
Et que femme ces deux devance,
Sur ces trois pourtant ci compris,
Vérité emporte le prix.
[15]
Par qui fut donc tout composé ?
Par qui est le ciel disposé ?
Qui est-ce qui çà-bas modère
Terre, mer, et qui l'air tempère,
Si ce n'est vérité sacrée
Qui onc de nul ne fut créée ?
[16]
Car vérité est un seul Dieu
Tout-puissant, compris en nul lieu,

266 Vers trop court. L'article au début aurait-il été oublié ? .

267 III Esdras, 4, 29-31. Allusion à Apame ou Apémène, concubine de Darius. Celui-ci se contentait de sourire lorsque, dans les banquets, elle s'emparait de sa couronne et s'amusait à le souffleter.

268 La disposition du texte imprimé laisse penser que ce vers est le dernier de la strophe 13, mais le sens, la référence à l'OL et la rime montrent bien que c'est le premier de la strophe suivante. La strophe 13 est donc plus courte, sans que rien paraisse manquer.

269 Le verbe ne doit compter que pour une syllabe.

Très grand, qui a donné vertu
Au vin[270], et le roi revêtu
De grand pouvoir, et, tout bénin,
Fait grâce au sexe féminin[271].
[17]
Icelle en grand trémeur révèrent les célestes,
D'elle les infernaux ont horreur et frageurs[272].
C'est doncque bien raison que les troupes terrestres
L'honorent, tant les rois comme pauvres ou seigneurs[273].
Tous la faut invoquer[274], révérer, d'humbles cœurs,
Afin que notre vie elle ôte de molestes[275].
[18]
Le vin les hommes à mal induit[276],
Le roi n'est toujours bien conduit,
La femme inique en son ménage,
Inique est tout l'humain lignage,
Mais du Seigneur la seule vérité
Juste sera à perpétuité[277].

---

270 OL : *qui dedit Iaccho vim suam* (qui a donné à Bacchus sa vigueur).
271 OL : *mulieribusq. gratiam* (et donné la grâce aux femmes).
272 Ce n'est pas une coquille. On laisse, dans le sens de frayeurs, ce terme de frageurs (lat. *fragor* : bruit effrayant).
273 Vers trop long, si on relève toutes les syllabes de fin de mot devant consonne.
274 Il faut que tous l'invoquent (construction sur le mode de l'infinitive latine).
275 Ce dernier vers, qui ne correspond à rien dans le texte latin, semble avoir été ajouté pour boucler le sizain.
276 Vers trop long, sauf si on ne compte le mot hommes que pour une syllabe.
277 Cinq syllabes pour ce dernier mot.

ACTE V

Scène Première

PHARAON, LES SAGES, PUTIPHAR

PHARAON. Entendez, sages et devins[278], que cette nuit, au temps que tous animaux prennent repos[279], j'ai eu un songe, lequel pour vrai, à le bien considérer, requiert une singulière interprétation. Et pour autant, je vous ai mandés ci venir, pour m'en déclarer la vraie et propre consonance[280], et à ce que par vous je sois instruit de ce que je dois faire ou éviter, selon les occurrences qui en pourront ensuivir[281].

LES SAGES. Vive le roi éternellement. Votre majesté nous déclare son songe, et nous ferons tout devoir qu'il nous sera possible le vous exposer.

PHARAON. Il me semblait que je voyais de la rive du fleuve sept vaches, belles à voir et grasses de chair, qui montaient du fleuve et paissaient aux marais. Après, je vois venir sept autres vaches et paître en la verdure, bien que ce fût en vain, car elles étaient tant maigres et défaites que jamais je n'en vis de plus laides, lesquelles s'en vinrent dévorer la graisse des sept grasses et ne laissèrent d'être aussi maigres qu'auparavant.

LES SAGES. Cette vision, sire, est chose divine et mystique, qui ne pourra, en mon avis, vous être par nous déclarée.

PHARAON. Soit fait silence, jusqu'à ce que j'aie parachevé de dire ce qui reste. Par après, je me mis à dormir derechef et me sembla que je voyais sept épis pleins, beaux et grenus, saillant d'un tuyau. Puis en vis sept autres, vides et flétris, sourdant après eux, qui engloutirent la beauté des sept épis grenus et pleins. Vous avez ouï mon songe et vous en demande l'exposition.

LES SAGES[282]. Il n'y a entre nous, roi Pharaon, magicien, devin ou

278 OL : *Pharii viri* (hommes d'Égypte). Plus précisément prêtres de Pharos, où était le temple d'Isis.

279 OL : *hujus noctis in conticinio* (au moment le plus paisible de cette nuit).

280 OL : *congruam… hermeniam* (l'interprétation exacte et précise). Tiron a sans doute rapproché spontanément *hermenia* de *harmonia*, d'où le terme de consonance.

281 Ces derniers mots, qui ne correspondent à rien dans l'OL, sont inutiles.

282 À partir de cette réplique, ainsi que dans la scène suivante, la traduction indique « Le sage ». Un seul, il est vrai, parle pour tous. On conserve ici le pluriel.

philosophe qui vous puisse, comme il appartient, déclarer ce mystère, si ce n'est d'aventure Putiphar, prophète de Sérapis et prêtre d'Isis, auquel les divinités octroient ses requêtes, étant par sacrifices rendues bénignes.

PUTIPHAR. Pour vrai, hautaine majesté, il n'y a en moi tant de sapience que je susse éclaircir votre songe comme il est requis. Mais fasse votre clémence ainsi que lui conseillerai. C'est qu'aux sages soit donné un délai pour répondre jusqu'à demain, pour voir si d'aventure quelqu'un d'entre eux le vous interprétera.

PHARAON. Vous moquez de moi et ne faites que prolonger le temps. Si dans une heure ne m'en donnez la solution, c'est fait de vous. Vous entretiendrai-je ici à gros frais pour être entretenu de paroles et moqué comme sot, lorsqu'il est question de matière de conséquence ? Partez incontinent et faites ce que je vous commande.

Scène 2

PUTIPHAR, LES SAGES

PUTIPHAR. Vous et moi sommes pressés d'angoisse, seigneurs, et ne pourront me sauver les dieux ni vous la philosophie, car je considère en ce songe un mystère du Dieu souverain, lequel est inconnu aux humains[283]. Ce néanmoins, chacun selon son savoir fasse ce qu'il pourra. De moi, je m'en vais au temple d'Apis, afin que, l'ayant rendu propice par vœux, prières et sacrifices, j'en tire aucune réponse.

LES SAGES. Les dieux l'octroient.

PUTIPHAR. Or faites tout devoir et diligence de votre part, et fasse Dieu[284] que l'ire de Pharaon ne nous vienne accabler, bien que soyons innocents. J'ai le cœur pressé de griefs ennuis et ne sais que je fasse pour me garantir. Oh ! Si à présent j'eusse quelqu'un en ma maison auquel je pusse découvrir ma pensée en ces choses douteuses et lui communiquer tout cet ennuyeux chagrin ! Mais hélas ! Il n'y a nul sur qui je me puisse fier. C'est trop à tard, Joseph, qu'il me déplaît

---

283 OL : *summi Dei mortalibusq. incogniti mysterium* (un mystère du Dieu suprême et inconnu des mortels). C'est bien le Dieu qui est inconnu et qui se situe ainsi au-dessus des divinités égyptiennes.

284 OL : *faxint dii* (fassent les dieux). Ce sont à nouveau ici les dieux égyptiens, les seuls que les sages connaissent. La traduction ne rend pas toujours ces nuances.

de t'avoir mis en prison, toi qui me donnais soulas en toutes choses. Je parlerai à ma famille et de ce pas irai au temple de Sérapis. Que faut-il derechef à l'échanson[285] ?

Scène 3

L'ÉCHANSON, PHARAON, HYPÉRÈTE

[L'ÉCHANSON.] Je vous supplie, sire, me pardonner ma nonchalance.

PHARAON. Quelle ?

L'ÉCHANSON. Au temps que moi et le panetier étions pour nos crimes chargés de fer en la prison, nous songeâmes l'un et l'autre chacun son songe, présage très certain à l'un de la vie et à l'autre de la mort. Lesquels quand nous eûmes racontés à un jeune homme hébreu, il nous les exposa si clairement que je connus que la vie me serait sauve et que le panetier mourrait, comme l'issue en donna bonne preuve. Parquoi l'expositeur me pria qu'en souvenance de ce je priasse pour lui votre majesté qu'il lui plût le faire tirer hors de prison comme innocent qu'il est. Mais moi, non reconnaissant ce bienfait, ne vous ai-je fait de lui mention jusqu'à présent. Et maintenant, sire, l'occasion s'est offerte de vous parler de lui, vous assurant, sire, que s'il vous plaît l'admettre à exposer votre songe, il n'y aura rien, pour difficile qu'il soit, que par lui ne vous soit aisément interprété. Et pourtant, sire, faites, si c'est votre plaisir, qu'il soit incontinent appelé.

PHARAON. Lève-toi, pour me répondre. Qui est cet Hébreu lequel tu dis t'avoir interprété ton songe ?

L'ÉCHANSON. Il a été secrètement transporté de son pays en cette terre[286], sire, étant de franche condition et par l'envie de ses frères. Après fut livré à Putiphar[287], puis finalement emprisonné innocent de tout crime.

PHARAON. Comme innocent[288] ?

---

285 Putiphar et les sages quittent la salle du trône et l'échanson se présente devant Pharaon. Il faut donc supposer que la scène 2 était un long aparté ou que Pharaon s'était momentanément absenté.

286 L'échanson reprend, à peu près dans les mêmes termes, ce que Joseph lui avait dit de lui-même (acte IV, scène 1re). Le mot secrètement (*furtim*) rappelle que la disparition de Joseph résulte d'un complot de ses frères.

287 OL : *et Potiphari venundatus* (puis vendu à Putiphar).

288 OL : *Quidum innocens ?* (Comment cela, innocent ?).

L'ÉCHANSON. Putiphar, induit par crainte qu'il avait de sa femme, qui avait en haine ce jeune homme, l'a jeté en cette prison[289].

PHARAON. Estimes-tu qu'il exposera mon songe ?

L'ÉCHANSON. Il le déclarera, sire, car il a l'esprit de Dieu[290]. Car, pour déduire en peu de paroles ce que j'en ai connu[291], je ne crois qu'Égypte ait onc produit son semblable en modestie, en prudence et sapience.

PHARAON. Faites-le venir que je le voie. Et toi, fais que tu aies souvenance de ce que m'en as dit.

L'ÉCHANSON. Si ferai, sire.

[HYPÉRÈTE.][292] Nous irons le querre, et le ferons tondre et laver, comme il appartient. Puis, étant honnêtement habillé[293], l'amènerons en votre présence, sire.

PHARAON. Diligentez, et au plus tôt qu'il sera possible.

HYPÉRÈTE. Nous le ferons. S'il est innocent, comme tu affirmes, comme Putiphar garantira-t-il sa tête ?

L'ÉCHANSON. Je m'en rapporte à lui et l'en laisse faire[294], puisqu'il a voulu croire sa femme plus qu'il ne devait pour son honneur. [Oh ! Voilà qui vient à propos.

HYPÉRÈTE. Qu'est-ce ?

L'ÉCHANSON.][295] Mais tout à propos voilà le geôlier.

Scène 4

L'ÉCHANSON, DESMOPHILE, JOSEPH, HYPÉRÈTE

[L'ÉCHANSON.] Ho ! Geôlier !

[DESMOPHILE. Qui est-ce qui m'appelle ici ?

L'ÉCHANSON.][296] Entends à nous.

---

289 OL : *metu suae et livore adactus conjugis* (poussé par sa femme envieuse et redoutable). La traduction, qu'on corrige, indique : « qui l'avait en haine ce jeune homme ».

290 OL : *spiritum deorum habet* (il a l'esprit des dieux).

291 OL : *quo multa paucis explicem* (pour expliquer l'essentiel brièvement).

292 Dans la traduction, cette réplique d'Hypérète est donnée comme la suite de celle de l'échanson.

293 OL : *atq. veste Aegyptia circumdatum* (puis couvert d'un vêtement égyptien).

294 OL : *Ipse videat* (À lui de voir).

295 OL : *Hem commodum. Hy. Quid ? Œno. Ecce custos carceris.* Tiron resserre cette fin de scène en supprimant, ici intentionnellement, la question d'Hypérète.

296 OL : *Des. Quis hic qui me vocat ?* Comme à la fin de la scène précédente, Tiron a écarté cette brève réplique. Il est vrai qu'elle est inutile, mais elle renforce un peu le naturel des échanges.

DESMOPHILE. Dieu vous tienne en santé, mes seigneurs. Vraiment je suis heureux, monsieur l'échanson, dont vous êtes rentré en votre office. Toutefois je suis émerveillé dont jusqu'à présent vous avez eu si peu de souvenance de celui qui tant bien vous exposa votre songe.

L'ÉCHANSON. Maintenant ferai-je qu'il pourra être mis en grand honneur.

DESMOPHILE. Est-ce pour certain ?

L'ÉCHANSON. Aussi vrai que Dieu[297]. Qu'il soit ci appelé.

DESMOPHILE. Dieu le veuille. Viens çà, Joseph, toute œuvre laissée[298], viens-t'en ici.

JOSEPH. Me voici, seigneur. Dieu vous garde, messieurs. Mais est-ce là la grâce que vous rendez à votre expositeur ? Est-ce ce que vous m'aviez promis en la prison, monsieur l'échanson ?

L'ÉCHANSON. J'ai honte d'adresser mon regard à vous[299]. Pardonnez-moi, je vous prie, la nonchalance et ingratitude qui jusqu'à présent m'a détenu. Maintenant vous ferai-je monter à gloire et honneur. Car Pharaon, par moi de vous averti, vous mande venir devers lui, pour mystiquement lui révéler[300] les songes qu'autres personnages n'ont su entendre.

JOSEPH. Est-ce chose que je doive croire ?

HYPÉRÈTE. Vous le pouvez bien croire, Joseph, pourtant qu'il nous a ci tous deux envoyés pour te tirer hors de la chartre et à lui vous présenter[301], étant tonsé et nettoyé comme il appartient.

JOSEPH. Regardes-tu ton humble serviteur finalement, seigneur Dieu ? La vérité jusqu'à présent opprimée se trouvera-t-elle victorieuse ? Or me conduisez où vous plaira, seigneurs. Adieu, patron.

DESMOPHILE. À Dieu te recommande, divin Joseph, cent mille fois[302].

HYPÉRÈTE. Or nous suis, Hébreu, pourtant qu'il te faut tonser, laver et vêtir, avant que te présenter devant le roi.

JOSEPH. Je m'y accorde.

---

297 OL : *Certo certius* (Plus sûr que sûr). Langage de Plaute (*Les Captifs*, 644). Érasme, adage 3802 (*Vero verius*).

298 Toutes affaires cessantes.

299 *Cf.* [I] Esdras, 9, 6.

300 OL : *ut… digno explices mysterio* (afin que vous en donniez le vrai sens caché).

301 Passage au tutoiement, puis retour au vouvoiement, sans grande logique.

302 OL : *vale… plurimum.*

Scène 5

DESMOPHILE *à part*

Que j'ai de joie dont ce tant homme de bien[303] est retiré de l'ordure de cette chartre ! Et toutefois, que tardé-je d'aller trouver mon maître et lui annoncer cette nouvelle, et à quel honneur Joseph doit parvenir ? Il est à craindre pour lui[304] qu'il ne se brasse quelque malheur, en tant que par l'importunité d'une femme il a voulu qu'un homme incoupable souffrisse[305] ces très dures angoisses en la prison. De moi, je l'ai connu dès son jeune âge d'une vie très chaste et honnête, aux négoces et affaires de son seigneur loyal à merveille. Mais quant à la vie de ma dame, elle était suspecte, non seulement à moi mais aussi à toute la famille[306]. De raconter ce que d'elle-même m'a présenté jadis, lorsque j'étais en ma verdeur, cela n'appartient à un homme de ma condition, attendu que ce serait donner tache à l'honnête renom de mon seigneur. Et ne suis ignorant des tours que jadis Pistus a remarqués, prenant curieusement garde aux allées et venues de ma maîtresse. Tout à propos, le voilà qui sort dehors, peut-être déchassé par la rudesse d'elle. Je veux parler ici à lui, avant qu'il prenne chemin ailleurs.

Scène 6

PISTUS, DESMOPHILE

PISTUS. Dieu, comme jamais il n'y a paix ni repos à la maison !
DESMOPHILE. Écoute. Ho !
PISTUS. Hé ! Qui est-ce qui m'appelle ?
DESMOPHILE. Le seigneur est-il à l'hôtel ?
PISTUS. Non.
DESMOPHILE. Où est-il allé ?
PISTUS. Au temple d'Apis, offrir sacrifice pour connaître par les entrailles des bêtes [ce] que veulent signifier les songes que le roi a songés.
DESMOPHILE. C'est en vain qu'il y est allé et en vain prendra-t-il conseil

---

303 OL : *vita virum integerrima* (cet homme à la vie tellement intègre).
304 OL : *Timendum ei, sed maxime ejus conjugi* (Il est à craindre pour lui, mais surtout pour sa femme). Ces derniers mots manquent à la traduction.
305 Forme archaïque déjà rencontrée dans le chant du chœur de l'acte Ier.
306 OL : *integro famulicio* (à l'ensemble des serviteurs).

des entrailles des bêtes, et pour néant en devinera[307]. Car on a trouvé un autre expositeur, qui désenveloppera et mettra en vue ce mystère.

PISTUS. Pour vrai, ce devra être un excellent maître[308], qui condignement mettra fin à un si haut affaire où tant de sages philosophes, oiseleurs, devins égyptiens[309] n'ont rien su faire ni entendre jusqu'à présent, comme nous avons entendu de notre maître, avant qu'il se partît du logis.

DESMOPHILE. On a trouvé, dis-je, homme qui, par son vrai dire, surpasse tous nos beaux philosophes et bailleurs de vaines paroles.

PISTUS. Or, me dis donc, qui est-il ?

DESMOPHILE. C'est ce nôtre Hébreu exécrable.

PISTUS. Qui est cet Hébreu dont tu me parles ?

DESMOPHILE. Ce paillard qui a efforcé ma dame, ce traître déloyal, lequel Putiphar notre maître avait fait mettre en chartre avec les larrons, pour le forfait énorme par lui commis.

PISTUS. Joseph ?

DESMOPHILE. Joseph même.

PISTUS. Les larmes me viennent aux yeux que c'est Joseph.

DESMOPHILE. Lui sans autre.

PISTUS. Oh ! L'homme chaste, l'homme loyal, l'homme de bien, les outrages et indignités qu'il a endurés pour maintenir sa chasteté ! Il n'est donc déloyal ni honnisseur de notre maîtresse, mais personnage doué d'une singulière vertu. Je connais assez tes manières de dire et tes railleries. Affranchis, mon ami[310]. Je sais assez que tu ne lui voudrais pas être contraire[311].

DESMOPHILE. Cela lui ai-je bien fait connaître jusqu'aujourd'hui, m'étant toujours fié en lui et lui ayant donné charge des prisons et prisonniers.

---

307 OL : *frustraq. divinabit* (et il prophétisera en pure perte).

308 OL : *Singlaris ille siet oportet Œdipus* (Il faut que ce soit un remarquable Œdipe).

309 OL : *tot magi, pharii, sophi, atq. aruspices Aegypti* (de si nombreux mages, prêtres, philosophes et haruspices d'Égypte). Comme précédemment (acte V, scène 1re, début), Tiron n'a pas retenu le mot *pharii*. Dans sa traduction, les mots « sages philosophes » pourraient, compte tenu de l'OL, être séparés d'une virgule. Par inattention, le mot *aruspices* a propablement été lu *auspices*, désignant ainsi les augures, qui pratiquaient l'ornithomancie. La traduction du mot *auspices* par les mots oiseleurs et devins est pertinente, car l'*auspex*, qui étudiait et entretenait les oiseaux, était forcément aussi *auceps* (oiseleur).

310 Sois franc, mon ami. Cette petite phrase ne figure pas dans l'OL.

311 OL : *scio te nihil juveni optimo contrarium molirier* (je sais que tu ne causerais aucun tort à cet excellent jeune homme).

PISTUS. Il n'y a rien plus vrai. Mais dis-moi, en bonne foi, le cas de Joseph est-il en meilleur train maintenant ?

DESMOPHILE. Je te puis bien assurer qu'il se porte très bien. Connais-tu ces deux officiers du roi qui pour leurs forfaits me furent ici livrés en garde ?

PISTUS. Je les connais.

DESMOPHILE. Je les baillai en garde à Joseph.

PISTUS. Qu'en advint-il ?

DESMOPHILE. Tais-toi un peu. Chacun d'eux songea un songe, qui fut grand indice de ce qui leur advint par après. Lequel après avoir été par lui exposé à l'un et à l'autre, qui en étaient aux angoisses, l'un fut pendu au gibet, à l'autre fut donnée la vie avec l'état de premier échanson du roi, dont il fut honoré.

PISTUS. J'entends la reste[312]. C'est touchant des trois corbeilles et des trois provins. Poursuis le demeurant.

DESMOPHILE. Ayant l'échanson cela annoncé au roi, il a mandé incontinent que l'expositeur fût délivré de prison et comparût en sa présence.

PISTUS. Oh ! La bonne nouvelle !

DESMOPHILE. Maintenant sera-t-il tonsé là-dedans, puis le verrons sortir honnêtement vêtu.

PISTUS. Veuille Dieu lui donner sens et courage de pouvoir interpréter ces songes obscurs et trouver grâce envers le roi.

DESMOPHILE. Assure-toi qu'il en viendra à bout, car ce n'est en vertu de ces nôtres dieux vulgaires qu'il l'entreprend.

PISTUS. Quoi donc ! N'est-ce point sous l'aveu d'Apollon, Sérapis et Isis ?

DESMOPHILE. Ce sont monstres sans vertu ni puissance et non déités[313], lesquels il nous enseigne d'avoir en détestation et adorer le grand Dieu des cieux. Dont il n'est temps de tenir plus long propos pour le présent.

PISTUS. Aussi me raillais-je[314], car il nous a semblablement autrefois enseigné à l'hôtel à révérer un vrai Dieu. Donc, à ce que je vois, il tombera quelque désastre non petit sur mon seigneur et ma dame, par l'impudence de l'un et l'imprudence de l'autre[315].

---

312 OL : *Rem teneo prorsus* (J'ai bien l'affaire en tête).

313 OL : *Portenta sunt haec vana, non pia numina* (Ce sont de vaines chimères et non des divinités secourables).

314 OL : *Jocabar* (Je plaisantais).

315 OL : *ob impudentiam eorum et imprudentiam* (par leur impudence et leur imprudence). Si on voulait répartir les fautes, ce serait plutôt l'impudence de l'une… .

DESMOPHILE. Bien grand, je t'en assure[316], s'ils n'y pourvoient de remède. Car aisément il se justifiera et prouvera devant le roi son innocence, et comme furtivement il a été transporté de son pays et de la maison [de] son père en cette terre[317], au reste qu'il est issu de bonne et noble maison.

PISTUS. Que me dis-tu ? Que son père est noble de race ?

DESMOPHILE. [Et né libre aussi.][318] Ainsi l'ai-je ouï de lui en la prison mille fois. Pour ces raisons, me suis-je ici rendu, laissant ma prison, pour aviser quelque moyen de sauver la vie à mon maître. Donc me le faut chercher, admonester et induire à obvier au mal qui lui est si prochain. À Dieu te commande.

PISTUS. Qui te convoie[319]. Tu le trouveras au lieu où je t'ai dit. Bon Dieu, que veut dire telle assemblée de bourgeois qui courent là-devant ? Ils auront amené Joseph vêtu à l'égyptienne[320]. Il me faut voir que ce sera.

Scène 7

L'ÉCHANSON, JOSEPH, HYPÉRÈTE

[L'ÉCHANSON.] Voici la promesse que je t'ai faite, Joseph : pourvu que tu puisses clairement à Pharaon exposer[321] le songe que déjà je t'ai dit, et en tirer et éplucher le sens mystique, c'est que pour loyer te sera rendue ta liberté première et, sans les autres biens qui te seront faits, tu acquerras grande dignité et gloire.

JOSEPH. Quant aux honneurs et gloire hautaine, je ne m'en attribue rien qui soit, toute gloire retourne à celui qui en est auteur. Sans moi, Dieu fera entendre à Pharaon les songes qu'il a songés. Par moi, Dieu lui en découvrira le mystère. Et sans moi, Dieu donnera à Pharaon prospérité.

---

316 OL : *Pol maximam* (Par Pollux, un très grand !).

317 OL : *e solo paterni in hunc… locum* (de sa terre natale en ce lieu). Dans la traduction, on trouve : « de la maison son père », avec le nom complément au cas régime, archaïsme encore présent chez Marot (Gougenheim, p. 233).

318 OL : *Ingenuo quoq.* Détail omis par le traducteur.

319 OL : *Vale.* Puisse Dieu t'accompagner.

320 OL : *stolatum.* La *stola* était notamment la robe des prêtres d'Isis.

321 OL : *ad unguem exponere* (l'exposer à l'ongle). Donc parfaitement. Érasme, adage 491 (*Ad unguem*).

L'ÉCHANSON. Sachant que tu as un esprit divin, je ne fais doute que tu ne puisses satisfaire au roi touchant ce que de toi lui ai promis. Mais voilà le roi assis en son siège royal, les portes de la salle toutes ouvertes. Attends un peu, que je lui voise[322] annoncer ta venue.

HYPÉRÈTE. C'est bien avisé qu'il voise devant dire que tu es venu.

JOSEPH. Qu'il voise et qu'il nous rapporte quel est le bon plaisir du roi. Dieu d'Abraham, Dieu d'Isaac, Dieu d'Israël[323], mes ancêtres, duquel provient toute science et prudence, et qui seul es connaissant les choses occultes et secrètes[324], donne-moi, je te supplie, sapience qui là sus préside en ton siège[325], à ce que clairement je puisse expliquer au roi tous ses doutes et difficultés, lesquels lui as transmis enveloppés d'obscurité[326].

Scène 8

L'ÉCHANSON, PHARAON,
[JOSEPH,][327] THALTIBIUS

[L'ÉCHANSON.] Très haut et très puissant roi Pharaon, voici Joseph, que nous amenons devant votre hautesse, comme il vous a plu nous commander, vous assurant, sire, que sur la terre n'y a son semblable quant à bien et proprement déchiffrer une matière difficile[328].

PHARAON. Je le suis ici attendant. Pourquoi attend-il là-dehors ? Que ne le fait-on entrer ?

---

322 Forme archaïque déjà rencontrée (acte III, scène 5, fin). On ne relèvera pas les occurrences suivantes.

323 Même invocation qu'au début de l'acte II.

324 OL : *omnium abditorum es cognitor* (tu connais tout ce qui est caché). Ce sont les mots de la prière de Suzanne (Daniel, 13, 42).

325 OL : *da mihi tuarum sedium… praesidem sapientiam* (donne-moi la sagesse qui gouverne ton céleste séjour). Il s'agit cette fois de la prière de Salomon (Sagesse, 9, 4). Tiron traduit littéralement, en ajoutant la locution adverbiale « là sus » (= là-haut).

326 OL : *omnia… quae tu ei tradidisti* (toutes les choses que tu lui as transmises). Pour *omnia*, la traduction donne « toutes ses doutes et difficultés », ce qui se comprend dans la mesure où le mot doute était le plus souvent de genre féminin. Mais, comme le pronom relatif qui suit est au masculin pluriel, on opte pour « tous ses doutes et difficultés », afin de corriger le moins possible.

327 Il est oublié dans la liste des intervenants.

328 OL : *Joseph omnium quos terra habet interpretum quidem facile princeps* (Joseph, qui est assurément et de loin le premier de tous les interprètes de cette terre). Le mot *interpretum* est traduit par une longue périphrase.

L'ÉCHANSON. Je l'amènerai. Approche çà, Joseph, la haute majesté royale mande que veniez par devers elle.

JOSEPH. Me voici prêt et appareillé d'accomplir le mandement du roi selon mon pouvoir.

L'ÉCHANSON. Venez avant hardiment et sans douter[329], car vous êtes en la grâce du roi.

JOSEPH. Dieu maintienne le grand roi en félicité perpétuelle. Je vous supplie, sire, pour l'honneur de Dieu[330], qu'il vous plaise me faire octroi de la vie et à tous ceux semblablement qui, par leur imprudence et peu de vergogne[331], ou même par leur perverse malice, m'ont jusqu'à présent tenu en chartre et captivité, sans avoir commis crime ni forfait en aucune manière.

PHARAON. Cela t'est octroyé, et toute autre chose que tu demanderas. Je suis assez informé de la conjuration de tes frères faite contre toi et de la fausse accusation qu'on t'a mise sus touchant la femme de Putiphar[332]. Lève-toi et prends bon courage[333]. Il n'y aura homme en mon royaume, tant que je porterai couronne, qui soit si hardi de te contredire. Et si tu viens à me bailler solution de mes songes tant obscurs, lesquels je te réciterai, car on dit que tu as du souverain Dieu la science de deviner, je te ferai plus grand que tous tes ancêtres ni que tous tes ennemis.

JOSEPH. Je m'estimerai heureux de pouvoir faire service agréable à votre majesté, sire, à quoi je désire m'employer selon ma petite possibilité[334]. Par moi, Dieu interprétera au roi Pharaon les songes que sans moi lui a fait voir, et sans moi lui enverra prospérité[335].

329 *MVT*, v. 19450-19452 : « Joseph, allez et hardiment au roi parlez sans avoir peur ».

330 Cette dernière expression est ajoutée par le traducteur.

331 OL : *per impudentiam vel imprudentiam*. L'association de mots renvoie à ce que disait Pistus précédemment (scène 6). Tiron n'a pas restitué cette fois le jeu de mots.

332 OL : *falsaq. mulieris de stupro insimulatio* (et de la fausse accusation d'une femme que tu aurais déshonorée).

333 OL : *Exsurge, sis animaequior*. L'exhortation rappelle celle qui est faite à l'aveugle à qui Jésus va rendre la vue (Marc, 10, 49 : *animaequior esto, surge*). Déjà mentionnée (acte Ier, scène 3).

334 OL : *Regi virili pro mea ultro inserviam* (Je servirai volontiers le roi selon mes moyens). Érasme, adage 2792 (*Pro mea virili*), déjà rencontré (acte III, scène 3). La traduction orne un peu le texte ici.

335 OL : *et absq. me dabit Parhoni prospera* (et sans moi il donnera à Pharaon une heureuse réponse). Genèse, 41, 16.

Die donc la royale majesté[336] son songe, et avec l'aide de Dieu je m'efforcerai de le démêler.

PHARAON. Or écoute et entends diligemment. Le discours n'en est pas loin[337]. Moi étant couché en mon lit, au temps le plus coi de la nuit, pensant à plusieurs négoces de mon royaume, considérant les afflictions et misères des pauvres, et aux domaines et amples possessions des riches, étant sur ce pensement vaincu de profond sommeil, il me sembla que je voyais sortir de la rivière du Nil sept belles vaches grasses, polies et charnues[338], qui paissaient l'herbe verte, et que par après survinrent sept autres, pauvres, défaites et maigres le possible, qui dévorèrent la graisse des sept premières. Puis étant réveillé, tombe derechef en un autre songe, et vis sept beaux épis, gros et grenus, saillant d'un seul tuyau, mais par après vinrent autres sept, vides et flétris, qui en un instant consumèrent toute la beauté des premiers. Voilà le contenu de mes songes, qui m'ont donné un grand émoi, lesquels j'ai racontés à tous les sages de mon hôtel pour les déchiffrer, qui n'en ont su venir à chef[339]. Mais quant à toi, qui as l'esprit de Dieu[340], je m'assure bien qu'aisément tu les déclareras.

JOSEPH. [Sans moi, Dieu apporte à Pharaon une heureuse réponse.][341] Dieu, le créateur de toutes choses, par ces songes démontre au roi les choses qui sont à venir sur le peuple d'Égypte. Or entendez, sire, à mes propos. Les sept vaches grasses dénotent sept années de fertilité et abondance de toutes choses, telle qu'onc ne fut vue la pareille. Et les sept autres vaches défaites et maigres figurent sept années de grande famine et indigence de tous biens, qui dévoreront toute

336 Que la majesté royale dise… Forme du subjonctif déjà rencontrée.

337 OL : *paucis dixero* (j'en aurai terminé en peu de mots). La traduction indique loin (orthographié loing) et non pas long. Est-ce une coquille ? Les mots loin et long peuvent renvoyer tous deux à l'idée de durée. Ici toutefois, compte tenu de la construction de la phrase, on attendrait plutôt long.

338 OL : *obesas carnibus* (bien en chair).

339 Les songes du roi ont donc été racontés deux fois, comme dans la Genèse (41, 1-7, 17-24). La traduction reprend à peu près les mêmes mots, parce que les mots latins eux aussi se répètent en grande partie.

340 OL : *Porro tibi, qui spiritum vivi Dei Joseph tenes* (Par contre, toi Joseph, qui détiens l'esprit du Dieu vivant).

341 OL : *Ἄνευ θεοῦ τό δ' οὐ Φαρὼ σωτήριον Ἀποκριθήσεται.* Cette phrase prise à la Septante répète ce que Joseph a dit à Pharaon dans sa réplique précédente. Dans une perspective théâtrale, cette redite en grec solennise l'instant de l'interprétation des songes. Mais comme elle n'est pas vraiment utile, le traducteur l'a négligée.

l'affluence des précédentes. Et quant aux sept épis, ils représentent une même figure, pour plus confirmer le précédent. Or maintenant, que votre majesté pourvoie d'un homme prudent et sage, loyal et industrieux, qui assemble les blés ès greniers du roi ces prochaines années de grande abondance, afin d'avoir de quoi repaître le pauvre peuple sans prévoyance qui lui est commis[342], craignant qu'il ne périsse ou languisse, chose qui trop serait abaissant l'honneur royal et des princes et barons de ce royaume.

PHARAON. Or connais-je maintenant que ton Dieu est seul vrai Dieu[343] et qu'il surpasse toutes les déités d'Égypte, lequel te révèle les secrets de sa sapience. Or te veux-je dorénavant traiter, Joseph, non point comme homme de basse condition mais comme un prince et grand personnage. Mais la matière sur quoi nous sommes nous admoneste de pourvoir à ce que devons faire en affaire de telle importance et tant haut, et aviser de trouver personnage qui soit propre et idoine à l'exécution de telle charge. Toi, Thaltibius, va-t'en et incontinent me fais ici venir le prévôt des maréchaux, général de la gendarmerie[344], à ce qu'il réponde aux charges et demandes qui lui seront proposées.

THALTIBIUS. Bien, sire, j'y vais.

JOSEPH. Je vous supplie pour l'honneur de Dieu, roi très clément, que la vie soit sauve à celui pour lequel je vous ai prié.

PHARAON. Il tiendra donc de toi la vie, afin qu'il connaisse que grâce est grâce[345]. Suis-moi au palais, pour entendre aux affaires d'importance. Et toi, fais-le venir, et te garde bien qu'il sache rien de tout ce qui s'est passé.

---

342 OL : *annis alteris qui hos subsequentur inopiae* (pendant les autres années de disette qui les suivront). Tiron n'a pas tenu compte de cette précision, à vrai dire inutile.

343 OL : *Jam cerno quod divinus in te spiritus, / Jam cerno quod Deus tuus verus Deus solus...* (Je sais maintenant que l'esprit divin est en toi, je sais maintenant que ton Dieu est seul vrai Dieu...). Tiron fait l'économie de la première partie de la phrase, sans doute parce qu'elle reprend ce que Pharaon avait dit juste avant, mais, de la sorte, il ne reproduit pas l'anaphore solennelle (*Jam cerno... Jam cerno...*).

344 OL : *ergastulorum militumq. principem* (le maître des prisons et chef des armées). En somme, le responsable du maintien de l'ordre intérieur et de la défense du pays. Parler de prévôt des maréchaux n'évoque guère le contexte biblique, mais Tiron essaie là encore de trouver des équivalents modernes. L'ancienne maréchaussée, équivalent de la gendarmerie actuelle, procédait effectivement à des emprisonnements. En revanche, le mot gendarmerie, que Tiron emploie juste après, désigne plutôt l'armée au XVIe siècle. Putiphar cumule les deux fonctions.

345 C'est rappeler que la grâce, don gratuit, ne récompense pas des mérites. L'idée est chrétienne (Matthieu, 10, 8 ; Éphésiens, 2, 8).

THALTIBIUS. Je le ferai, sire. Si cet homme-ci n'était plus débonnaire envers son maître que le maître n'a été envers lui, pauvre serviteur innocent, mon serment[346], ce serait fait du seigneur Putiphar[347]. Mais le voilà, celui que le roi nous envoie citer.

Scène 9

PUTIPHAR, DESMOPHILE, THALTIBIUS

PUTIPHAR. Tu sais très bien, mon homme[348], comme toujours j'ai aimé et tenu cher ce jeune homme et comme, même pour l'acte infâme et vilain par lui commis, je l'ai contre mon gré tenu en prison. Parquoi, ce considéré, j'espère qu'il ne m'adviendra aucun péril de sa part.

DESMOPHILE. Tout ce sais-je, patron, et si sais bien aussi qu'il ne m'appartient vous tenir en crainte sans raison ou occasion. Il m'est assez connu, vous dis-je, que jamais vous ne lui portâtes sinon toute bonne affection, onc ne lui fûtes sinon débonnaire, bénin et droiturier, mais encore a cette droiture une entorse qui gâte tout[349].

PUTIPHAR. Quelle entorse ?

DESMOPHILE. C'est que vous l'avez réputé déloyal envers votre femme et paillard, connu qu'en toutes vos autres négoces l'avez toujours trouvé homme de bonne foi et loyal, et que, ajoutant foi plus que le devoir ne vous permettait à une femme laquelle par plusieurs fois vous avez trouvée en faute, êtes allé inconsidérément affliger un pauvre innocent.

PUTIPHAR. Je confesse qu'en cela j'ai failli par imprudence. Toutefois, s'il était si innocent, pourquoi s'est-il tu aux charges à lui imposées en ne répondant rien[350] ?

DESMOPHILE. En cela a-t-il donné preuve d'un serviteur bon et fidèle,

---

346 OL : *hercle* (par Hercule). Équivalent de « par ma foi » ou « je vous jure que… ».

347 OL : *actum esset…* Érasme, adage 239 (*Actum est*).

348 OL : *liberte*. Le mot *libertus* désigne l'esclave affranchi par le *patronus*. Juste après, Desmophile répond à Putiphar en l'appelant *mi patrone*. Il était difficile de rendre le mot *liberte* dans le cadre de la conversation courante. Tiron surmonte plutôt bien la difficulté.

349 OL : *at scirpus iste nodum habet* (mais ce jonc porte un nœud). Autrement dit, on voit un défaut. Érasme, adage 1376 (*Nodum in scyrpo quaeris*).

350 OL : *quid increpatus tacuit et silentio culpabilem se prodidit ?* (pourquoi n'a-t-il pas répondu à l'accusation et s'est-il montré coupable par son silence ?).

aimant plus cher souffrir la peine pour chose non perpétrée que mettre en évidence les tours vilains et déshonnêtes de sa dame.

PUTIPHAR. M'assures-tu cela pour vrai ?

DESMOPHILE. Plus de mille fois s'en est complaint à moi, pleurant à grosses larmes.

PUTIPHAR. Ô bon Dieu[351], quel déplaisir je sens pour avoir tant maltraité un si homme de bien et par même moyen avoir exposé ma tête en danger par telle imprudence ! Quel conseil me reste-t-il ?

DESMOPHILE. Nul pour vrai, sinon user de requête et prière, car c'est une faible défense, et par icelle impétrerez ce que voudrez[352].

PUTIPHAR. Dieu le veuille. Ah ! Ah ! Que veut dire Thaltibius que voici ?

DESMOPHILE. Je soupçonne que le roi l'a ci envoyé pour vous faire comparaître en sa présence.

PUTIPHAR. Je doute beaucoup[353].

THALTIBIUS. Le roi vous mande par exprès, Putiphar, que soyez prêt de comparaître par-devant lui en son siège royal, pour subit répondre sur ce que serez par lui enquis.

PUTIPHAR. J'obéirai au mandement du roi.

THALTIBIUS. Il faut que ce soit incontinent.

PUTIPHAR. Sans différer. Seulement me faut-il un peu parler à ma femme.

THALTIBIUS. Donnez-vous garde qu'il n'y ait faute[354].

DESMOPHILE. Ne dis point que tu m'aies trouvé avec Putiphar.

THALTIBIUS. Non ferai-je. Il vous faut avancer[355].

PUTIPHAR. Je n'y ferai faute.

DESMOPHILE. Dis-moi, je te prie, comme se portent les affaires de notre ami Joseph ?

THALTIBIUS. Très heureusement, car, ayant éclairci et exposé les songes, il est maintenant à mon avis, ou sera bientôt, établi grand maître d'Égypte, avec grand honneur.

DESMOPHILE. Il en est bien digne.

PUTIPHAR. Il n'y a chose dont je puisse recevoir plus grande joie que de voir mon serviteur élevé en souveraine dignité.

---

351 OL : *O Juppiter.*

352 OL : *nam languida defensio est, illa impetrabis quidlibet* (il est vrai que c'est une défense fragile, mais par elle vous pouvez obtenir n'importe quoi).

353 OL : *Formido* (J'en ai bien peur).

354 OL : *Vide sis* (Veille à te présenter).

355 OL : *Accelerato opu'st* (Il faut se presser).

THALTIBIUS. Je le crois bien. Adieu vous dis.

PUTIPHAR. Adieu, trompette[356]. Je m'en vais après toi. Dieu souverain[357], qui me rendra cet homme-ci propice et miséricors, lequel j'ai si misérablement traité en prison obscure, étant innocent et sans coulpe ? Mal puisse finer la méchante femelle qui, par ses tours et façons lascives, la fallace et peu de vergogne, m'a précipité en cette angoisse.

DESMOPHILE. Vous connaissez Joseph être d'un naturel doux et bénin. Faites ce que je vous conseillais à cette heure. Peut-être oubliera-t-il tous les griefs qui lui ont été par vous faits.

PUTIPHAR. Mais pourtant n'ai-je pas l'espace de ce faire et le devancer[358].

DESMOPHILE. J'ois ouvrir l'huis. C'est votre femme. Adieu vous dis. Soignez de votre affaire, car au différer est le danger.

PUTIPHAR. Hélas moi !

Scène 10

ÉGLA, PUTIPHAR, EUPOLÈME

ÉGLA. Qu'est-ce que j'ouïs de vous, homme de bien ? Qu'est-ce que je vous entends plaindre ? Pourquoi ainsi vous courroucez, remémorant à part vous des cas sinistres et mésaventures[359], venant vers moi si échauffé ?

PUTIPHAR. Qu'est-ce que j'ois de toi, infâme truie, que par tes propos safres et déshonnêtes tu viens à solliciter et attraire les serviteurs de ma maison à paillarder avec toi, t'abandonner vilainement et me mettre à ruine ?

ÉGLA. Qui ? Moi, Putiphar ?

PUTIPHAR. Me viendras-tu encore ici contester ?

ÉGLA. Est-il possible que vous me mécroyiez d'une telle déloyauté et chose qui tant touche mon honneur, moi qui suis une pauvre innocente ? Qu'ai-je méfait ?

356 OL : *Praeco vale* (Au revoir, héraut).

357 OL : *Supreme Juppiter.*

358 Pris par le temps, Putiphar ne peut rencontrer Joseph et l'implorer avant de paraître devant Pharaon.

359 OL : *Quid audio te… casus sinistros et pericula volvere ?* (Pourquoi est-ce que je vous entends ruminer à propos de sombres affaires et de dangers ?). On corrige « tes cas sinistres », ce qui semble improbable, en « des cas sinistres ».

PUTIPHAR. Demandes-tu [ce] que tu as fait, orde gouttière[360] ? Le serviteur hébreu en saurait bien que dire, qui pour ta paillardise a été affligé, lui innocent.

ÉGLA. Ce paillardeau ? Par ma coulpe ? Las moi ! Le déshonneur que j'endure, pauvre innocente !

PUTIPHAR. Or bien[361], il est délivré de prison et a superintendance sur tout l'État du royaume d'Égypte, et ne tardera guère qu'il ne condamne et toi et moi à la mort. Toutefois il faut tout premier que je prenne vengeance de toi. Çà, tends le gosier.

ÉGLA. Je vous supplie, mon cher mari, ayez merci de moi.

PUTIPHAR. Es-tu donc innocente ?

ÉGLA. Pas ne suis innocente. Je suis la plus impudique d'entre toutes les femmes qui vivent, pourtant que par ma lubricité j'ai convoité la compagnie de Joseph, ce que m'étant par lui refusé, je mis tout mon effort à le ruiner.

PUTIPHAR. Or tends donc ici la gorge, méchante.

EUPOLÈME. Hé ! Dieux ! Ne veuillez par courroux pécher contre votre femme, seigneur. Apaisez-vous, s'il vous plaît.

PUTIPHAR. Je n'en ferai rien. Laisse-moi faire.

EUPOLÈME. Non ferai[362]. Tuez-moi plutôt que votre femme.

PUTIPHAR. Sera-t-il dit que je sois mis au hasard de la vie pour cette femme infâme ? Ne me retiens point.

EUPOLÈME. Non, ainsi demeuriez sain et sauf, que ne vous laisserai commettre tel acte[363].

ÉGLA. Je vous supplie très humblement, loyal mari[364], pardonnez-moi.

PUTIPHAR. Je te pardonnerai ? Irai-je donc me rendre en la main du

360 OL : *immunda colluvies*. Tiron traduit exactement le latin *colluvies*, qui désigne l'écoulement des immondices. *MVT*, v. 19803, 19811, 19819 : « Tu es pleine de toute ordure. »

361 OL : *jam* (à présent). L'expression « or bien » a un peu plus qu'une valeur temporelle. On dirait aujourd'hui : « Oui, mais à présent… ».

362 OL : *Non sivero* (Je ne vous laisserai pas faire).

363 OL : *Non per salutem Pol tuam istuc sivero* (Par Pollux, pour votre bien, je ne laisserai pas faire ça). La phrase française doit se comprendre ainsi : « Non, ainsi que [= afin que] vous demeuriez sain et sauf, je ne vous laisserai… ».

364 OL : *amica barba* (cher menton). Traduction latine d'une métonymie cordiale en usage chez les Grecs. Elle est employée par Hécube lorsqu'elle supplie Ulysse d'épargner sa fille Polixène (Euripide, *Hécube*, 286). Le même geste, qui consiste à toucher le menton de la personne qu'on implore, est également fait par Thétis auprès de Zeus (*Iliade*, I, 501). Comme le détail est assez curieux, on comprend que Tiron ne l'ait pas repris.

bourreau et finerai ma vie, pendant que toi, méchante, seras sauve pour vivre à ton aise et sans contredit en tes délices et façons impudiques ? Étends[365], dépêche-toi, premier que je te dérompe tous les membres.

ÉGLA. C'est moi qui ai commis le cas, c'est moi qui porterai la peine. Rengainez seulement cette épée, tant que j'aie supplié Joseph et le roi pour votre salut et le mien. Et au cas que je sois éconduite, je suis bien contente de me soumettre ou à vous ou au bourreau pour être décollée.

EUPOLÈME. Sa requête est très juste, seigneur. Ayez merci d'elle, nous vous en prions. Pensez à l'âge où elle était, excusez la fragilité du sexe, considérez l'amour véhément qui la stimulait et mettait hors des gonds de raison[366].

PUTIPHAR. Je me laisse presque conduire par vos persuasions.

EUPOLÈME. Pourquoi non du tout[367] ? J'espère que Dieu nous enverra meilleure aventure que ne pensons. Laissez un peu rasseoir votre courroux, je vous en prie. Mettez votre épée en son fourreau. Commandez que votre femme s'élève et s'en voise[368].

PUTIPHAR. Que se lève cette paillarde. Entrons pour prendre conseil sur cette affaire. Mais demeure ci-dehors, je reviendrai incontinent[369].

EUPOLÈME. [La situation l'exige, revenez très vite.][370] À mon avis qu'il ne fera aucun mal à sa femme là-dedans. Bon Dieu, quel triomphe je vois de gens qui sortent de la cour ! Voilà les princes et principaux satrapes d'Égypte. Je cuide bien que le roi sera assis en son trône royal, ou bien qu'il aura honoré notre ami Joseph de l'honneur qu'il mérite. Oh ! C'est assez longuement attendu. J'entrerai léans pour annoncer ce que j'ai vu à mes seigneur et dame.

---

365 Tends le cou. C'est toujours le même verbe *porrige*.

366 OL : *Te moveat aetas, sexus, atq. id temporis amor impotens* (Tenez compte de l'âge où elle était, de son sexe, ainsi que de la passion qui la tyrannisait à ce moment-là). L'épisode est en effet déjà ancien. La Bible précise que Joseph a passé au minimum deux ans en prison (Genèse, 41, 1).

367 OL : *O utinam et in totum* (Fasse le ciel que vous soyez pleinement persuadé).

368 OL : *Surgat uxor et abeat* (Que votre femme se relève et sorte).

369 C'est à sa femme que Putiphar demande d'entrer avec lui « pour prendre conseil sur cette affaire ». Il laisse donc Eupolème à l'extérieur, seul en scène.

370 OL : *Res postulat, citius redi*. On ajoute cette phrase, que Tiron n'a pas traduite.

Scène 11

PHARAON, THALTIBIUS, LE CONSEILLER[371]

PHARAON. Pourquoi Putiphar qu'avions mandé comparaître devant nous ne s'est-il ici présenté ?

THALTIBIUS. Je lui ai signifié le mandement de votre majesté, mais il m'a fait réponse qu'il devait quelque peu arrêter à cause de sa femme.

PHARAON. Il arrêtera à la malheure pour lui. Vienne Joseph pour recevoir condigne loyer de sa prudence et prud'homie.

THALTIBIUS. Je l'amènerai.

PHARAON. Vous savez, hommes pleins de prudence, quels et combien grands périls penchent et enclinent sur Égypte, et les affaires qui me sont appareillées tant difficiles et de telle importance que moi seul n'en saurais chevir ni dûment les expédier, même la provision que le prophète hébreu nous conseille de faire, suivant l'exposition de notre songe. Parquoi nous avons trouvé bon d'élire et députer cestui Hébreu ou quelque autre qui se trouvera idoine pour soutenir un tel faix et charge et à assembler le cinquième des blés ès greniers tout le temps que durera l'abondance. Je doute bien toutefois, si nous en voulons choisir un autre d'entre les nôtres, qu'à peine le trouverons-nous tel qu'il nous faut. Sur quoi je demande l'avis de vous tous.

LE CONSEILLER. À toujours soyez florissant, sire. Nous ne pourrions recouvrer personnage tant excellent qu'est celui-ci pour entreprendre telle charge et de si grande importance. Telle et si grande est sa fame, sa loyauté, prud'homie, sa prudence et sagesse, qu'il n'y a homme qui le seconde. Nous le vous demandons pour maître, gouverneur et juge[372] par-dessus nous, nous estimant assez heureux d'avoir un tant vertueux personnage pour prince. Et pour autant, sire, votre hautesse fera très bien de décréter qu'un tel personnage ait superintendance sur les affaires publiques. Et voilà, sire, l'avis et décret tant de votre conseil comme de la noblesse d'Égypte. Mais voici le trompette. Oyons quel rapport il fera au roi.

---

371 OL : *A consiliis* (Les membres du conseil). La liste des personnages précise qu'ils sont quatre.

372 OL : *Virum nos hunc magistrum, nos ducem, nos judicemq. poscimus.* Dans la traduction, on rétablit la virgule manquante entre les mots maître et gouverneur.

Scène 12

THALTIBIUS, PHARAON, JOSEPH, LE CONSEILLER

[THALTIBIUS.] Voici Joseph qui est venu, sire.

PHARAON. Qu'il s'approche.

JOSEPH. À toujours soit votre majesté florissante, sire.

PHARAON. Me voici appareillé à vous faire tout le bien et honneur dont je me pourrai aviser et que voudrez recevoir de moi. Tant est grand le service que par votre prudence et sagesse avez fait et à nous et à tout ce royaume que ne vous saurions rendre l'honneur et le guerdon que votre valeur mérite. Ce néanmoins, comme nous pouvons, ayant votre honneur en recommandation, soigneux toutefois de l'utilité et conservation de notre royaume et sujets, aussi qu'il ne se trouve homme suffisant en ce pays pour manier telles affaires plus que vous êtes, nous vous ordonnons et établissons notre lieutenant et gouverneur général en toutes les affaires, négoces, et sur tout le pays d'Égypte, vous mandant que dorénavant fassiez tout devoir et diligence au maniement et administration d'icelles[373].

JOSEPH. Ô magnificence royale ! Que n'a votre hautesse plutôt commis à tel office autre personnage excellent en autorité, dignité, noblesse et puissance, m'adjoignant à lui pour l'assister ? Car, sire, de me porter en ce pays pour prince et seigneur, et commander sur ceux qui valent mieux que moi, cela nullement n'affiert à mon bas état et pauvre condition. Même les hommes libres me regarderont de travers, pour cause de la servitude où j'ai été.

PHARAON. Je suis Pharaon, qui ainsi l'ordonne et commande. Il n'y aura homme qui soit si osé d'en rien vous contredire, ni si hardi qui entreprenne mouvoir pied ni main pour faire le rebelle[374]. Ainçois serez second en mon royaume honoré après moi. Entre moi et vous n'y aura différence, sinon de ce trône et couronne.

373 OL : *illa pro tua prudentia ac sapientia digne administres* (que vous les gériez au mieux, selon votre prudence et votre sagesse). Le traducteur, par souci de diversité, n'a pas voulu traduire à nouveau littéralement les mots *prudentia* et *sapientia*, qui étaient déjà au début de la réplique.

374 On se souvient que Putiphar avait dit la même chose à Joseph en lui confiant ses affaires (acte Ier, scène 2). Tiron avait alors donné une traduction approximative : « Âme ne fasse céans un pas… ». Cette fois, il restitue exactement le texte latin, qui est aussi le texte biblique.

LE CONSEILLER. Divin Joseph, n'ayez doute quelconque, ni de nous ni d'autre homme qui soit vivant, car nous avons en honneur et estime vous et votre sagesse. Entreprenez hardiment cette charge.

JOSEPH. Pour l'amour du roi, pour le profit et salut du peuple, je mettrai non seulement tout travail, sollicitude et industrie, mais aussi suis de tout mon cœur appareillé d'employer la vie pour ce regard[375]. Donc si tel est votre commandement, sire, et que je doive avoir charge de cet office, me voyez ci prêt à vous faire tout humble service. Votre bon plaisir soit fait. Mon Dieu me fera la grâce que je serai trouvé ayant plus de soin du bien public que de mon honneur particulier.

PHARAON. Cela ois-je volontiers.

LE CONSEILLER. Il n'y a celui d'entre nous qui ne vous favorise et qui ne reçoive grande joie de votre avancement en honneur, divin Joseph. Il convient, sire, que votre hautesse commande qu'honneurs condignes lui soient rendus et qu'il soit notoire à tous en général qu'il est élu et ordonné prince sur Égypte.

PHARAON. Nous le commanderons, mais avant toutes choses lui soit apportée une robe de crêpe et un carcan d'or[376]. Et toi, Thaltibius, fais que notre second char soit honnêtement orné, afin qu'il soit promené premièrement en cette ville, puis après en toutes les autres de ce royaume.

THALTIBIUS. Cela ferai-je, sire. Incontinent aura robe et carcan, puis ferai venir le char.

PHARAON. Approchez, Joseph. Je vous donne l'anneau de ma main, et tout ce que d'icelui scellerez soit stable et ratifié à toujours.

LE CONSEILLER. Ainsi l'avons-nous agréable.

THALTIBIUS. Voici l'habit, voici le carcan d'or.

PHARAON. Ainsi l'ai-je commandé. Qu'il soit incontinent revêtu[377].

LE CONSEILLER. Roi très puissant, nul honneur pourrait être plus dignement conféré.

---

375 À cela, c'est-à-dire à cette tâche. L'expression, de simple reprise, ne correspond à rien de particulier dans l'OL.

376 OL : *stola adferatur byssina, atq. torques aurea* (que lui soit apportée une robe de lin fin, ainsi qu'un collier en or). Ce sont les termes latins de la Genèse (41, 42). Le crêpe désigne plus communément un tissu serré, de qualité.

377 OL : *Exutus illa, hac induatur denuo* (Une fois dépouillé de celle-là, qu'il soit revêtu de celle-ci). La traduction fait très bien l'économie des mots latins inutiles. À vrai dire, ils sont inutiles pour des lecteurs. En revanche, dans une perspective de mise en scène, ils servent à accompagner la lente cérémonie d'élévation de Joseph.

PHARAON. Cela va bien. Que la chaîne lui soit mise à l'entour du col.

LE CONSEILLER. Cela sera fort honorable. Reste au surplus que votre majesté mande publier par un héraut qu'un chacun porte honneur au prince Joseph.

PHARAON. C'est très bien avisé à vous, et avais en pensée de ce faire. Thaltibius, tu mèneras Joseph en char par les rues et le feras de par moi publiquement proclamer sauveur du monde[378], commanderas qu'il lui soit fait tout honneur et révérence, et que le peuple l'adore les genoux en terre.

JOSEPH. Jamais je ne pourrai, ainsi qu'il appartient, vous rendre les grâces pour tant d'honneur qu'à présent vous me faites, roi Pharaon. Toutefois je me mettrai en tout devoir de jamais n'être ingrat.

THALTIBIUS. Allègrement mettrai-je à exécution l'ordonnance et mandement du roi et de tous les princes. Voici le prince Putiphar qui, à fin de compte, s'en vient avec sa femme.

PHARAON. J'aurai encore de la besogne à démêler avec cet homme-ci et sa femme. Toi, accomplis ta charge et, vous autres princes, accompagnez-le, un chacun selon son état.

LE CONSEILLER. Cela est bien raisonnable. Nous le suivons.

Scène 13

THALTIBIUS, PUTIPHAR, PHARAON, ÉGLA

[THALTIBIUS.]

Oyez ce que le roi vous mande
Et très expressément commande :
Qu'il n'y ait au royaume d'Égypte[379]
Personne, soit grande ou petite,
Qui à Joseph ne porte honneur,
En l'adorant comme sauveur,
Ployant en terre les genous[380].
Cet édit soit notoire à tous[381].

---

378 OL : *jubebis… Σωτῆρα κόσμου dicier* (tu ordonneras qu'il soit appelé sauveur du monde). Les termes grecs correspondent à la leçon de la Vulgate (*salvatorem mundi*).

379 Vers trop long, sauf si l'on réduit le mot royaume à deux syllabes.

380 On laisse la graphie pour la rime.

381 Par cet octain, Tiron traduit à sa façon la proclamation que Thaltibus fait au peuple en ce début de scène et qui reprend l'injonction de Pharaon : *Σωτῆρα κόσμου regis edicto*

PUTIPHAR. Benoît Dieu, qu'est-ce là devant nos yeux ? En combien de gloire et d'honneur voyons-nous Joseph être exaucé ! Avec quel triomphe il est conduit ! Comme prendrai-je maintenant la hardiesse de me présenter devant la face du roi ? Las moi misérable ! Je suis maintenant au mourir, et tout pour la paillardise d'une femme.

ÉGLA. Ayez bonne espérance, Putiphar. Si j'ai commis le crime, aussi en porterai-je la peine[382].

PUTIPHAR. Qu'est-ce que tu porteras, quand moi-même ai autant en horreur le mauvais visage du roi étant courroucé, comme si je voyais la gueule d'enfer[383], voire sans que j'aie méfait ? Qu'endureras-tu donc, pauvre femme ? Que sera-ce que tu souffriras ? Et n'y a rien qui plus me donne d'ennui que de n'avoir pu à temps parler à un tant homme de bien comme est Joseph. Ah ! Combien d'angoisses, combien de chagrins et de détresses me viennent tout à coup opprimer ! Oh ! Si la terre s'ouvrait maintenant pour m'engloutir[384] !

ÉGLA. Je sais bien que jamais il n'éconduira mes larmes et mes prières[385]. Allons hardiment, et ja n'advienne que pour mon occasion vous ayez mal ni déplaisir, mon mari. Allez avant, voilà le roi séant en son royal siège.

THALTIBIUS.

Sauveur du monde soit nommé
Joseph et de tous adoré[386].

---

hunc jubeo vocarier. Genuq. flexo Aegyptiis ab omnibus adorarier (Par édit du roi, j'ordonne que cet homme soit appelé sauveur du monde. Et qu'il soit adoré de tous les Égyptiens, le genou ployé). Dans l'OL, cette proclamation, qui est chantée, s'accompagne d'une mélodie imprimée sous la forme de deux portées, une pour chaque phrase. Notons que, dans l'éd. 1553, les deux portées sont inversées. Cette proclamation chantée est reprise quatre fois au cours de la scène. Tiron signale seulement la première reprise. On indiquera toutefois dans sa traduction, entre crochets, l'emplacement des trois autres.

382 OL : *ego feci et ego feram* (c'est moi qui ai fait, c'est moi qui supporterai). Détournement d'une phrase biblique (Isaïe, 46, 4).

383 OL : *vultum ut Orci* (comme si c'était la face d'Orcus).

384 Érasme, adage 2059 (*Terra mihi prius dehiscat*). *Topos* de la malédiction souhaitée ou attendue. On le rencontre dans la tragédie grecque (Euripide, *Les Suppliantes*, 828), la tragédie latine (Sénèque, *Œdipe*, 868 ; *Les Troyennes*, 519 ; *Phèdre*, 1238) et l'épopée (Virgile, *Énéide*, IV, 24). C'est aussi, dans la Bible, le châtiment réel de Coré et de ses alliés (Nombres, 16, 30-34).

385 OL : *Lachrymas meas precesq. nostras neutiquam aspernabitur* (Il ne repoussera nullement mes larmes et nos prières).

386 OL : *Σωτῆρα κόσμου reg. etc. Genuq. flexo, etc. ut supra*. Traduction disposée en distique et en caractères romains, alors que l'ensemble est imprimé en italiques.

ÉGLA. Je ne suis certes digne de comparaître en vos présences, roi excellent et vous prince plein de grande clémence[387], pour m'être tant oubliée en ma lubricité, fraudes et opiniâtreté, dont je me suis servie pour attraire ce très chaste jeune homme à commettre adultère. D'autant aussi que par mes ruses et fraudes mensongères j'ai réduit mon mari, très vertueux et prud'homme jusque là, qu'il s'est mis en effet de faire finir en chartre une très bonne et très loyale personne[388]. Ce néanmoins, sous la confiance de votre bonté et clémence, sire, je viens vous supplier, par ces larmes que devant votre bonté j'épands, que votre bon plaisir soit à mon mari et à moi pardonner et remettre une faute tant griève et extrême qu'avons commise encontre l'innocent. Et si pour l'indignité de ma forfaiture je ne mérite de votre bonté impétrer cette grâce, je vous requiers très humblement, par toutes les déités du ciel et de la terre, que ne veuillez exercer votre sévérité envers mon mari innocent, mais plutôt user d'icelle endroit moi, qui suis coupable et consentant de tout le crime et injure perpétrée contre le prince Joseph[389], afin, sire, que votre trône royal demeure net et impollu perpétuellement à la postérité, pour n'avoir été souillé du sang des innocents, faisant justice des malfaiteurs.

[THALTIBIUS. *Sauveur du monde…*]

PHARAON. Combien que par votre impudence, lubricité et faux rapport, vous ayez le plus mépris, damoiselle[390], si est-ce toutefois que votre mari n'est pas exempt du crime perpétré, ayant plus donné de crédit à vous, qui êtes, quand tout est dit[391], une femme de peu de loyauté, que non à Joseph, lequel il a toujours trouvé fidèle. Et vous, Putiphar, lequel j'ai établi général de mon ost, commis prévôt des maréchaux et, qui plus est, les secrets mystères de la déesse Isis[392], par votre bêtise

387 OL : *Indigna sum tuo quidem conspectui, generose rex princepsq. clementissime* (Je suis assurément indigne de votre considération, roi généreux et prince très clément). La traduction, avec notamment le mot présences au pluriel, donne l'impression qu'Égla s'adresse à deux personnes. En fait, Joseph n'est pas présent, puisqu'il est porté en triomphe. Les mots « prince très clément » se rapportent également à Pharaon.

388 J'ai incité mon mari à faire en sorte que cette personne finisse sa vie en prison.

389 OL : *sed prorsus in me saeviat sontem tua indignatio* (mais que votre sévérité s'exerce directement contre la coupable que je suis). La traduction est un peu ornée.

390 OL : *muliercula*.

391 Cette petite incise n'a pas d'équivalent dans l'OL.

392 OL : … *cui credidi tum… tum… tum…* (à qui j'ai confié d'abord…, ainsi que…, mais encore…). Donc un seul verbe pour les trois fonctions (commandement de l'armée, garde

et outrecuidance venez à souiller et abaisser notre gloire, donnant au monde mauvaise impression de notre règne et gouvernement[393]. Sont-ce les grâces que rendez à qui vous a tant fait de biens, Putiphar ? Assurez-vous que dès à présent recevriez le guerdon qui est dû à vos démérites, n'eût été que je vous réserve pour être jugé par celui lequel vous avez opprimé.

[THALTIBIUS. *Sauveur du monde...*]

PUTIPHAR. Ah ! Sire, que pourrai-je répondre à ces charges, [moi] qui me sens coupable et digne de mort ? Si moi ou ma femme devons espérer quelque salut, ce sera par la seule clémence et miséricorde du bon Joseph[394] que nous serons sauvés. Car nous ne prétendons aucunement nous justifier, seulement implorons votre merci et miséricorde.

PHARAON. Voici présent le grand Joseph, interprète des visions[395], lequel, si bon lui semble, sauvera la vie à vous autres, ennemis de son salut. Tous deux serez livrés entre ses mains, pour ordonner de vous autres, ennemis de son salut[396]. Départez-vous d'ici.

[THALTIBIUS. *Sauveur du monde...*]

PUTIPHAR. Ô bon Dieu, faites que cet homme me soit propice[397].

ÉGLA. Ne vous chaille, mon mari. Les dieux ne nous dénieront leur clémence[398].

---

de la prison, charge de grand prêtre). La syntaxe française est moins claire.

393 OL : *Tu facis diadema nostrum gentibus inglorium* (Vous ternissez notre diadème aux yeux du monde).

394 OL : *tua solius ex clementia, magniq. Joseph misericordia...* (... par votre clémence seulement et par la miséricorde du grand Joseph).

395 OL : *Adest Joseph maximus, Ψονθονφάνηχ* (Voici le grand Joseph, connaisseur des choses cachées). Si, dans la Bible latine, Joseph est désigné comme *salvator mundi*, dans les textes grecs et chez Flavius Josèphe (*Antiquités judaïques*, II, 6, 1) il est précisé que Pharaon lui aurait donné le nom de *Ψονθονφάνηχ*, *Psonthomphanèch* ou *Tsaphnath Paenéach*, qui devrait signifier « celui qui connaît ce qui est caché » en égyptien. Macropedius reprend ainsi la double tradition.

396 Les cinq derniers mots de cette phrase (« autres, ennemis de son salut ») ne devaient pas être repris. C'est un “copié-collé” accidentel de la phrase précédente.

397 OL : *nobis propicium* (nous soit propice).

398 OL : *Mi vir dabunt nobis Dii ingenitam viro clementiam* (Mon mari, les dieux nous feront bénéficier de la clémence qui est en cet homme un don de nature).

Scène 14

JOSEPH, PHARAON, ÉGLA, PUTIPHAR, THALTIBIUS

JOSEPH. Vive le très grand roi Pharaon.

PHARAON. [Je vous salue, Joseph mon ami.][399] Je mets entre vos mains ce couple, ennemis de votre vie et adversaires de notre gloire, lesquels je voulais punir selon leurs démérites, mais pour autant que c'est contre vous qu'ils ont plus grièvement offensé, le jugement en soit à vous. Je vous les livre pour faire leur procès et pour être par vous condamnés à mourir par feu ou par glaive[400], tout ainsi que bon vous semblera.

PUTIPHAR. Ayez merci de nous, prince très clément, prenez pitié de ces pauvres affligés. Nous reconnaissons qu'avons mérité une mort très cruelle, mais par votre bonté veuillez nous pardonner le forfait qu'avons commis contre vous. Ce faisant, vous acquerrez une gloire immortelle et nous rendrez à toujoursmais vos obligés.

JOSEPH. Ô roi redouté, je vous prie derechef pour ces deux personnages estimés. Sire, je vous en supplie, qu'en sauvant[401] ceux que si chers je tiens vous me donnez quant et quant la vie.

PHARAON. Si ainsi est qu'ayez tant de soin d'eux, Joseph mon ami, sauvez-les donc et qu'à toujours ils tiennent leur vie de vous et non d'autre.

ÉGLA. Recevez-moi par votre humanité, moi à présent femme pudique, vous qui tant avez souffert de mes lubricités. Plaise vous délivrer[402] mon mari du péril qui lui est imminent et prochain, lequel a cru à mes paroles et rapport trop plus légèrement qu'il ne devait, toujours néanmoins vous favorisant de tout son cœur. Recevez-nous tous deux par ensemble en votre grâce et amitié, sans laquelle la vie nous serait autant ennuyeuse que la mort[403].

---

399 OL : *Salve mi Joseph*. Tiron fait l'économie de cette entrée en matière.

400 OL : *… ense, laqueo, aut igne* (… par l'épée, le gibet ou le feu). Si Tiron se contente de coordonner feu et glaive, c'est peut-être parce qu'il a en tête certains échos bibliques relatifs au châtiment divin (Isaïe, 66, 16). On trouve aussi différentes expressions qui associent le fer et le feu (Érasme, adages 3711, *Igni ferroque minari* ; 3913, *Ferrum et flamma*).

401 OL : *Memento quaeso quod…* (Songez, je vous en supplie, qu ['en sauvant]…).

402 Qu'il vous plaise délivrer…

403 OL : … *data vita mors amara sit* (… la vie qui nous est laissée serait une mort amère). L'expression *mors amara*, déjà rencontrée à la fin de l'acte IV, est biblique (I Samuel, 15, 32). Voir aussi *MVT*, v. 18988 ; *EPP*, v. 1429.

JOSEPH. Les pleurs en quoi je vous vois présentement font que ne puis contenir mes larmes. Or vous levez maintenant, avec assurance que dorénavant je ne serai moins bien affectionné envers vous que par ci-devant j'ai été. De ce soyez bien assurés, car, par ce saint baiser, je vous reçois en grâce et retiens de mes amis.

PHARAON. Puisque ainsi est, je vous remets en votre dignité première, Putiphar, avec toute assurance. Tout ce qui est passé sera mis en oubli. Mais j'ai à vous faire une demande que je voudrais m'être accordée.

PUTIPHAR. Très humblement je vous mercie, sire, et le seigneur Joseph semblablement. Mais quelle serait la chose que je refusasse au roi notre souverain ou à Joseph ?

PHARAON. C'est que vous lui baillerez en mariage votre chaste et honnête fille, après qu'il l'aura demandée.

PUTIPHAR. Si le prince Joseph daigne prendre parti de mariage en notre bas lignage, ja n'advienne qu'il soit de nous éconduit en chose quelconque.

PHARAON. Demandez-la, Joseph.

JOSEPH. Seigneur Putiphar, je vous prie bien fort de m'accorder votre fille Asenath en mariage.

PUTIPHAR. Je la vous fiance.

PHARAON. Qu'elle soit ci amenée. Ho ! Thaltibius, que la fille de Putiphar Asenath me soit ci amenée.

THALTIBIUS. Je m'en vais l'appeler.

ÉGLA. En tel deuil et crainte elle ne se sera atournée.

JOSEPH. Elle se consolera, vous voyant en bonne prospérité. Davantage ce n'est pour ces beaux atours que je la prends en mariage, mais pour la loyauté d'elle et pour ses honnêtes manières. Je connais le gentil naturel de votre fille, à laquelle, dès sa tendre jeunesse[404], j'ai appris à craindre Dieu. Mais je la vois là venir.

---

404 OL : *ab incunabulis* (depuis le berceau). Érasme, adage 653.

Scène 15

ASENATH, THALTIBIUS, PUTIPHAR,
ÉGLA, PHARAON, JOSEPH

ASENATH. Dis-moi, héraut mon ami, mes père et mère ont-ils impétré leur grâce du roi et du prince, ainsi que tu m'avais dit ?

THALTIBIUS. En bonne foi, madame[405].

ASENATH. J'en rends les grâces au très grand Dieu du ciel. Mais à quelle raison veulent-ils que moi, qui suis jeune fille, maintenant voise me montrer entre les seigneurs ?

THALTIBIUS. Cela ne vous peut tourner à mal. Le roi vous a mandé appeler pour vous réjouir avec vos parents.

ASENATH. La honte qui me surprend me garde de m'y trouver[406].

THALTIBIUS. Ne soyez tant honteuse, madame.

ASENATH. Voilà un point qui me console, mon père vient au-devant de nous tout joyeux. Le prince Joseph vient après, et le grand roi semblablement.

PUTIPHAR. Ma fille, voici le prince Joseph qui, par le commandement du roi, vous demande à femme et épouse. Avisez à ce que lui voulez répondre sur cet affaire. Il n'affiert à un père de marier sa fille contre son vouloir. Aussi n'userai-je envers vous de contrainte[407]. Mais donnez une bonne parole au prince en présence de sa majesté, des princes et seigneurs, et de vos parents aussi, qui ainsi le requièrent.

ASENATH. Ce qui plaît au roi et à tous ces honorables seigneurs, ce qui est agréable à mes père et mère, c'est bien raison qu'il me plaît aussi[408].

JOSEPH. Me promettez-vous que me serez loyale compagne ?

ASENATH. Ainsi le vous promets-je.

JOSEPH. Que vous me porterez une amour et affection honnête ?

ASENATH. Je vous l'affie.

JOSEPH. Et que vous élèverez et endoctrinerez les enfants que Dieu nous donnera en toutes bonnes mœurs ?

---

405 OL : *Pol pristinam [gratiam]* (Par Pollux, c'est un retour en grâce).

406 OL : *Pudor vetat accedere* (La honte me retient).

407 Cette phrase, à vrai dire peu utile, est ajoutée par Tiron.

408 On laisse l'indicatif du verbe plaire. Dans ce type de construction, indicatif et subjonctif pouvaient encore se concurrencer (Gougenheim, p. 133).

ASENATH. Je vous l'assure[409].

JOSEPH. Et de ma part vous en promets et assure tout autant. Ainsi m'aide le très haut Dieu du ciel.

ASENATH. Ainsi me soit aussi en aide le très grand Dieu du ciel.

JOSEPH. Or recevez le gage de l'amour et loyauté mutuelle d'entre nous deux.

ÉGLA. Tu as un mari le plus vertueux et le plus chaste qui soit sur la terre, ma fille, dont j'ai honte et repentance de l'avoir tant éprouvé et tenté[410].

PHARAON. Quoi ! Faut-il maintenant pleurer ? Il n'est à présent saison de faire triste chère en cette commune réjouissance de tous. Tout cela sera mis en oubli. Plutôt vous devez réjouir de tant beau parti et des noces prochaines.

ÉGLA. Dieu sait la joie que j'en ai. Aussi est-ce plus de joie que je pleure que non pour tristesse que j'aie[411].

PHARAON. Vous faites bien. Entrons là-dedans. Soit la joie et le banquet en toute magnificence célébré.

JOSEPH. Allez devant, sire.

PHARAON. Venez après avec votre épouse, Joseph. Suivez-moi.

JOSEPH. Je vous suivrai. Père, suivez-nous, et vous, mère[412].

PUTIPHAR. Tous vous suivons, comblés de joie.

THALTIBIUS. Quant à ce qui reste à faire, messieurs, ici n'en sera traité, car les noces et tout le mystère se parfera au palais royal. De nous, nous avons fait le devoir de notre office. À Dieu soyez[413].

---

409 Dans l'OL, Asenath répond aux trois questions par un seul et même mot : *spondeo* (je promets). Tiron introduit un peu de diversité.

410 OL : *Cujus pudet me et poenitet probam indolem tentasse foedis operibus* (J'ai honte et regret d'avoir mis à l'épreuve sa probité naturelle par d'infâmes manœuvres).

411 Que pour la tristesse que j'aurais (nuance hypothético-négative).

412 Dans l'OL, il s'agit des mots *socer* (beau-père) et *socrus* (belle-mère).

413 OL : *Quae reliqua sunt, spectator, haud foris puta exhibenda, nam in penetralibus thalamisq. cuncta regiae celebranda sunt. Quae nostra erant exhibuimus* (Pour le reste, sache, spectateur, que cela ne sera pas représenté au dehors, mais entièrement célébré dans les chambres et lieux privés du palais royal. Nous avons montré ce qui était de notre ressort). C'est la réplique entière de Thaltibius. On voit comment Tiron procède à de subtils démarquages.

AU LECTEUR[414]

Vous qui prisez et aimez chasteté,
Soit votre sens sur Joseph arrêté.
Et vous aussi que la concupiscence
Veut maîtriser, faites-lui résistance
Par chasteté. D'autant qu'ici voyez
Les maux suivant lubriques dévoyés[415].
C'est à savoir douleur, tristesse et peine,
Honte, péril et ruine certaine.
Et d'autre part pouvez apercevoir
Que chasteté fait aux siens recevoir,
Quoiqu'il diffère[416], un présent honorable,
D'honneur, louange et gloire perdurable.
Or doncque vous qui aimez chastes mœurs
Et chérissez ces très saintes honneurs,
Si fait avons ci chose qui vous plaise,
Montrez semblant d'en recevoir quelque aise[417].

FIN

414 OL : *Grex per epilogum ad spectatores* (La troupe aux spectateurs, en forme d'épilogue). Voici la traduction littérale complète de l'OL : « Vous qui aimez et vénérez la chasteté, admirez Joseph qui en est le défenseur. Toi qui es débauché ou de mœurs impudiques, combats tes mauvais penchants par la chasteté. Tu vois ce que peut être le salaire de l'impudicité : la honte, la souffrance, le péril et la ruine pour finir. Mais les profits de la chasteté, même s'ils tardent quelque peu, sont beaucoup plus estimables, à savoir l'honneur, la dignité, le mérite et une gloire durable. Quant à vous qui appréciez les mœurs chastes, si vous êtes sincères et qu'on vous ait été agréable par cette comédie qui approuve la chasteté, applaudissez. » On peut voir que la transposition de Tiron est plutôt fidèle, les trois derniers vers mis à part. Ce qui rappelle le spectacle théâtral a été évacué.

415 Les maux accompagnant les personnes lubriques et dévoyées, donc qui découlent de leur comportement.

416 Quoiqu'il tarde à se manifester.

417 Montrez par un signe votre satisfaction.

L'HISTOIRE
DE L'ENFANT PRODIGUE

À très vertueux adolescent[1] M. Grégoire Goutin, notaire[2] en la très fameuse ville d'Anvers, Antoine Tiron désire entière félicité.

Le fruit le plus exquis et de meilleure garde[3] que nous puissions cueillir au plaisant verger des histoires est quand nous arrêtons à contempler attentivement et avoir les yeux de l'entendement fichés sur les grâces singulières et dons particuliers qu'il a plu au souverain créateur de toutes choses distribuer et octroyer aux personnages qu'il a, par une singulière prérogative, destinés à être excellents par sus les autres, attendu que, par telle considération, l'esprit est merveilleusement incité à toujours entreprendre et poursuivre quelque acte vertueux, mêmement en pensant à la fin glorieuse où sont parvenus ceux qui d'un courage immuable et invincible ont parachevé les desseins par eux vertueusement entrepris. Cela, dis-je, est un aiguillon qui, si nous ne sommes destitués de bon sens, imprime en nos fantaisies un merveilleux désir de nous faire valoir et nous ranger à la vertu[4].

Or est-il qu'entre les histoires qui sont dites profanes il se trouve grand nombre de bons exemples et bien dignes d'être notés et imités, ce néanmoins[5], pour autant que souvent est advenu que leurs auteurs se sont laissés aller à plusieurs vices et imperfections, comme ceux qui n'avaient connaissance dont telle grâce leur procédait et qui référaient tout à leur force particulière ou à leur bonheur et aveugle fortune, c'est à bon droit qu'on rabat beaucoup de la gloire et louange qui, sans cela solide et entière, leur était due. Ni plus ni moins que l'arbre serait beaucoup moins estimé duquel le fruit en partie serait doux et savoureux et l'autre part âpre, amère et malplaisante au goût.

---

1 Jeune homme n'ayant pas dépassé l'âge de vingt-cinq ans.

2 La fonction n'est pas celle d'un tabellion, mais d'un secrétaire au service d'une administration religieuse ou civile.

3 Et le plus durable.

4 Dans l'avis *Aux lecteurs* qui accompagne sa traduction des *Vies* de Plutarque (1559), Amyot dit que l'Histoire est « un bien vif et poignant aiguillon » pour « inciter à entreprendre toutes hautes et grandes choses » et que les exemples du bien qu'elle nous donne « impriment affection de le vouloir faire », tant par une « inclination naturelle » à imiter que « pour la beauté de la vertu », qui partout « se fait désirer et aimer ». Une édition de la traduction d'Amyot a été publiée à Anvers, chez Silvius, en 1564 (privilège du 2 décembre 1562). Tyron l'a-t-il eue en main ?

5 Or est-il…, ce néanmoins… : Même si…, toutefois…

Ce considéré et vu que nous sommes à même et à choisir[6], comme ceux qui avons connaissance d'un seul et vrai Dieu, autant que par sa grâce il lui a plu nous en départir, suivrons comme patrons et guides de toute vertu entière et accomplie ces bons pères auxquels jadis la bonté suprême a si abondamment départi ses dons et grâces divines, entre lesquels Joseph, le bien-aimé fils de ce grand patriarche Jacob, par sa piété et révérence envers Dieu, débonnaireté à l'endroit de tous, loyauté et prud'homie, tient méritoirement son lieu, comme celui qui a mis tout soin et diligence à se garder d'offenser son créateur en manière que ce fût.

Et pourtant, ayant délibéré écrire quelque chose en ma langue maternelle française pour le profit et instruction de la jeunesse studieuse d'icelle[7] et voyant déjà bon nombre de colloques et dialogues voltiger par les boutiques des libraires[8], il m'a semblé bon traduire de latin en français aucunes comédies extraites des saintes Écritures et composées par personnages doctes, où sont entremêlées et comme tissues plusieurs belles et graves sentences tant des saintes Écritures comme d'autres auteurs de sainte et bonne vie, afin que, par même moyen et tout d'un train, les jeunes gens eussent de quoi apprendre et le langage et les mœurs, comme la présente[9] de la captivité de Joseph. À laquelle avons aussi ajouté tout d'un suivant la comédie de l'Enfant prodigue, tirée semblablement de la sainte Écriture, à ce que les vertus de l'un opposées aux vices et faits pernicieux de l'autre acquièrent tant plus de lustre et de grâce et, à l'opposite, que les péchés et crimes où ce dernier se plongea par manière de dire jusqu'aux oreilles[10], conférés aux vertus excellentes du divin Joseph, se montrent de tant plus hideux et horribles, sans m'arrêter à répondre à ceux qui pourraient alléguer que ce n'est qu'une similitude[11].

---

6 Nous sommes à même « de » choisir. Il est possible que le texte comporte ici une défectuosité.

7 Qui étudie cette langue française.

8 Pour les classes, on trouvait par exemple, publiés sur place, les *Colloques ou nouvelle invention de propos familiers* de Gabriel Meurier (1558), les *Dialogues* de Vivès « pour la commodité de la jeunesse » (1562), les *Dialogi aliquot* de Tixier de Ravisi (1559) et, bien sûr, les *Épîtres morales* du même, traduites par Tiron (1563). Notons encore une toute dernière édition anversoise du *Familiarium colloquiorum opus* d'Érasme, avec annotations marginales (1563).

9 Comme c'est le cas pour la présente comédie…

10 *Cf.* Érasme, adage 1227 (*Ad ambas usque aures*).

11 On pourrait opposer Joseph, qui a le statut de personnage historique, à l'Enfant prodigue qui n'est qu'un personnage de parabole, donc fictif, mais l'un et l'autre sont des références

Lesquelles deux histoires et le labeur que nous avons pris à la traduction d'icelles, comme chose à vous pieça vouée et sujet assez conforme et approprié à l'âge où vous êtes, joint aussi que le Seigneur a mis en vous bonne partie des grâces dont ce saint personnage Joseph est tant recommandé, nous vous dédions et présentons, vous priant que selon votre courtoisie accoutumée les veuillez prendre en bonne part. Après avoir supplié le Seigneur qu'il vous accroisse en toute prospérité.

À Anvers, ce 15. d'avril 1564.

[PROLOGUE[12]
composé en sénaires

Ne soyez pas saisis d'étonnement, je vous en conjure, parce que vous voyez ici, très honorable public, de nouveaux titres, préparés pour ce théâtre, qui pourraient vous laisser croire que nous allons présenter une pièce nouvelle. Je n'ignore pas avec quelle haine le terme de nouveauté est reçu, mais je vous assure vraiment qu'ici il n'y a pas même un *mu* concernant les nouvelles doctrines[13]. Nous ne ferons place à aucun moment à ce qui est contraire à l'opinion commune[14]. Notre argument est connu de tous, parce qu'il a été abondamment exploité, mais on l'a enserré dans le cadre de la poésie comique. Rappelons pour mémoire que l'Évangile évoque, en une célèbre parabole, la vie du Fils prodigue. Or c'est cette vie que nous allons raconter à présent par ce petit divertissement, sous le voile duquel se cache un mystère[15].

---

bibliques.

12 On insère ici, entre crochets, une traduction du *Prologus constans senariis* et de l'*Argumentum comœdiae* de Gnapheus (éd. 1529), que Tiron n'a pas repris. On mentionne au passage les ajouts ou variantes de l'éd. 1555.

13 OL : *novis de dogmatis ne* μὺ *quidem*. Cette façon de dire est expliquée par Érasme, adage 702 (*Ne* my *quidem facere audet*).

14 OL : *Paradoxa nos nullo loco dignabimur*. On procède par périphrase pour restituer le sens originel de *paradoxa*.

15 Ajout éd. 1555 (3 vers) : « Ce qui se dégage en effet de cette histoire édifiante, c'est l'image de l'homme perdu par sa propre faute mais rétabli dans toute son intégrité grâce à la bonté de son père. »

Mais j'entends parmi vous je ne sais quels murmures : on parle de nouvelle impudence et de corneilles. Franchement, le fait de penser qu'il est permis à quiconque d'exercer le métier de poète et que la palme, comme dit Térence[16], est à la portée de tous, cela ne fait pas de moi un impudent. Ce ne peut pas ne pas être digne de louange que de jeunes soldats inexpérimentés veuillent faire preuve de leur adresse par le jeu, avant d'oser affronter l'ennemi sérieusement. En outre, je ne veux pas qu'on s'imagine que nous crevions les yeux des corneilles[17] et que nous venions quêter vos bonnes grâces, à l'occasion de notre nouveau spectacle, en ayant jeté du haut d'un pont, si on peut dire[18], les grandes pièces de Plaute, et même de Térence. Zoïle[19], tu ne pourras nous faire aucun tort par ta morsure ou ton envie[20]. D'ailleurs, si quelqu'un s'en prenait à Térence, ainsi qu'à Plaute, qui ont la réputation d'être les plus grands poètes, il mériterait assurément le mépris de tous.

Quant à nous, qui venons vers vous avec cette pièce encore toute chaude, à peine sortie de la forge[21], nous sommes sans gloire, mais nous ne cherchons pas à priver quiconque de la sienne. Notre troupe de comédiens va s'efforcer autant que possible de vous aider à surmonter la répugnance que vous avez éprouvée en regardant les pièces, plus fréquentes que brillantes, que font jouer des gens excités par une simple bouchée de pain[22]. Ils s'attribuent le prix de la victoire après avoir fait recuire à plusieurs reprises certaines bonnes comédies qui leur servent à calmer leurs envies, mais avec autant de maladresse dans leur façon de les adapter que de les jouer. Quelqu'un enrage dans cette salle, mais je ne sais pas qui. Hé ! Toi, pourquoi as-tu les yeux qui brillent ? Et pourquoi hoches-tu la tête, comme pris d'une grande fureur ? Oh ! Aurais-je touché un point sensible[23] ? Il me semble bien, je le vois à ton air mauvais et menaçant. Mais tu n'auras de moi que le doigt

16 *Phormion*, 16-17.

17 Érasme, adage 275 (*Cornicum oculos configere*). C'est rejeter ou mépriser le savoir des aînés, souvent plus lucides.

18 Érasme donne l'origine de cette expression (adage 437, *Sexagenarios de ponte dejicere*).

19 Adage 1408 (*Zoili*). Type du détracteur et sophiste malveillant.

20 OL : *vel dente vel livore tuo*. On parle plus communément de la dent de l'envie et de sa morsure ignoble (Sénèque, *Phèdre*, 493) ou injuste (Ovide, *Pontiques*, III, 4, 74).

21 Image expliquée par Érasme (adage 3129, *Απ' ἀκροφυσίων*).

22 Adage 277 (*Frusto panis*). N'ayant rien à se mettre sous la dent, ils doivent se contenter du peu qu'ils trouvent.

23 Adage 579 (*Tangere hulcus*).

d'honneur que voici[24] ! Ce que nous voulons en effet, c'est plaire aux gens de bien. Ceux-ci ne penseront jamais à mal, parce qu'ils savent qu'on leur est dévoué et qu'on fait pour le mieux, même si tout n'est pas couronné de succès.

Mais pour le moment, ô spectateur très bienveillant, qu'il te plaise d'honorer notre pièce de ton silence, tout au long du spectacle que notre troupe va s'appliquer à jouer, afin qu'elle puisse te faire apprécier son travail. Si tu en es satisfait à la fin, n'oublie pas de le faire savoir par des applaudissements mérités. On ne demande rien de plus[25]. Cela suffit pour le prologue. Voici maintenant l'argument.

ARGUMENT DE LA COMÉDIE

Un père ayant deux fils est amené à désavouer le plus jeune. Celui-ci, après avoir reçu sa part d'héritage, se rend aussitôt dans les pays lointains, où il fréquente les pires vauriens et dissipe ensuite honteusement son bien dans le jeu, la débauche et le luxe[26]. Il ne retire finalement de tout cela qu'une accablante misère, à tel point que, privé de ressources, il calme sa faim avec des cosses et des glands. Las de cette vie de privations, il regagne suppliant la maison paternelle[27]. Heureux du retour de son fils, le père l'embrasse et l'invite aussitôt après à festoyer.]

---

24 Adage 1368 (*Medium ostendere digitum* [ou *unguem*]).

25 Ajout éd. 1555 (2 vers) : « Stimulé par le succès de ce coup d'essai, on entreprendra peut-être des pièces plus savantes. »

26 OL : *alea, lascivia, luxu*. Les trois mots résument bien les péripéties à venir. En revanche, la Vulgate ne retient, pour qualifier la vie dissolue du Prodigue, que l'adverbe *luxuriose*. Érasme invite à rapprocher cet adverbe de l'idée de luxe et non de luxure (Delville, p. 83).

27 Var. éd. 1555 pour cette phrase (1 vers de plus) : « Toutefois, lorsqu'il se mit à éprouver du dégoût pour une telle vie de privations, il retourna misérablement chez son père, implorant et suppliant. »

ARGUMENT[28]

Un père deux enfants avait,
Auquel le jeune demanda
Le bien qui lui appartenait.
Régir à part soi le voulait[29],
Et le père lui accorda.

Quand il eut en gouvernement[30]
Or et argent à toutes mains,
Il vesquit prodigalement,
Dépensant le sien follement
En jeux et passe-temps vilains[31].

Courtisanes le dépouillèrent.
Quand il eut dépendu son bien[32],
Tout déconforté le laissèrent,
Puis du pauvre homme se moquèrent.
De les hanter onc ne vint bien[33].

Ainsi, en région lointaine,
Après plaisirs eut des grands maux
Et fut contraint de prendre peine.
Loué fut, et l'état qu'il mène
C'était de garder les pourceaux[34].

---

28 En guise d'argument, Tiron reprend, avec quelques variantes, six des huit quintils par lesquels l'« Acteur » expose l'action tout au long de la moralité de *L'Enfant prodigue par personnages* [*EPP*]. On se réfère à l'édition Macri.

29 *EPP*, v. 1107-1108 : « Le bien qu'il lui appartenait. / Régir à part soi se voulait. »

30 *EPP*, v. 1226 : « Quand il eut à son maniement ». Le mot maniement ne doit compter que pour trois syllabes.

31 *EPP*, v. 1229-1230 : « Le sien dépendit follement / Avec ribaudes et putains. »

32 *EPP*, v. 1386-1387 : « Folles femmes le dépouillèrent. / Quand il eut dépendu le sien ».

33 *EPP*, v. 1389-1390 : « Puis le gabèrent et moquèrent. / De puterie onc ne vint bien. »

34 *EPP*, v. 1508-1509 : « Loué fut, c'est chose certaine, / Pour aller garder les pourceaux. » Tiron a ensuite supprimé les strophes 5 (v. 1559-1563) et 6 (v. 1792-1796), que voici : « De ce qu'ils mangeaient il mangeait, / Car il n'avait autre pitance. / En ayant faim lui souvenait / Des servants que son père avait, / Qui mangeaient à leur suffisance. » – « Il

Le père, joyeux du remords
De son fils, fit tuer un veau,
Hautbois fit sonner et accords,
Car son fils mort par péchés ords
Est ressuscité de nouveau[35].

Le fils aîné du labourage
Revint, qui la fête écouta.
Il en eut deuil en son courage,
Mais le père par beau langage
En la parfin le contenta[36].

---

retourne devant son père, / Disant : "J'ai péché, j'ai forfait." / Ainsi son père par mystère / Le reçut et, sans vitupère, / Lui pardonna tout son méfait. »

35 *EPP*, v. 1900-1902 : « Ménétriers fit sonner d'accord, / En disant que son enfant mort / Était suscité de nouveau. » Le mot ménétriers compte pour trois syllabes.

36 Alors que les strophes 5 et 6 avaient quelque utilité, cette strophe 8 (v. 2018-2022) aurait pu être écartée par Tiron, puisque la pièce de Gnapheus ne met pas le fils aîné en scène.

LES PERSONNAGES[37]

Pelargus[38], père
Eubulus[39], conseiller
L'Enfant prodigue[40]
Philautus[41], conseiller de l'Enfant prodigue
Pamphagus[42], truand
[Pantolabus[43], bouffon]
Sannio[44], maquereau
Sirus[45], serviteur de Sannio
Bromia[46], servante de Sannio
Laïs[47], courtisane
Sira[48], servante de Laïs
Chremes[49], laboureur

37 OL : *Actorum nomina*. Dans l'OL, cette distribution suit immédiatement la lettre dédicatoire et précède le prologue.

38 Désigne la cigogne en grec (*Πελαργός*), symbole de piété filiale. Voir Érasme, adage 901 (*'Αντιπελαργεῖν*).

39 Le sage en grec. Eubulus est également le nom d'un confident dans deux colloques d'Érasme (*Opera*, I, p. 587-591).

40 Tiron n'a pas conservé le nom d'Acolastus (intempérant en grec).

41 Amour de soi en grec. Érasme, adage 292 (*Φιλαυτοι*).

42 Celui qui mange beaucoup. Désigné comme *parasitus* dans la pièce latine. Tiron l'appelle Galifre, c'est-à-dire goinfre. Pamphagus est le nom d'un devisant dans un colloque d'Érasme (*Opera*, I, p. 535-537). C'est également un nom de chien dans la littérature latine (Ovide, *Métamorphoses*, III, 210) et française (*Cymbalum mundi*, dialogue IV).

43 Désigné comme *scurra* dans la pièce latine. Pantolabus est également le nom d'un bouffon chez Horace (*Satires*, I, 8, 11 ; II, 1, 22). Tiron l'appelle Claquedent, terme désignant un gueux. On l'ajoute ici entre crochets, car il a été oublié dans la distribution.

44 Le Rustre, chez Tiron. Désigné comme *leno* dans la pièce latine. Sannio est également un *leno* chez Térence (*Les Adelphes*).

45 Nom d'un esclave chez Térence (*Les Adelphes*). Tiron le nomme Ardent, qui signifie avide.

46 Nom d'une servante chez Plaute (*Amphitryon*). Devient Bouchefraîche chez Tiron. Avoir la bouche fraîche se disait d'une personne ayant de la répartie.

47 Nom célèbre de courtisane dans l'Antiquité. Devient la Gorrière chez Tiron. Gorrier signifiait galant ou coquet.

48 Nom d'une vieille esclave chez Plaute (*Le Marchand*), d'une entremetteuse chez Térence (*Hécyre*). Tiron la nomme Sirette.

49 Colin, chez Tiron. Chremes est le plus souvent un personnage de vieillard chez Térence.

ACTE PREMIER

Scène Première

LE PÈRE, BON CONSEIL[50]

LE PÈRE. Or maintenant sens-je bien quel bonheur et quel repos c'est d'avoir enfants qui en toutes choses soient au père obéissants. De moi, tant que j'ai pu gouverner à mon plaisir mon fils puîné[51], qui était si bien conditionné qu'en lui n'y avait que redire, alors vivais-je en grand repos et sûreté[52]. Qui plus est, j'avais une grande liesse en moi-même d'avoir un fils doué d'un si gentil esprit et si parfaite honnêteté, duquel je me pusse promettre une joie perpétuelle et stable à toujours. Mais maintenant que sa feintise et simulation est découverte et qu'il a démontré appertement sa mauvaiseté, voire qu'il ne cesse de me prier et crier après moi que je l'émancipe, ô bon Dieu, ce que j'en pense[53] ! Et combien de choses me tiennent aux angoisses, combien je crains que de là il ne se fasse une ouverture à toute méchanceté[54] et que, de la liberté où il est, il ne se rende serf de péché en rejetant par sa folie l'obéissance qu'il doit à moi son père, ce de quoi jamais ne me fusse douté ! C'est bien ce qu'on dit communément : la disette se porte beaucoup mieux que l'abondance[55], car celle-ci en retient plusieurs en leur devoir, mais cette autre[56] a induit mon fils à fierté et arrogance, d'autant qu'il aime mieux être çà et là vagabond à son plaisir que d'être plus désormais doucement nourri et entretenu au giron de son père. Ah ! Ma foi, il ne sait pas combien est prochain le mal qu'il se brasse. Mais quoi ! Laisserai-je

50 Eubulus n'est désigné ainsi qu'à cet endroit.

51 Première allusion à un second fils de Pelargus. La seconde et dernière allusion figure un peu plus bas.

52 OL : *velut utramque in aurem dormiens* (dormant pour ainsi dire sur mes deux oreilles). Érasme, adage 719.

53 OL : *Vah* ! *Quea cogito !* (Oh ! Que de choses j'imagine !).

54 OL : *primam fenestram ad nequiciam*. L'image prise à Térence (*Heaut.*, 481) est un peu atténuée. Érasme, adage 303 (*Fenestram aperire et similes metaphorae* / Ouvrir la fenêtre et métaphores similaires).

55 Apprendre à supporter aussi bien l'abondance que la pauvreté est la leçon de saint Paul (Philippiens, 4, 12). On peut aussi interpréter dans un sens moral la parole biblique disant que la satiété ne permet pas au riche de trouver le sommeil (Ecclésiaste, 5, 11).

56 OL : *Nam illa… haec vero…* (car celle-là… mais celle-ci…). Tiron a inversé les démonstratifs.

ainsi en aller mon fils, lequel j'avais destiné héritier de mon règne ? Peut-être qu'Eubulus, mon conseiller, n'en sera pas d'avis, duquel j'ai toujours trouvé le conseil profitable.

EUBULUS. Je ne puis faire autrement, pourtant que tel est mon naturel, que je ne me mette en tout devoir pour l'amour de mon ami Pelargus, auquel je suis conjoint comme à Hercule un sien Thésée[57], et ce principalement pour une semblance et conformité de mœurs, laquelle, tout ainsi qu'elle est entre nous bien accordante, aussi faut-il qu'elle engendre entre nous un amour mutuel. Et de là advient que je ne laisse passer jour aucun que je ne lui présente mon service. C'est vers lui que je m'en vais maintenant.

PELARGUS. Qui est celui de qui il me semble avoir ouï la voix ? N'est-ce pas Eubulus ? C'est lui-même, il vient tout à temps. Est-ce toi que je vois, Eubulus mon ami, de moi à présent tant désiré ?

EUBULUS. Hé ! Dites-moi, je vous prie, qu'avez-vous à être tant triste ?

PELARGUS. Le mal qui ainsi me rend angoisseux n'est pas simple ni léger.

EUBULUS. Qu'y a-t-il donc ?

PELARGUS. Rien qui soit, mon ami.

EUBULUS. Que ne me le dites-vous ?

PELARGUS. N'avez-vous rien ouï de mon fils ?

EUBULUS. À quoi prétend-il ? Que veut-il faire ?

PELARGUS. Il se veut étranger de la maison de son père.

EUBULUS. Votre fils ? Est-il possible ?

PELARGUS. Mon fils.

EUBULUS. Qu'est-ce que vous me contez ?

PELARGUS. C'est mon puîné qui m'émeut cette tragédie. Que plût à Dieu qu'onc n'eût été de moi engendré !

EUBULUS. Ne parlez jamais ainsi. Mais d'où lui est venu ceci en fantaisie, si ce n'est qu'il ait reçu quelque mal traitement de vous ?

PELARGUS. Ah ! Mon ami, c'est bien au contraire. Je ne crains sinon qu'il a trop eu ses débeaux[58].

EUBULUS. Comment ?

57 On sait qu'Hercule a arraché Thésée aux enfers et que, par la suite, Thésée a relevé Hercule anéanti par la folie. Euripide les présente comme « deux amis attachés à un même joug » (*Héraclès*, 1403). Hercule qualifie Thésée de *fidum caput* chez Sénèque (*Hercule furieux*, 1334). Toutefois, bien plus que le lien entre Thésée et Hercule, c'est la *felix concordia* unissant Thésée et Pirithoos qui était proverbiale (Ovide, *Métamorphoses*, VIII, 302).

58 Je crains plutôt de l'avoir trop bien traité (en lui laissant trop de liberté).

PELARGUS. Je le vous dirai. M'étant celui-ci né, je l'ai élevé dès sa jeunesse, je l'ai tenu aimé, chéri comme mien qu'il est. Je prends en lui mon plaisir, je suis soigneux de son salut, je fais tout ce que je puis faire pour le cuider avancer[59], j'adonne tout mon soin et étude à son profit. Finalement je le couve et choie comme une nourrice son enfant très cher, de manière qu'onc ne s'en alla éconduit de moi. Tout ce qu'il a osé souhaiter, il l'a eu. S'il a voulu user de mes biens, il l'a pu faire. S'il s'est voulu pomper et marcher bravement, il en a eu la liberté, voire et d'appliquer sa fantaisie et mettre la main partout où bon lui a semblé[60]. Seulement lui ai enchargé qu'il ne se rebellât contre moi, lui commandant de m'être en cela obéissant. Or après que par lui avoir montré tant bonne affection je pense l'avoir rendu sujet et obligé à moi pour tout l'avenir, il est advenu qu'il s'est fâché d'une telle et si bonne condition, et de là est venu à chercher les moyens pour s'émanciper de moi, et ce gentil Philautus lui montre la voie pour ce faire. Lui donc, ayant premier pensé à son cas, s'en vint de là tout droit à moi : « Ho[61] ! Mon père ! dit-il, vous voyez l'âge où je suis. J'ai assez été sous votre conduite, j'ai assez bon jugement, j'ai l'entendement vigoureux, je veux expérimenter mes forces. Quoi ! Que je sois à tel âge encore sous la servitude de mon père, c'est une grande folie. Mes compagnons et égaux, et qui sont de mon état, s'éjouissent passé longtemps dont ils ont abandonné[62] leurs pères, l'injustice desquels est trop griève à porter aux enfants. Je suis de moi-même assez sage et n'ai que faire de gardien. Et pourtant je veux que partage me soit fait de ce qui m'est dû et qui m'appartient, si ce n'est que ne vous sentiez redevable à aucunes lois[63]. » Tel était son propos lamentable.

EUBULUS. C'est assez arrogamment parlé. Quelle réponse lui fîtes-vous ?

PELARGUS. Au premier, je perdis la parole, comme un homme étonné. Après, étant revenu à moi : « T'ai-je été, lui dis-je, si inhumain ou cruel que par ma rudesse tu sois débouté hors ? Je crois que tu te lasses

59 Je fais tout ce que j'estime bon pour essayer de le faire progresser.

60 Ces propos reprennent, presque textuellement, ceux de Micion, au tout début des *Adelphes* de Térence.

61 OL : *Heus*. L'interpellation est assez brutale.

62 S'éjouissent … d'avoir abandonné leurs pères.

63 C'est une menace : le père serait passible de certaines lois s'il refusait de donner au fils sa part d'héritage.

d'être à repos. De là advient que tu te mécontentes de toi-même et te fâche la condition présente, là où tu es. Tu demandes ton partage et t'en veux aller au haut et au loin. Garde-toi bien que d'autant que cela t'est agréable d'autant ne te soit-il dommageable, car l'entreprise faite à hâte amène volontiers quant et soi une soudaine repentance. Je n'ai point faute d'exemples pour te prouver mon dire, mais, si tu n'écoutes ton père, pour néant orras-tu les exemples. Mais qui est celui si outrecuidé qui s'est ingéré de te gâter et débaucher ainsi ? Oh ! Je suis bien abusé si ce n'est Philautus qui a été ton conseiller. C'est lui qui a mis le feu aux étoupes[64]. Vraiment, c'est un gentil souffleur[65] au moins s'il t'enhorte à bien faire, lui qui te met de tranquillité en péril et naufrage, le damnable, qui d'autant plus qu'il cache et farde son venin d'autant est-il plus nuisible[66]. Mais, mon Dieu, quelle sirène blandissante est Philautus par-devant ! Mais par-derrière tu sentiras l'aiguillon d'un doux venin. Fuis-t'en loin arrière de là, mon fils, au moins si tu as quelque soin de ton salut. » Voilà en substance les propos que je lui tins.

EUBULUS. Eh bien, quoi ! Ne fut-il pas apaisé ?

PELARGUS. Il y a bien à dire. Tout au contraire commença-t-il de là en avant à poursuivre son droit de plus belle et réclamer les bonnes lois par lesquelles ils débattent que ceux qui sont hors de page[67] sont aussi hors la puissance de leurs pères.

EUBULUS. Mais comment vous accordâtes-vous à la parfin ?

PELARGUS. Il n'y eut rien accordé. Seulement lui répondis-je que je voulais délibérer davantage sur cette affaire. Et maintenant, que me conseillez-vous être bon de faire en ce cas, Eubulus mon bon ami ?

EUBULUS. Je le vous dirai. Tout premier, puisque si obstinément il s'appareille à la fuite, ayez souvenance de ce qui a été véritablement dit par les sages : si tu retiens un homme malgré lui, vous l'incitez davantage à s'en aller[68]. Laissez-le seulement faire à sa poste, afin

---

64 OL : *Is frigidam suffudit* (C'est lui qui a versé le froid). Érasme, adage 951 (*Frigidam aquam suffundere*). La tournure équivalente du traducteur s'emploie encore (Di Stefano, p. 683).

65 Tiron traduit ainsi le mot *monitor*, qui désigne le conseiller, mais aussi le souffleur de théâtre.

66 OL : *Nocens profecto… hoc est nocentius* (Peste vraiment nuisible que cette philautie, mal d'autant plus nuisible qu'il cache en quelque sorte son venin sous un fard).

67 OL : … *ephebiam transmissos* (… ceux qui ont dépassé l'adolescence).

68 Publilius Syrus, lettre I, sentence 3 : *Invitum cum retineas, exire incites.*

que, quand il viendra à se connaître, il aperçoive en combien de maux il est encouru par son outrecuidance. Par après, s'il vient à accourir sous votre aile et que, en s'humiliant vers vous, lui fassiez grâce, je vous assure que le vous rendrez plus obligé qu'auparavant il n'a été. S'il aperçoit quel support est un père[69] à celui qui quelquefois se remet en bonne voie. Afin que je ne die que[70] votre bonté en sera par ci-après beaucoup plus recommandable si elle se démontre douce et amiable envers ceux qui ne la méritent.

PELARGUS. Quoi ! Êtes-vous donc d'avis que je lui baille argent pour s'en aller ?

EUBULUS. Cela s'entend.

PELARGUS. Oh ! L'homme rude[71] !

EUBULUS. Le cas même le requiert, la raison et les droits communs. C'est un faire-le-faut.

PELARGUS. Quoi ! N'ai pas loi de lui ravaler sa pétulance ?

EUBULUS. Il n'est pas nécessaire qu'usiez en tout de la puissance que vous avez. Laissez-le plutôt en aller.

PELARGUS. Puisque ainsi vous le voulez, je le ferai, et plus croirez à vous qu'à mon courage.

EUBULUS. Mais écoutez un peu, beau sire[72]. Ne veuillez rudement traiter votre enfant. Tant seulement tancez-le amiablement et l'admonestez bien aussi des dangers dont il faut qu'il se garde.

PELARGUS. Je n'y faudrai pas[73]. Je m'en vais sans plus au comptoir attendre son retour. Que deviendrez-vous ce temps pendant ?

EUBULUS. Je vais à la maison.

PELARGUS. Quoi ! Ne ferez-vous pas ce dont je vous ai prié ?

EUBULUS. Qu'est-ce qu'il vous plaît ?

PELARGUS. Que je ne sois longuement privé de votre conseil.

EUBULUS. Oh ! C'est bien dit, comme si je vous eusse jamais fait faute.

PELARGUS. Bon Dieu, qu'il y a de sagesse en cet homme-là ! Et comme il

---

69 OL : *Sic sentiet quanto sit praesidio pater ei...* (Ainsi il verra quel support est un père à celui...). Il s'agit d'une phrase conclusive où le futur s'imposait. S'il aperçoit... = Ainsi il apercevra...

70 Sans qu'il soit besoin de préciser que...

71 OL : *Os durum* ! (Parole bien dure à entendre !). Térence, *L'Eunuque*, 806.

72 OL : *Sed heus* (Mais, holà !). Tiron ajoute un peu de vivacité. L'expression « beau sire » n'exprime aucune condescendance.

73 Forme ancienne du futur du verbe faillir.

prenait bien toutes choses ! On dirait que c'est un Janus qui regarde à deux côtés, tant bien il regarde aux choses futures[74]. Or, de son conseil, combien qu'il me vient au contraire[75], toutefois peut-être que ne me repentirai point de l'avoir suivi. Maintenant, puisque le jour est venu lequel j'ai préfix à mon fils, je m'en irai dresser mes comptes.

Scène 2

L'ENFANT PRODIGUE, PHILAUTUS

L'ENFANT. Si je ne suis grandement trompé, tout notre cas se portera bien.

PHILAUTUS. Mais je doute comme tu pourras supporter la violence et faconde de ton père.

L'ENFANT. Moi ? Je pousserai mon cas en avant d'un courage assuré.

PHILAUTUS. Donne-toi bien de garde de te laisser rabrouer par ses termes sévères.

L'ENFANT. Rabrouer ? J'ai bien étudié mon rôlet[76], je ne craindrais pas l'abord de trois bons orateurs.

PHILAUTUS. Aussi crois-je que ton père a assez délibéré de ton affaire. Avise bien à ce qu'il te répondra.

L'ENFANT. Je l'irai trouver.

PHILAUTUS. Or avant, aie bon courage, va où ta vertu t'appelle, marche heureusement[77]. Je m'ébahis s'il viendra à bonne fin de son intention. Ou je suis bien trompé, ou il sera débouté de sa cause, tant son père rejette au loin mes raisons. Parquoi je suis en débat avec lui par une haine fatale.

L'ENFANT. Mon ami Philautus ! Ho ! Philautus mon ami !

PHILAUTUS. Qui est-ce qui m'appelle ?

L'ENFANT. Le cœur me commence déjà à tressaillir.

PHILAUTUS. Hem[78] ! Qu'y a-t-il, mon gentil Prodigue ?

---

74 OL : *Janum bifrontem hunc vere dixeris, tam in occipitio quoque oculos multos habet* (On aurait vraiment pu l'appeler Janus à double front, tant il a d'yeux également à l'arrière de la tête). Érasme, adages 2241 (*In occipitio oculos gerit*) et 3193 (*Alter Janus*).

75 Bien qu'il soit contraire à mon opinion.

76 OL : *Omnia mea mihi meditata sunt* (J'ai en tête tous mes arguments). L'expression de Tiron, plus imagée, nous renvoie notamment à la *Farce du Cuvier* (Di Stefano, p. 1537).

77 Exhortation prise à Horace (*Épîtres*, II, 2, 37). Philautus va ensuite parler seul. L'Enfant s'est éloigné, mais il va faire rapidement demi-tour.

78 Tiron a laissé ici l'interjection latine, qu'on pourrait traduire par « Eh bien, quoi ! ».

L'ENFANT. Mon père est assis au comptoir calculant son revenu, à mon avis, car j'ai ouï le son de la cliquaille[79], ainsi que j'écoutais tout bellement à la porte de notre maison.

PHILAUTUS. Il va bien[80]. Fourre-toi[81] hardiment là-dedans où est ce vieillard. Je t'attendrai en ma maison.

Scène 3

L'ENFANT, LE PÈRE

L'ENFANT. Maintenant cuidé-je entendre [ce] qu'il en adviendra. Jamais mon père ne me donnera argent que premier il ne m'admoneste que je ne le dépende trop à l'abandon, que je ne le perde et gaspille malement tout mon avoir. Cela saura-t-il bien faire d'un visage sévère, tant il craint que mal ne m'advienne. Mais il ne sait pas comme il parle à un sourd[82]. Toutefois j'aviserai de lui bien répondre, parlant tout autrement que je n'ai en pensée de faire, entre-temps que mon vieillard me compte argent. Ainsi faut-il abuser ces pères qui nous sont trop rigoureux contrôleurs. Ainsi va leur puissance à décadence, laquelle ils établissent plus par force que par bénévolence. Afin que je sois à tous agréable, [pour] le nom de bien conditionné[83], lequel mon père a voulu que je portasse, Philautus m'en a baillé un bien plus sortable et convenable à mes mœurs. Je m'éjouis d'être Prodigue et d'être ainsi appelé. Mais c'est assez tardé, je le veux aller trouver. Me voici, père, pour ouïr quelle réponse me donnerez. Est-ce pour me faire ma part que vous faites si soigneusement vos comptes ?

PELARGUS. Tout ainsi que tu le devines, fils.

L'ENFANT. Je vous en aime grandement et vous remercie du soin que prenez pour moi.

PELARGUS. Dieu veuille que ce soit à ton salut.

---

79 OL : *tinnitum* (le tintement). Dans l'*EPP* (v. 32), on parle de quincaille.

80 OL : *Bene est* (C'est bien). Tournure impersonnelle.

81 OL : *Tu intro irrumpe* (Dépêche-toi d'entrer).

82 OL : *quam surdo narrabit fabulam* (à quel point il va raconter son histoire à un sourd). Érasme, adage 387 (*Surdo canis. Surdo fabulam narras*).

83 OL : *pro frugi nomine* (à la place du nom honnête). La traduction donne « par le nom de… », ce qui est sans doute une erreur. Il faut lire « pour le nom », ce qui signifie « au lieu du nom ».

L'ENFANT. Si sera-ce, mon père, n'en ayez doute. Mais combien est-ce que vous me donnerez ?

PELARGUS. As-tu le cœur tant adonné à la pécune que tu ne puisses dompter ton appétit ? Tiens-toi tout assuré, fils, que si tu ne te tais je retirerai les jets[84].

L'ENFANT. Bien, bien, mon père, poursuivez, je vous prie.

PELARGUS. Que je poursuive ? Ne me viens point ici troubler, mauvais garnement. Retire-toi un peu d'ici, jusqu'à ce que je t'appelle.

L'ENFANT. Je le ferai. Oh ! Qu'ai-je fait ? Maintenant suis-je en grande crainte qu'il ne me baille pas autant qu'il avait délibéré, ou bien pourtant qu'il est avare, ou pour autant qu'il est courroucé. Sot que je suis ! Ne pouvais-je gentiment traiter le courage de mon père, lequel je devais bien connaître être tant aisé à courroucer ?

PELARGUS. Approche-toi de moi, mon fils. Or me dis maintenant lequel des deux tu as délibéré de faire, ou bien demeurer céans sous ma tutelle et sauvegarde, ou de t'en aller voir les pays étranges. Fais que tu me répondes sagement.

L'ENFANT. Père, j'ai le cœur à voir les pays.

PELARGUS. Vraiment, tu es bien d'une mauvaise affaire. Et si tu te laissais gagner par mes prières, pour demeurer à la maison et jouir à toujours de mes biens, qu'y perdrais-tu, en ton avis ? Je t'assure, en vérité, que jamais [tu ne trouveras un père] en lieu qui soit hors ton pays[85].

L'ENFANT. Je le crois bien, mais il me faut départir. Je l'ai ainsi arrêté, supportez-moi.

PELARGUS. Ne puis-je à toi si doucement parler, fils, que tu changes ton courage ?

L'ENFANT. Vous perdez temps, père. Plutôt essaierai-je [ce] qu'il se pourra faire par justice, et ne vous en déplaise, père, si de votre bon gré je n'obtiens ce que de vous je prétends.

PELARGUS. Puisque je te vois ainsi opiniâtre que de rejeter mon joug, lequel est amiable[86], or çà je ne veux point débattre avec toi. Tiens

---

84 OL : *reducam calculum* (je reprendrai mon caillou). Érasme, adage 455.

85 OL : *Certe patrem foris tu nusquam invenias gentium* (Assurément, tu ne trouveras de père nulle part ailleurs). On rétablit entre crochets les quelques mots qui manquent à la traduction.

86 Proche de Matthieu, 11, 30.

cette ceinture, qui contient dix talents. C'est l'égale portion de ta substance. Qu'as-tu à être si joyeux, mon fils ? Ah ! Tu ne sais de quoi tu t'éjouis. Crois-moi de ceci, si jamais je t'ai donné bonne admonition : tu pleureras plus amèrement que témérairement ne fais cette folle entreprise. Je connais trop bien le temps qui court et quelles mœurs à présent règnent. D'autre part, je te connais bien aussi et quel naturel tu as. Si tu as vaincu ton courage, plutôt que t'être laissé vaincre à icelui[87], je suis content que tu t'éjouisses. Mais, pourtant que j'aperçois en toi le contraire, je ne me puis tenir de déplorer ta folie et que ton départ ne me soit déplaisant.

L'ENFANT. Je vous supplie, mon père, ne vous tourmentez point pour l'amour de moi. Je ne vous engendrerai nulle fâcherie.

PELARGUS. Plût à Dieu.

L'ENFANT. Je vous assure. Vous plaît-il autre chose, mon père ?

PELARGUS. Ah ! Enfant, tu ne puis durer près de moi, je vois que les pieds te démangent, tu brûles que tu ne t'enfuies. Mais si premier que te mettre à chemin tu reçois de moi ces préceptes, beaucoup de biens t'en demeureront. Premièrement, avise que tu n'abreuves ton esprit d'autres mœurs et façons que celles que tu vois en moi. Règle-toi par moi, qui ne fais rien dont je me doive ou puisse repentir. Je ne veux point que tu sois sujet à ton vouloir, mais que plutôt tu l'aies suspect. Garde-toi bien de laisser mes commandements pour suivre mauvais conseil et, pour abréger, retiens ces miennes admonitions comme une règle selon laquelle tu ordonneras tes mœurs, ta vie et ton esprit. En icelles souvent penseras et rumineras, et les revolveras souvent en ta pensée. Que ton œil y prenne sa visée comme à un certain but[88], qu'elles te soient comme une pierre de touche[89] pour t'éprouver, afin que tu puisses te connaître intérieurement[90], car sache qu'en te détournant d'icelles, ou de fait ou de pensée, tu auras fait un grand péché.

L'ENFANT. Vous plaît-il autre chose, père ?

---

87 À icelui : par lui.

88 OL : *pro Cynosura quapiam* (comme si c'était quelque cynosure [= constellation]).

89 OL : *ceu lapis Lydius* (comme une pierre de Lydie). Érasme, adage 487.

90 OL : *ut, qui sis, noscas intime.* On songe au célèbre « Connais-toi toi-même » (Érasme, adage 595).

PELARGUS. Que tu t'en voises[91] en la garde de Dieu à toujours.

L'ENFANT. Adieu vous dis donc, mon père.

PELARGUS. Adieu, adieu te dis, mon fils, adieu te dis pour jamais. Quelle misère est ceci, ô Dieu immortel ! que ce que j'avais si cher en ce monde se départe ainsi de moi ! Ah ! Quel deuil tu me prépares, que de chagrin tu apportes à ton père, dont tu prends bien petite part ! Tu as à ton départ ordonné de ton cas. Ah ! Tu ne sais, tu ne sais quelle fin sortira de ton entreprise[92]. En vérité, je m'émerveille bien d'où vient cela que, ja soit que mon fils m'offense grandement, toutefois je ne puis tenir mon cœur contre lui. Mais vu l'état où je suis et le portement des choses, plût à Dieu que je pusse aussi l'oublier comme il m'a fait. Ô grande folie ! Il me défuit tout de son gré. C'est par ton conseil, et par ton faux et méchant conseil, Philautus, que je suis abîmé en cette calamité. Ô griève douleur !

Scène 4

L'ENFANT PRODIGUE, PHILAUTUS

L'ENFANT. Y a-t-il homme vivant plus heureux que moi ? Y a-t-il celui qui à bon droit se puisse mieux dire le mignon de fortune que moi[93], à qui toutes choses sont venues à souhait ?

PHILAUTUS. Qui est-ce qui ici se vante d'être heureux ? Oh ! As-tu de l'or, enfant ?

L'ENFANT. Demande-tu s'il coupe[94] ? Regarde comme cette ceinture est enflée.

PHILAUTUS. Oh oh ! Combien de mille ducats ?

L'ENFANT. Six[95].

---

91 Forme ancienne du subjonctif du verbe aller (Gougenheim, p. 115), déjà rencontrée dans la traduction de Macropedius.

92 OL : *nescis serus quos exitus vesper vehat* (tu ignores ce que réserve la fin du jour). Érasme, adage 605.

93 Souvenir d'Horace, *Satires*, II, 6, 49.

94 OL : *Habeam rogas* ? (Tu demandes si j'en ai ?). En montrant l'or qui gonfle sa ceinture, le Prodigue veut-il dire qu'il lui coupe la respiration ?

95 OL : *PHI : Talenta quot ? ACO : Decem.* (PHI : Combien de talents ? ACO : Dix.). C'est bien dix talents que Pelargus avait donnés à son fils. Pour permettre une meilleure estimation de la somme par ses contemporains, Tiron les convertit ici en ducats. Dans l'*EPP* (v. 376), on parle d'écus et de ducats.

PHILAUTUS. Oh ! Si grosse somme d'or ?
L'ENFANT. Si grosse.
PHILAUTUS. D'où vient ton père à être si large ?
L'ENFANT. Pourtant que je le menais finement, sans qu'il entendît la ruse.
PHILAUTUS. Ô gentil galant[96], je te prise, va ! Car tu as aujourd'hui pris par force une forte forteresse. Que reste-t-il à faire, sinon que nous allions triompher là-dedans[97] ?
L'ENFANT. Je suis de ton avis.
PHILAUTUS. Mais quel livre as-tu ici ?
L'ENFANT. C'est le gage que mon père me laissait.
PHILAUTUS. Fi ! C'est la Bible ! Arrière ! Arrière ! Entends à soigner de tes affaires, savoir en quelle manière tu ordonneras de ton voyage, si tu te veux mettre aux champs[98]. Il n'y a pas autre livre qui nous soit plus ennemi que celui-ci. Je t'aurai tantôt mis autres enseignements au cerveau.
L'ENFANT. Toutefois mon père m'a étroitement défendu que jamais ne l'abandonnasse.
PHILAUTUS. Ce sont contes[99]. Laisse-le là. Que n'entrons-nous là-dedans.
L'ENFANT. Ne fais que dire, il sera tantôt fait.

96 OL : *O lepidum caput !* (Oh ! Quel agréable garçon !). Expression comique, souvent amusée ou ironique (Plaute, *Le Soldat fanfaron*, 725 ; Térence, *Les Adelphes*, 966). La traduction de Tiron en traduit bien l'esprit.

97 OL : *intus* (à l'intérieur). Les deux jeunes gens vont se retirer dans la maison de Philautus et, de ce fait, quitter la scène. On annonce ainsi la fin de l'acte.

98 … si tu veux partir au loin. Di Stefano, p. 267.

99 OL : *Istaec verba sunt* (Ce sont là des mots). Térence, *Phormion*, 517.

ACTE II

Scène Première

CLAQUEDENT, GALIFRE

CLAQUEDENT. Parbieu, je suis bien misérable, dont il me faut pourchasser la repeue[100], et à peine puis-je rien rencontrer. J'étrangle de faim, j'ai le ventre plat comme un ais[101], les tripes me grouillent[102]. Sambieu[103], les dents me démangent. Il n'y a homme si altéré du gosier que je suis, ni si mat de faim. Les dents que j'ai toutes rouillées, les lèvres pâles, démontrent que la faim m'assaut[104]. Parquoi celui ferait bien un grand miracle pour moi qui me voudrait apaiser cette panse braillarde[105]. Oh ! Comme à cette heure je désirerais rencontrer quelqu'un qui entendît l'art d'écorniflerie, duquel je me pusse accointer, puisque tout ce que j'avais s'en est allé en poudre et fumée[106]. Je me fourrerais hardiment dans un four chaud pour happer un pain[107]. Ô fortune, comme jamais tu n'es en un état perdurable[108] ! Mais n'est-ce point là Galifre, auquel de ma grâce j'ai autrefois tant fait de plaisirs ? C'est lui-même.

GALIFRE. Qui est cet homme inconnu que je vois là arrêté[109] ? C'est Claquedent. Ceci fait-il contre sa coutume. Si me faut-il lui donner le bonjour et deviser un peu avec lui. Oh ! Dieu te garde, tu sois le bienvenu, homme de bien.

---

100 Pourchasser la repeue : mendier ses repas.

101 OL : *venter inedia exhaustus est* (j'ai le ventre creusé par la diète). La comparaison de Tiron est plus expressive (Di Stefano, p. 28-29). On la rencontre notamment chez Villon (*Testament*, v. 1618).

102 OL : *tum pendulae marcent genae* (et mes joues flétries pendent). Oubli du traducteur.

103 OL : *Pol !* (par Pollux !). On voit à quel point l'actualisation des jurons de la comédie à l'antique tient compte de la tonalité du passage.

104 Conjugaison irrégulière du verbe assaillir (Gougenheim, p. 117).

105 Bonne traduction, un peu triviale, pour le *ventrem iratum* pris à Horace (*Satires*, II, 8, 5).

106 OL : *in fumum cineremque*. Autre souvenir d'Horace (*Épîtres*, I, 15, 39), qui évoque le goinfre Ménius, lui aussi qualifié de *scurra*.

107 OL : *Vel e flamma non gravarer impiger cibum petere* (Et même je n'hésiterais pas à aller chercher hardiment ma nourriture dans le feu). Érasme, adage 3051 (*E flamma cibum petere*).

108 OL : … *ut nunquam perpetuo bona es !* (… comme ta faveur n'est jamais durable !). Reprise de Térence (*Hécyre*, 406).

109 OL : *novus… hospes* (nouvel hôte). Souvenir de Virgile (*Énéide*, IV, 10) ?

CLAQUEDENT. Galifre, mille bons jours et plus te doint[110] Dieu.

GALIFRE. Quel vent t'amène par-deçà ? Viens-tu faire provision au marché de Vénus[111] ? Cela est l'officine des happe-lopins[112].

CLAQUEDENT. Je le sais bien, mais je suis réduit à tel point qu'il me faut passer en votre confrérie.

GALIFRE. Qu'est-ce que tu me contes ? Que tu veux être de notre état ?

CLAQUEDENT. Ainsi le veut la fortune.

GALIFRE. Mais il n'est pas honnête d'abaisser ainsi ton état[113].

CLAQUEDENT. Soit comme il pourra être. Nécessité n'a point de loi[114].

GALIFRE. N'y a-t-il plus que frire[115] ?

CLAQUEDENT. Bien quelconque, j'ai tout fricassé[116]. Et pourtant, ne m'osant trouver entre gens, je me tiens caché à l'hôtel, où j'ai été un mois entier buvant du vin poussé, mangeant de grand appétit le pain bis. Je grince les dents de faim, vivant de l'air comme les caméléons[117], misérable que je suis.

GALIFRE. Oh ! Que je suis heureux[118], qui onc ne fus assailli de la faim, qui comme les souris suis accoutumé à manger du chanteau d'autrui[119] ! Quoi ! N'es-tu pas en grand ennui de te voir en un si piteux point ?

CLAQUEDENT. Il ne m'en ferait point tant de mal si je pouvais être un de vos confrères.

---

110 Ancien subjonctif présent du verbe donner (Gougenheim, p. 115), déjà rencontré dans la traduction de Macropedius.

111 OL : *ad forum Cupedinis* (au marché des victuailles). C'était jadis à Rome le marché des comestibles et mets cuisinés, donc le plus attrayant. On pouvait, en jouant sur le mot, en faire le marché de Cupidon, le dieu par excellence du désir, mais fallait-il pour autant en faire le marché de Vénus, ce qui lui donne une connotation sexuelle ? Claquedent est essentiellement tourmenté par la faim.

112 OL : *provincia parasitorum* (le pays des parasites). Tiron trouve ici un langage pittoresque. Chez Plaute (*Les Captifs*, 474), Ergasile signale effectivement que le marché était, en des temps meilleurs, le domaine des parasites.

113 OL : *a bubus ad asinos transcendere* (passer des bœufs aux ânes). Érasme, adage 630.

114 OL : *Durum telum necessitas* (La nécessité est un cruel aiguillon). Érasme, adage 1240.

115 OL : *Nihilne est amplius rei ?* (Il ne te reste aucun argent ?). La traduction correspond à une expression populaire (Di Stefano, p. 757).

116 Quelque bien que ce soit, tout a été avalé. Le verbe fricasser, paronyme de frire, traduit assez bien, dans son sens figuré habituel, le parfait *abligurrivi* de l'OL.

117 OL : *cochlearum instar, vivens miser* (vivant misérablement comme les escargots). Érasme, adage 3357 (*Cochlea vita* / Une vie d'escargot). L'idée selon laquelle le caméléon ne vit que de l'air est prise à Pline (*Histoire naturelle*, VIII, 122).

118 OL : *O me ter foelicem !* (Ô trois fois heureux !). Érasme, adage 1805 (*Ter* / Par trois fois).

119 Adage 2468 (*Muris in morem* / Comme la souris).

GALIFRE. Peut-être te serait-il permis, si tu pouvais comprendre l'art.

CLAQUEDENT. J'en ferais tout le possible, Galifre. Le ventre, qui est le maître de l'esprit et qui le réveille[120], m'aidera bien à cette entreprise.

[GALIFRE.] Mais je doute si sera avec bonheur[121].

[CLAQUEDENT.] Hem[122] ! Entends à moi. Comme tu fais le long[123] ! Reçois-moi hardiment pour être passé maître en votre collège d'écornifllerie. Enlève-moi[124], puisque je ne sais aucun métier pour vivre en l'ombre et garder la maison[125].

GALIFRE. Ho[126] ! Un tant digne office ne se doit pas ainsi traiter de mains pollues[127].

CLAQUEDENT. Quoi ! N'est-il pas assez net [celui] à qui les dents claquent de faim ?

GALIFRE. Il faut tout premier que tu fasses ton apprentissage et que fasses ton chef-d'œuvre, puis, quand l'assemblée se fera, tu seras enrôlé des nôtres triomphamment, si bon te semble.

CLAQUEDENT. Je te supplie qu'à telle condition tu me reçoives pour ton apprenti, [toi] auquel j'ai survenu au temps de ma prospérité, si tu n'as perdu la souvenance des plaisirs que je t'ai faits.

GALIFRE. Moi, que j'en aie perdu la souvenance ? Non, non, je te reçois au métier d'écornifllerie.

CLAQUEDENT. Parbieu, beau sire, je t'en remercie du fin fond du cœur. Qu'est-ce que tu veux que maintenant je fasse ?

GALIFRE. Que soigneusement tu prennes garde à mes façons.

CLAQUEDENT. Pour quelle raison ?

GALIFRE. Il faut entendre aux affaires d'importance.

CLAQUEDENT. Quelles affaires d'importance ? Jamais je ne m'en mêlai, si ce n'est que tu appelles affaires de conséquence soigner de la panse.

---

120 *Cf.* Perse (*Satires*, *Prologue* 11-12) : *Magister artis, ingenique largitor / Venter.*

121 Tiron n'a pas vu que cette interruption dubitative était de Galifre. Il l'attribue à Claquedent, faisant ainsi de deux répliques une seule.

122 Tiron a laissé le *Hem* latin qui, en français, du moins aujourd'hui, exprime plus le doute que l'étonnement. Il faudrait, pour traduire l'indignation ou l'incompréhension de Claquedent, le rendre par « Quoi ! » ou « Hein ! ».

123 Fais-moi confiance. Tu fais vraiment traîner les choses en longueur. Sur l'expression « faire le long », voir Di Stefano, p. 978.

124 Prends-moi avec toi.

125 OL : … *qua possim vivere οἰκόσιτος* (… qui me permette de vivre par moi-même).

126 Tiron a laissé ici l'exclamation latine *hau*, qu'on traduit. On ne signalera pas les occurrences suivantes.

127 Érasme, adage 855 (*Illotis manibus* / Avec des mains sales).

GALIFRE. Cela s'entend.

CLAQUEDENT. Va-t'en faire accroire cela aux Catons et à ces sages sévères, s'il y a en toi quelque éloquence.

GALIFRE. Qu'ils soient sages à leur fantaisie, je ne leur porte point d'envie. Quant à nous, nous sommes sages en matière de cuisine[128]. Par ainsi, nous sommes Philosophes Ésopiques[129], de la faction duquel[130] nous produisons suppôts.

CLAQUEDENT. Sous quels capitaines êtes-vous champions ?

GALIFRE. Ce sont tous grands seigneurs : Épicure, Aristippe, les Catiens et Apiciens[131].

CLAQUEDENT. Voilà de vaillants capitaines. Par ma barbe[132], tu es un grand docteur, je te prise, va ! Mais retourne aux affaires de conséquence.

GALIFRE. C'est bien dit. Tu ne sais pas [ce] que j'ai songé.

CLAQUEDENT. Quelques mensonges[133].

GALIFRE. Non pas, à mon avis, car on dit que ceux qu'on songe après la minuit sont vrais, savoir est quand nous sommes purgés[134].

CLAQUEDENT. Je t'entends, mais conte-moi ton songe.

GALIFRE. Il me semblait que j'étais à une table abondante, lavé et

---

128 OL : *nobis item palatum neutiquam desipit* (nous ne sommes pas non plus, grâce au palais, dépourvus de goût).

129 OL : *Aesopici Gnatonicique* (d'Ésope et de Gnaton). Tiron n'a pas cité Gnaton, le personnage de Térence, qui sera évoqué un peu plus bas.

130 Le pronom renvoie à Ésope.

131 Adeptes du philosophe épicurien Catius, avec lequel Horace feint de dialoguer sur divers sujets culinaires (*Satires*, II, 4), ou d'Apicius, que Pline qualifie de « gouffre parmi tous les hommes prodigues » (*Histoire naturelle*, X, 133). Dans un de ses colloques, Érasme met Apicius en scène et lui fait tenir des propos assez semblables à ceux qu'Horace prête à Catius (*Opera*, I, p. 694-696). On attribue à Apicius un recueil de recettes culinaires (*De re coquinaria*).

132 OL : *Duces illi haut sunt paenitendi per Genium* (Ce sont là, vraiment, des guides dont on ne peut être mécontent). D'après la ponctuation, l'expression *per Genium* (littéralement : par mon ange gardien, par mon génie tutélaire) se rapporterait plutôt aux *Duces*, donc aux « vaillants capitaines » de la phrase précédente. La locution « par ma barbe » servait à renforcer une affirmation sur un ton véhément (Di Stefano, p. 121). On la rencontre notamment chez Rabelais (*Pantagruel*, 15 ; *Gargantua*, 13).

133 Les mots songes / mensonges sont fréquemment associés à la Renaissance, surtout par les poètes pour la rime.

134 Idée souvent exprimée (Horace, *Satires*, I, 10, 33 ; Ovide, *Héroïdes*, XIX, 196). Les songes venant peu après les repas et le vin, ou après s'être rendormi, étaient considérés comme sans signification (Pline, *Histoire naturelle*, X, 211).

parfumé. Tu eusses dit que c'était un souper pontifical[135]. Là me fut donné à boire et manger à pleine anche, de sorte qu'il me fallait dresser sur les ergots[136] pour atteindre au festin des viandes. Veux-tu que je te dise ? Il me semblait que j'étais un roi, à qui de tous côtés affluaient ces benoîtes délices.

CLAQUEDENT. Ce que tu contes m'est si très agréable que les dents et le ventre m'en frétillent. À peine oserais-je souhaiter veillant ce que tu songes en ton dormant.

GALIFRE. Outre ce, je ne sais quel bon présage me signifie un maniement des dés, qui aussi m'est apparu.

CLAQUEDENT. Oh ! Que nous viendra ci conter ce songeard ?

GALIFRE. Quoi ! Cela ne te plaît-il pas bien ?

CLAQUEDENT. Je crains que tu sois un mauvais devin.

GALIFRE. Quoi ! Ne crois-tu que ce que tu vois ? Va-t'en au gibet avec ton incrédulité, tu n'es pas digne de jamais manger une bonne fois ton saoul[137].

CLAQUEDENT. Je te prie, saoule-moi ce ventre affamé de tes songes, s'ils ont en eux quelque efficace.

GALIFRE. Tu te moques encore.

CLAQUEDENT. Ne rirai-je point, quand tu me montres des richesses en peinture[138] au lieu des vraies ? Une belle folie, vraiment !

GALIFRE. Or bien, soit une folie, puisque ainsi te plaît. Toutefois tu pourras voir comme je ne suis point un sottelet devineur lorsque je deviendrai bouteiller de quelque gros Hans[139], des richesses duquel je ferai si bonne provision pour la panse comme si j'étais quelque grand roi.

---

135 OL : *Cerealem coenam* (un dîner de Cérès). Si l'expression de Gnapheus est prise à Plaute (*Les Ménechmes*, 100), celle de Tiron renvoie notamment à Horace (*Odes*, II, 14, 28). Voir Érasme, adage 2137 (*Pontificalis cena*).

136 OL : *in digitos pedis mihi standum erat* (je devais me dresser sur la pointe des pieds). L'expression de Tiron s'employait surtout, et s'emploie encore, dans un sens figuré. On la retrouvera, dans ce sens figuré, au début de l'acte III.

137 OL : *dignus quem nonquam sancta Saturitas beet* (indigne à jamais de la protection de sainte Satiété). Là encore, Tiron préfère, plutôt que d'invoquer la célèbre divinité tutélaire des parasites de Plaute (*Les Captifs*, 877), une formulation plus naturelle.

138 OL : *carbonarias opes pro germanis* (des charbons au lieu de vraies richesses). Érasme, adage 830 (*Thesaurus carbones erant*).

139 OL : *cujuspiam nummatioris domini* (de quelque très riche seigneur). Par antonomase, Hans, tout comme Jean ou Jeannot en français, désigne un sot en allemand, éventuel protagoniste d'anecdotes populaires.

CLAQUEDENT. Je crois que celui-ci songe en veillant[140]. Galifre, je prie qu'alors tu me mettes aux honneurs.

GALIFRE. Tu seras le plus proche de moi, mais que tu saches bien flatter.

CLAQUEDENT. Et où me faudra-t-il aller trouver les statuts de notre métier ?

GALIFRE. Demandes-tu d'où ? De ce parasite Gnaton de Térence, prince des écornifleurs[141].

CLAQUEDENT. Là aurais-je bien besoin que tu fusses mon maître, car nul ne naît ouvrier[142].

[GALIFRE.] Çà ! Je me loue à toi[143].

[CLAQUEDENT.] Or sus, fais, monsieur le docteur.

GALIFRE. Je ne veux qu'il y ait personne présent. Mais nous irons derrière ce bâtiment, le lieu est assez sûr. Là te baillerai-je le fondement. Fais que tu retiennes bien.

CLAQUEDENT. Vois comme j'ouvre les deux oreilles pour recevoir cette doctrine.

Scène 2

PHILAUTUS, LE PRODIGUE

PHILAUTUS. Et puis, Prodigue, ces enseignements sont bien autres que ceux que ton père te soulait donner, sont pas ?

LE PRODIGUE. Que me veux-tu dire de mon père ? C'est un langard, un songeard, un niais. Foin pour lui ! Tes propos me sont trop plus plaisants, ami Philautus, quand tu me dis : « Fie-toi en toi-même et fais tout ce qui viendra en fantaisie. Appuie-toi sur toi-même, use de ton conseil propre, toute ton espérance soit en toi. Ainsi vivras prospère et bienheureux. » Ces règles sont trop avant fichées en mon cœur pour être si tôt oubliées.

PHILAUTUS. Poursuis cette pointe[144].

---

140 Érasme, adage 1062 (*Somnium* / Un songe). C'est un aparté. Claquedent va ensuite entrer ironiquement dans le jeu de Galifre.

141 Un des protagonistes de l'*Eunuque*. Le mot signifie mâchoire en grec.

142 OL : *Nemo artifex nascitur* (Personne ne naît expert). Figure dans la section *Saltus* du colloque *De lusu* d'Érasme, consacré aux jeux enfantins (*Opera*, I, p. 542).

143 OL : *Operam meam tibi dico* (Je me mets à ta disposition). Par inadvertance, Tiron a attribué cette réplique à Claquedent.

144 OL : *Macte es virtute* (Bravo pour ton courage). Sur l'expression « poursuis cette pointe » (= continue dans cette voie), voir Di Stefano, p. 1410.

Le Prodigue. Adieu, Philautus mon ami.

Philautus. Adieu te dis pour longtemps, adieu, adieu, le très bon et le très grand Prodigue.

Le Prodigue. Si je disais combien Philautus me détient par la force et efficace qui est en lui, âme ne le pourrait croire, tant je suis adonné à lui et de tout mon cœur. De là vient que jamais je ne suis déplaisant à moi-même. Je laisse aisément passer ce que fais et me plais assez en mes faits. Qui ne dira que je suis bienheureux de vivre en ce point ? Reste que, me mettant à chemin, je témoigne cette mienne joie par une gaie chansonnette.

Le Prodigue chante sur le chant *Laissez la verte couleur*[145].

Ô heureux et plaisant jour[146],
Face joyeuse et sereine
Du soleil, puisque en séjour
Je pourrai vivre à mon tour
Sans chagrin, souci ni peine.

Maintenant gaudir je veux,
Triompher à l'avantage,
À Vénus aux blonds cheveux
Je veux adresser mes vœux
Et lui présenter hommage[147].

145 La précision sur le chant servant de modèle est de Tiron. Le texte de ce chant, dont l'*incipit* est *Laissez la verte couleur*, est un poème en 40 strophes de Mellin de Saint-Gelais, publié dans la *Déploration de Vénus sur la mort du bel Adonis* (Lyon, J. de Tournes, 1545), recueil très souvent réédité sous différents titres. On trouve ce poème mis en musique dans le *Premier livre de chansons en quatre volumes, nouvellement composées [...] par M. Pierre Certon, maître des enfants de la sainte Chapelle du Palais, à Paris*, Paris, Adrian du Roy et Robert Ballard, 1552, f. 1 v°-2 r°. Le poème de Saint-Gelais est en quatrains, mais, dans la version chantée, les strophes deviennent des quintils car le dernier vers est à chaque fois répété. Tiron a composé directement des quintils, en heptasyllabes comme Saint-Gelais. Sa composition traduit assez fidèlement les strophes saphiques de Gnapheus. Celui-ci n'avait donné aucune indication de mélodie. Texte de Saint-Gelais dans ses *Œuvres poétiques*, I, p. 246-255. Analyse par Brigitte Roussel, qui cite les études antérieures.

146 OL : *O dies festus niveo lapillo dignus* (Ô jour faste, digne d'être marqué d'une petite pierre blanche). Sur la symbolique de la pierre blanche, voir Érasme, adage 453 (*Album calculum addere et similes figurae* / Marquer d'une pierre blanche et autres métaphores similaires).

147 OL : *Nunc juvat ludos et amoena carni / Gaudia ferre* (Je me réjouis à présent de goûter aux jeux et aux doux plaisirs de la chair). Les deux derniers vers de la strophe latine sont

Arrière contrerôleur,
Puisque j'ai jeté arrière
Votre joug plein de douleur.
Là où me dira le cœur[148]
J'adresserai ma carrière.

Moi qui ai tant enduré
Des maîtres en ma jeunesse[149]
Et tant de fois souhaité
D'être libre, émancipé,
Je le suis à grand liesse.

Jeunes gens, approchez-vous,
Festoyez telle fortune,
Soyez-en joyeux trétous.
Muses aussi, en vos chants doux[150],
Chantez ma bonne aventure.

Scène 3

GALIFRE, CLAQUEDENT, LE PRODIGUE

GALIFRE. Que te semble de tant belles instructions ?

CLAQUEDENT. Par ma barbe, ce sont excellents mystères[151].

GALIFRE. Retiens-les bien hardiment.

CLAQUEDENT. Diligemment, mon grand ami, tu trouveras que j'ai bonne mémoire. Mais, dis-moi, où trouverons-nous gibier pour faire proie ? Où est la bête abattue, que nous y accourions comme mâtins[152] ? Quant à moi, je suis plus affamé qu'un loup.

---

suggestifs. Est-ce la contrainte de la versification qui conduit le traducteur à se montrer plus évasif ?

148 OL : *Libero quovis pede…* (Partout, d'un pied léger…). On songe à l'*incipit* joyeux d'Horace *Nunc est bibendum, nunc pede libero…* (*Odes*, I, 37).

149 On pourrait, compte tenu de l'OL (*multos dominos*), écrire « tant enduré / De maîtres ».

150 Il faut compter le mot Muses pour une seule syllabe, afin que le mètre soit respecté.

151 OL : *Rara profecto mysteria* (De remarquables mystères, en vérité). L'expression « par ma barbe » n'a pas ici d'équivalent latin.

152 OL : *Ubi cadaver est, quod adcurramus vultures ?* (Où est le cadavre, que nous nous précipitions comme des vautours ?). À rapprocher d'Érasme, adage 614 (*Si vultur es, cadaver*

GALIFRE. Mais, je te prie, n'as-tu plus souvenance de ce que tantôt je t'ai dit quant au songe ?

CLAQUEDENT. Il m'en souvient bien.

GALIFRE. De là veux-je que tu aies bonne espérance.

CLAQUEDENT. Quoi espérer quand il n'y a que frire[153] ?

GALIFRE. Attends, attends, je ne te paîtrai pas toujours d'espérance.

CLAQUEDENT. Qui est-ce qui ne peut être riche de promesses[154] ?

GALIFRE. Je te jetterai un morceau en la gueule, car, si je ne suis déçu en ma divination, nous trouverons aujourd'hui un maître tel que nous voulons, qui nous traitera magnifiquement. Tais-toi, je t'y semons, allons sur le marché[155].

CLAQUEDENT. Que ferons-nous là ?

GALIFRE. Pour voir s'il est point venu quelques ambassadeurs ou étrangers.

CLAQUEDENT. Il vaudrait mieux qu'allissions[156] à la rôtisserie, car j'enrage de faim.

GALIFRE. Que tu es grossier ! Il est venu de là quelque bonne odeur de profit jusqu'à mon nez[157].

CLAQUEDENT. Si tu repais ton ventre d'odeurs et songes, pourquoi me laisses-tu tant endurer de faim ?

GALIFRE. Sais-tu qu'il y a[158] ? Ne t'attends point d'avoir part à la pêche si tu ne me veux suivre.

CLAQUEDENT. Je te suivrai, voire jusqu'au fond des abîmes, si tu me le commandes.

LE PRODIGUE. Maintenant suis-je bien joyeux d'avoir surmonté tant de fâcheux chemins. Fi souci, arrière tristesse, puisque je suis parvenu à bon port[159]. Je ferai désormais à mon plaisir tout ce que bon me

---

expecta / Si tu es un vautour, attends un cadavre).

153 Galifre a employé cette expression un peu plus haut (scène 1re).

154 Érasme, adage 3254 (*Dives promissis*).

155 OL : *ad rostra* (sur le forum). Ce n'est pas exactement le lieu des marchands, d'où la récrimination de Claquedent.

156 Forme archaïque du subjonctif imparfait (Gougenheim, p. 116).

157 Érasme, adage 2613 (*Lucri bonus est odor ex re qualibet* / L'odeur du profit est bonne d'où qu'elle vienne).

158 OL : *Heus tu !* (Hé, toi !). Interjection vive, pour une mise en garde. « Sais-tu qu'il y a ? » pourrait se rendre aujourd'hui par « Sache bien ce qu'il en est. »

159 OL : *optato in portu cum navigem* (puisque je navigue dans le port désiré). Érasme, adage 46 (*In portu navigare*). La métaphore du « port désiré » est aussi biblique (Psaumes, 106, 30). Sur l'expression « à bon port », voir Di Stefano, p. 1419-1421.

semblera. Tout ce qui me viendra en fantaisie, je le dirai et ferai sans enquérir davantage, sans qu'il y ait homme qui m'empêche de faire et dire tout ce que beau et bon me semblera, ainsi qu'a fait mon père jusqu'à présent, duquel je me suis banni de mon gré, afin qu'il ne me soit plus contrôleur. Outre je procurerai que, quelque part que je passe, on me fasse révérence, qu'ils me mettent les mains sur les épaules, me mènent banqueter, finalement que je vive en perpétuelle joie et liesse. Davantage, à force d'or et d'argent, j'en allierai plusieurs avec moi. Ainsi régnerai-je comme un très puissant monarque. Quoi ! Ne suis-je pas gentilhomme issu de bonne maison et noble race[160] ? Non, non, je ne céderai à nullui, ni même aux plus puissants, puisque Philautus, mon grand ami, m'a montré toutes les voies de bien et mal, lesquelles je sais sur le doigt[161]. Mais je voudrais bien maintenant rencontrer quelque bon et amiable qui me traitât sur le haut du cœur[162], [moi] qui suis personnage qui le vaut en toutes manières, que chacun m'offre tout à souhait. Oh ! S'ils savaient qui je suis, tous accourraient à moi à la foule, rôtisseurs, cuisiniers, pâtissiers, parfumeurs, le fruitier, le pêcheur, l'oiseleur, le vaillant rufian avec sa denrée[163].

GALIFRE. Claquedent, qui est-ce que je vois là venir de loin ?

CLAQUEDENT. Je ne sais, si ce n'est quelqu'un qui vienne au marché. C'est un voyageur étranger. Il est bon à voir[164].

GALIFRE. Cela va bien. Je m'attends que nous aurons moyen de lui apprêter une amorce[165]. C'est maintenant qu'il me faut déployer toutes mes ruses.

---

160 OL : *Quid, an non albae filius gallinae jure censear, optimis plane prognatus ovis ?* (Quoi ! Ne suis-je pas considéré à juste titre comme fils de la poule blanche, sorti assurément des meilleurs œufs ?). Érasme, adages 78 (*Albae gallinae filius*) et 1221 (*Ovo prognatus eodem*).

161 OL : *quas ad unguem teneo* (que je tiens à l'ongle). Érasme, adage 491 (*Ad unguem*).

162 OL : *qui me magnifice tractet* (qui me traite avec déférence). La tournure *magnifice tractare*, habituellement ironique dans un contexte comique (Térence, *Heaut.*, 555), est ici employée sérieusement par le Prodigue, ce qui traduit sa naïveté. Avec « sur le haut du cœur », Tiron a voulu donner une tournure équivalente qui puisse être comprise à des degrés différents. L'a-t-il inventée ? On ne l'a rencontrée nulle part ailleurs.

163 OL : *leno cum scortis valens* (le brave entremetteur avec ses prostituées).

164 Cela se voit bien. OL : *ut apparet* (apparemment).

165 OL : *Hinc nobis… materia certi aucupii datur* (Voilà pour nous de quoi faire une belle chasse aux oiseaux).

CLAQUEDENT. Ô Galifre mon ami, il a une mallette[166].

GALIFRE. Une mallette, dis-tu ?

LE PRODIGUE. Mais je ne vois ici personne.

CLAQUEDENT. Ois-tu ce qu'il dit ?

GALIFRE. Il demande d'être connu[167].

LE PRODIGUE. Mais je suis en grand pensement où c'est que me retirerai.

GALIFRE. Il cherche logis.

CLAQUEDENT. C'est un douillet[168], à voir ses façons, contenances et maniement.

GALIFRE. C'est une proie digne de nous, c'est le gibier qu'il nous faut[169]. Je me joindrai à lui par-derrière.

CLAQUEDENT. Et moi, de quoi servirai-je ?

GALIFRE. Que tu sois fait au badinage[170], afin que par là tu aies honnête place en notre compagnie[171]. Gentil seigneur, personnage illustre, Dieu vous maintienne en bonne santé.

CLAQUEDENT. Monsieur, je prie Dieu qu'il vous accroisse en toute joie et prospérité.

GALIFRE. Il fallait dire gentil, magnifique, noble seigneur. Retiens cela[172].

LE PRODIGUE. Et à vous aussi, Dieu vous maintienne en joie.

GALIFRE. Nous vous remercions très affectueusement de si grande humanité que nous montrez.

CLAQUEDENT. Parbieu, sire, on connaît bien à votre habit que vous êtes de bonne maison.

GALIFRE. Mais, qu'il ne vous déplaise, quel vent vous mène en ce quartier ?

---

166 OL : *zonam habet* (il a une ceinture). Pelargus avait effectivement donné à son fils le bien qui lui revenait dans une ceinture (acte Ier, scène 3). Tiron emploie ici le terme de mallette, qui permet peut-être à ses lecteurs de mieux se représenter la scène. Cependant, dire d'une personne qu'elle avait une ceinture ou qu'elle l'avait perdue revenait à dire qu'elle était fortunée ou alors ruinée. Érasme, adage 416 (*Zonam perdidit* / Il a perdu sa ceinture).

167 Il cherche à nouer des relations.

168 OL : *Cinaedus est*. Le terme latin, plus trivial, est fréquent chez Plaute. Voir aussi Érasme, adage 638 (*Spongia mollior* / Plus mou qu'une éponge).

169 Cette seconde partie de la phrase, qui explique la première, est ajoutée par le traducteur.

170 OL : *Fac verbis meis subservias* (Que tu me soutiennes en disant la même chose que moi).

171 OL : *nostro in albo* (dans notre registre). L'emploi du mot *album* donne au propos une touche faussement sérieuse, que la traduction ne reprend pas. Sur les emplois anciens du mot, notamment dans la pratique des tribunaux, voir Érasme, adage 634 (*Non eras in hoc albo* / Tu ne figurais pas sur l'album).

172 En aparté, Galifre reproche à Claquedent d'avoir usé de mots trop ordinaires.

LE PRODIGUE. La tempête de mes affections[173] m'a jeté en ce lieu.

GALIFRE. Et où s'adressait votre chemin ?

LE PRODIGUE. Ce m'est tout un où, mais que je puisse vivre à mon plaisir.

GALIFRE. Quant à cela, vous en avez ici la meilleure commodité du monde, et si veux bien que vous sachiez qu'en cette ville y a mignonnes et godinettes de toutes sortes[174].

CLAQUEDENT. Ici y a bonnes hôtelleries. Sucriers, apothicaires et droguistes sont logés en ce quartier[175].

GALIFRE. Aussi n'aurez-vous faute de musiciens, s'il vous en plaît.

CLAQUEDENT. Vous aurez ici tout le passe-temps et liesse que pourriez souhaiter.

LE PRODIGUE. Par le sang de moi, à ce que je vois, je suis ci arrivé à la bonne heure, pour gaudir et faire bonne chère[176]. Or je vous dirai mon nom.

GALIFRE. Comment vous nomme-t-on, seigneur ?

LE PRODIGUE. Le Prodigue.

GALIFRE. Voilà un nom fort convenable.

CLAQUEDENT. Vous êtes des nôtres.

LE PRODIGUE. Des vôtres ? Je ne demande pas mieux, j'en suis très joyeux, mais n'y a-t-il nulle espérance d'obtenir par-deçà quelque principauté[177] ?

GALIFRE. Oui-da, seigneur, car en premier lieu cette beauté excellente qui reluit en vous est bien plaisante à un chacun. Davantage ces mœurs tant honnêtes, ce gentil naturel, l'ornement et grâce de bien parler que vous avez, démontrent assez que vous êtes de bon lieu venu.

---

173 Traduction littérale. Comprendre : les aléas de l'existence. Le Prodigue, par un langage relevé, veut afficher de la gravité et du mystère. Rapprochement possible avec Érasme, adage 4049 (*Tempestas rerum*).

174 OL : *omnis generis Veneres et Gratiæ* (des Vénus et des Grâces en tous genres).

175 OL : *Heic oenopolia, myropolia, pharmacopolia stabulant* (Ici se trouvent les cabaretiers, les parfumeurs et les apothicaires).

176 OL : *Sane, auspicato, ut audio, huc tetuli pedem, ubi frontem exporrigam* (Vraiment, à ce que j'entends, je suis arrivé ici sous de bons auspices, je vais afficher dans cette ville un front serein). Érasme, adage 748 (*Frontem exporrigere*). L'expression « par le sang de moi », peut-être appelée par un rapprochement inconscient entre sang et *sane*, est, dans le contexte, un peu vive (Di Stefano, p. 1575).

177 OL : *spes… potiundi hic principatus* (l'espoir d'accéder ici à une fonction suprême).

CLAQUEDENT. Depuis la tête jusqu'aux pieds, il n'y a rien en vous qui ne soit plein de beauté naïve[178].

GALIFRE. Quand de plus près nous vous contemplons, nous apercevons une majesté divine reluire en vous.

LE PRODIGUE. Il n'y a rien qui soit en moi qui de tout le monde ne soit prisé et aimé. Je triomphe, je domine, quoi[179] !

CLAQUEDENT. Le niais, la bête ! Il n'entend pas qu'on lui donne la baste[180].

GALIFRE. Oh là ! Morbieu, il faut bien qu'il soit roi.

CLAQUEDENT. C'est bien dit, puisqu'il est doué de tant d'excellentes vertus.

LE PRODIGUE. Si vous saviez [ce] que je porte de bon quant et moi, vous auriez matière de bien dire davantage. Cela sais-je bien.

GALIFRE. Que serait-ce ?

CLAQUEDENT. Çà donc ! Contez-nous toutes vos vertus pour être de nous honoré selon vos mérites.

LE PRODIGUE. Sus donc, soupesez cette bougette[181] pleine d'or.

[GALIFRE. Oh ! C'est l'or qui rend ces poches si lourdes ?][182]

CLAQUEDENT. Qu'est-ce qu'il nous conte ? A-t-il de l'or ?

GALIFRE. Oui, il en a.

CLAQUEDENT. Si ne savez la louange de l'or, je suis bien homme pour vous l'apprendre.

LE PRODIGUE. Or là donc.

CLAQUEDENT. L'or est la plus grande félicité que les hommes sauraient avoir[183]. C'est ce qui vous fait semblable aux dieux. Quiconque l'a en sa possession, tout aussitôt devient-il honoré, noble, excellent, outre peut-être un roi très excellent.

---

178 OL : *A capite ad talos pulcher es* (Vous êtes magnifique, de la tête aux talons). Érasme, adage 137 (*A capite usque ad calcem*).

179 OL : *Vivo et regno* (Je vis et règne). Expression célèbre d'Horace (*Épîtres*, I, 10, 8).

180 OL : *Non sentit caudex palpum obtrudier* (Il ne se rend pas compte, l'imbécile, qu'on lui fait avaler des flatteries). Érasme, adage 2527 (*Obtrudere palpum*). Donner la baste = jouer un tour (Di Stefano, p. 129).

181 Dans l'OL, il s'agit toujours de ceinture (*zonam*).

182 OL : *Hui, tam graves auro loculos ?* On ajoute entre crochets cette réplique qui manque à la traduction. La ceinture servant de bourse pouvait être compartimentée en poches (*loculos*) pour un meilleur rangement des pièces et richesses.

183 OL : *Pulcherrima aurum faustitas mortalibus*. C'est la traduction latine par Érasme (*Opera* I, p. 225) d'un vers extrait des fragments de la *Danaé* d'Euripide et cité par Lucien dans le *Timon*. On constatera que Claquedent a du boniment. Il est vrai qu'il est *scurra* avant d'être *parasitus*.

LE PRODIGUE. Par Jupin, cette doctrine est toute conforme à celle de Philautus. À quoi tient-il que je ne me fais appeler roi ?

CLAQUEDENT. Très haut et puissant roi, que ne nous recevez-vous pour vos vassaux ?

LE PRODIGUE. Je vous reçois à foi et hommage. Voilà que vous tiendrez de moi.

GALIFRE. Maintenant suis-je du tout au commandement et service du roi.

CLAQUEDENT. Et je me rends du tout à son service. Par ainsi régnera le borgne entre les bigles[184]. Oh ! Qu'il fera bon voir cela !

LE PRODIGUE. Que faisons-nous ici debout ? Pourquoi nous tenons-nous ci plantés à jeun ? Que n'allons-nous banqueter ?

CLAQUEDENT. J'ai pieça le cœur à la cuisine[185].

GALIFRE. Quand il vous plaît, je suis tout prêt.

LE PRODIGUE. Où mettrons-nous couteaux sur table ?

GALIFRE. Je vous adresserai un bon hôte.

CLAQUEDENT. S'il est aussi homme de bien que toi, il suffira[186].

GALIFRE. Mais, dites-moi, seigneur, de quoi achèterons-nous la provision ?

[CLAQUEDENT. C'est bien avisé.][187]

LE PRODIGUE. Prends cet argent et me fais appareiller un souper, comme pour un pape[188].

---

184 OL : *Sic inter luscos regnabit strabus* (Ainsi le bigle va régner chez les borgnes). La phrase bien connue *Inter caecos regnat strabus* (Érasme, adage 2396), qu'on traduit habituellement par « Au royaume des aveugles les borgnes sont rois », est malicieusement détournée, en aparté évidemment, par Claquedent : ceux qui manquent de clairvoyance (*luscos*) vont se faire avoir par celui dont on ne se méfie pas parce qu'on ne sait pas exactement ce qu'il a en vue, comme le bigle (*strabus*) dont le regard va de côté. L'emploi du futur montre bien que l'adage ici, sans portée générale, s'applique à la situation comique. On notera que Tiron a malencontreusement inversé les mots bigle et borgnes.

185 OL : *Jamdudum est in patinis meus animus* (Il y a longtemps que mes pensées sont dans les casseroles). Pour rendre cette réplique célèbre de Térence (*L'Eunuque*, 816), Tiron songe peut-être au jeune géant de Rabelais dont l'âme, même devant un livre ouvert, « était en la cuisine » (*Gargantua*, 21). Voir Érasme, adages 1118 (*Mens est in tergoribus*) et 2630 (*Animus est in coriis*).

186 OL : *Dabit dignum patella operculum* (Il fournira un couvercle digne de la marmite). C'est un aparté ironique et discret à l'encontre de Galifre. Érasme, adage 972 (*Dignum patella operculum*).

187 Tiron fait dire ces mots au Prodigue.

188 OL : *et appara cenam, quae cum pontificali certet* (et apprête un repas qui puisse rivaliser avec celui d'un pape). Un peu plus haut, dans la première scène de l'acte, Galifre avait justement rêvé d'un « repas pontifical ». Son rêve est donc sur le point de se réaliser. Se reporter à nouveau à l'adage 2137 d'Érasme (*Pontificalis cena*).

GALIFRE. J'y donnerai ordre, seigneur.

LE PRODIGUE. Outre je veux que notre festin soit garni de pain, vin, toutes bonnes viandes et de belles trognes[189].

GALIFRE. Vous plaît-il pas qu'on fasse venir les joueurs de hautbois ?

LE PRODIGUE. Oui-da.

GALIFRE. Je m'en vais tout courant à la boucherie. Hé ! Claquedent, écoute, conduis notre roi en la maison du Rustre, mais non pas sans le décharger. As-tu ouï ?

CLAQUEDENT. Oui bien.

LE PRODIGUE. Où est le logis de notre hôte ?

GALIFRE. À la rue de Vénus[190].

LE PRODIGUE. Il va bien. Porte ceci.

CLAQUEDENT. Ô mon Dieu, comme aujourd'hui je fais bien mes besognes ! Ô journée bienheureuse !

Scène 4

GALIFRE *parle tout seul*

Ah ah ! Hé ! Quelle sûre retraite je me suis préparée à ma hardiesse ! Et quel beau sentier j'ai trouvé si appareillé pour besogner de mes feintises, tromperies et écornifleries[191] ! Le gagnage ne me peut fuir, car de l'argent qu'il m'a baillé j'en puis racler la belle moitié, puis je dirai pour mon excuse que les vivres sont chers, afin que les comptes des mises et recettes se rapportent bien ensemble. Et quant aux comptes rendre, il n'y a qui m'y sût contraindre, j'ai mille échappatoires. Parbieu, ce niais doit être un grand fol de nous prêter ainsi l'oreille, vu qu'il sera par nous rongé jusqu'aux os[192]. La proie est en nos filets, laquelle nous avons si longuement chassée. Elle en payera l'usure, car elle vous sera déchiquetée

189 OL : *Tum Venus, Bacchus, Ceres, nostris volo intersint epulationibus* (Je veux en outre que Vénus, Bacchus et Cérès participent à nos agapes). Le mot trognes, qui désigne les prostituées de manière métonymique, n'est pas trivial. On le trouve également dans l'*EPP*, v. 207 et 999. On pourrait parler aussi de jolis minois.

190 OL : *Ad Veneris fanum* (Au temple de Vénus). Le mot rue est moins surprenant mais tout aussi évocateur.

191 OL : *exercendis fucis, imposturis et sycophantiis* (par le moyen de tromperies, impostures et fourberies).

192 OL : *velut in nassam illectus, ad vivum usque eroditur* (attiré comme dans un piège, il sera rongé jusqu'à l'os). Tiron n'a pas retenu l'allusion au piège (*nassam*), sans doute parce qu'il est question juste après de filets (*casses*).

menu à belles griffes. Car cette bougette, si bouffie de monicle, elle vous sera châtrée à pincées[193] de si bonne manière qu'il ne lui restera un blanc pour acheter un cordel[194]. Car, quelque grosse somme d'or qu'il porte en sa bougette[195], si en trouverons le bout à triompher et gaudir. Mais triomphé-je point à bon escient ? Oui, vraiment[196], puisqu'il m'est si bien advenu que je sois devenu dépensier d'un grand seigneur. Ce mes songes me prédisaient à la bonne heure, passé longtemps. Or est-il temps que je coure pour faire la provision. Quand je serai bien saoul[197], je ferai rage de raconter mes liesses. Holà ! Ho ! N'y a-t-il pas un de ces bouchers qui prenne garde à la grande joie du bon Galifre ? Âme ne le vient-il saluer ? Je ferai bien maintenant, en leur montrant les écus qu'ils ne savent pas que j'ai, que le cœur leur fera mal dont ils ne sont venus au-devant de moi avec leurs marchandises[198].

Scène 5

LE PRODIGUE, CLAQUEDENT,
LE RUSTRE, ARDENT, GALIFRE

LE PRODIGUE. Où est le logis de notre hôte ? Je suis las de tant cheminer.

CLAQUEDENT. Il est ici auprès, seigneur. Je m'en vais devant faire que toutes les portes vous soient ouvertes. Holà ! Ho ! N'y a-t-il âme céans ? Je ne cesserai de heurter, tant qu'il vienne ici quelqu'un.

LE RUSTRE. Qui est-ce qui frappe si fort à ma porte ?

CLAQUEDENT. Ami.

LE RUSTRE. Qui ami ?

CLAQUEDENT. Claquedent.

LE RUSTRE. Claquedent ? Quoi ! Vit-il encore ? Je pensais que tu fusses

---

193 OL : *peram nunc multo aere turgidam, ictibus vellicatin exenterabimus* (cette bourse, qui est si gonflée d'or pour le moment, nous la viderons en la déchiquetant peu à peu). L'expression « à pincées » traduit surtout l'adverbe *vellicatin*, qui évoque l'attaque des oiseaux ou des insectes.

194 OL : *vix ut inopi siet reliquus obolus emundo resti* (de façon qu'il reste à peine au malheureux une obole pour acheter une corde). Érasme, adage 248 (*Nec obolum habet, unde restim emat*).

195 Dans l'OL, on retrouve ici le mot *loculis*. Tiron ne se préoccupe pas de toutes ces nuances.

196 OL : *Scilicet triumpho serio* (On peut dire que c'est un vrai triomphe). Le texte latin est plus direct.

197 Quand je serai comblé.

198 En leur montrant mes écus, je vais maintenant faire en sorte qu'ils regrettent de n'être pas venus au-devant de moi…

pieça au royaume aux taupes[199], pourtant qu'il y a un mois tout entier que ne te vis.

CLAQUEDENT. Non, suis.

LE RUSTRE. J'y vais voir[200]. Hé ! À peine t'eussé-je reconnu, si ce n'eût été à la voix. D'où viens-tu, je te prie ? As-tu point été à la fonte[201] ?

CLAQUEDENT. Il n'est maintenant pas temps de m'amuser à le te dire.

LE RUSTRE. Pourquoi non ?

CLAQUEDENT. Ne vois-tu point ce seigneur que je t'amène ici ?

LE RUSTRE. Qui est-il ? D'où est-il ? Pourquoi l'amènes-tu céans ?

CLAQUEDENT. Il est de notre pays. Galifre l'a adressé céans, te suffit-il ? Le connais-tu point ?

LE RUSTRE. Qui ?

CLAQUEDENT. Galifre[202], dis-je, qui est allé faire la provision, et ce monsieur-ci lui a fourni le poignet[203].

LE RUSTRE. Oui-da, faites-le entrer[204]. Ardent, ho ! Ardent, porte ce fardel là-dedans et retourne tout court, j'ai autre chose à t'encharger. Vous soyez céans le très bien venu, seigneur, entrez s'il vous plaît. Vous serez céans fort bien servi de tout ce que voudrez.

LE PRODIGUE. N'avez-vous point de marchandise[205] ?

LE RUSTRE. Oui-da, monsieur.

LE PRODIGUE. Bien donc, qu'on les fasse venir.

LE RUSTRE. Et de quel prix les voulez-vous ?

LE PRODIGUE. Il ne me chaut du prix, pourvu qu'elles soient belles.

---

199 OL : *mortuum pridem credebam* (je te croyais mort depuis longtemps). L'expression imagée et familière de Tiron se rencontre chez quelques auteurs du temps, dont Larivey (*Les Écoliers*, acte Ier, scène 3). Di Stefano, p. 1655.

200 Le Rustre ouvre enfin sa porte.

201 OL : *Num imis ex Manibus ?* (Serait-ce des profondeurs du royaume des Morts ?). Autre tournure familière de Tiron, qu'on n'a pas trouvée ailleurs. En revanche, l'expression « fondre en enfer » est bien attestée. On disait aussi « mettre en fonte », pour détruire (Di Stefano, p. 728).

202 Ce n'est que lorsque Claquedent lui a bien dit que le visiteur était envoyé par Galifre que le Rustre comprend enfin à qui il a affaire. Cet échange est très vivant.

203 OL : *hic nummos dedit* (celui-ci a fourni les écus). On disait fournir ou fourrer le poignet (Di Stefano, p. 1399).

204 OL : *Euge introducatur commodus sane convivator* (Parfait ! Qu'on fasse donc entrer notre aimable hôte.)

205 OL : *Nullas ne habes Veneres ?* (N'avez-vous point de charmantes personnes ?). Dans l'*EPP* (v. 401), on parle également de marchandise dans le même contexte.

LE RUSTRE. Je vous ferai avoir la plus magnifique qui soit en toute la ville. Ho ! Ardent, écoute, fais ici venir la Gorrière.

ARDENT. Maintenant ?

LE RUSTRE. Tout à cette heure.

ARDENT. Et qui dirai-je qui la mande ?

LE RUSTRE. Dis-lui qu'il y a céans un amoureux[206].

GALIFRE. À coup qu'on me porte cela à la cuisine. Vous, ménétriers, suivez-moi en cette salle[207].

---

206 Traduction du latin *amator*, qui, en dépit de l'étymologie, a une signification plus péjorative.

207 Revenu du marché, Galifre entre lui aussi dans la maison, après le Rustre, Claquedent et le Prodigue. Ardent part accomplir sa mission. La scène reste donc vide.

ACTE III

Scène Première

BOUCHEFRAÎCHE, servante

Ouïtes-vous onc parler de plus grand outrage que celui qui m'a été fait par ce méchant, je dis Galifre, qui s'en est venu à moi tout échauffé ? « Ho ! Bouchefraîche, me dit-il à coup, qu'on voise voir à quoi il tient que la Gorrière tarde tant, elle met un an à sortir de son cabinet[208]. – Je suis si empêchée à la cuisine, lui dis-je, que ne me puis bouger d'un pas. » Subit il vous empoigne un bâton, et moi de vider la maison. C'est bien dit, par la merci Dieu. Pourtant qu'il a céans amené ce fricasseur, il fait tant du roi Perrot[209] qu'il n'y a qui souffre ses manières. Mais, par la merci saint Pic[210], je ferai qu'il se souviendra du jour d'aujourd'hui. D'être un peu sur ses ergots en temps de prospérité, il n'y a rien de mal[211],

---

208 OL : 7 *gynæcio* (de son gynécée).

209 OL : *satis pro imperio agit* (il se prend à vouloir commander). Tiron a déjà employé la même expression dans sa traduction des *Épîtres morales* de Tixier de Ravisi (Anvers, 1563) : dans l'épître 130, où il est question d'un jeune homme très orgueilleux qui se comporte, dit le texte latin, comme un *rex tragicus*, il a préféré, renonçant au mot à mot, parler d'un personnage qui s'enorgueillit « comme un roi Perrot ». Érasme explique qu'un roi de tragédie est un roi sans pouvoir et qui n'est roi que de nom (adage 1479, *Tragicus rex*). D'où vient cette allusion à un roi Perrot ? S'il y a un fondement historique, on peut songer à Pierre 1er Chenu, dit Perrot, roi d'Yvetot à la fin du XVe siècle. On sait que les seigneurs d'Yvetot défendaient avec une certaine susceptibilité le titre royal qui était attaché depuis des siècles à leur modeste terre normande. On pourrait également penser à Pierre de Coninck, encore appelé Pierron Le Roy, héros populaire de la révolte des Brugeois contre la royauté française au début du XIVe siècle, cité dans les anciennes chroniques de Flandres. Mais Perrot peut aussi désigner un simple roi de farce ou de carnaval.

210 Aucun équivalent dans l'OL. Il n'y a pas de saint de ce nom. Peut-être est-ce une déformation pour saint Piat, très populaire dans le Hainaut (piat → pie → *pica*). Saint Piat ou saint Pion était réputé patron des buveurs (Di Stefano, p. 1568). Mais c'est plus probablement un saint de fantaisie, comme on en faisait beaucoup pour s'autoriser à jurer sans être blâmé, ici protecteur de ceux qui « piquent » ou plutôt de ceux qui ont été « piqués », c'est-à-dire molestés, et qui ont ainsi une revanche à prendre, un dieu de la vengeance, en quelque sorte. Dans la même veine, ce pourrait être aussi un patron supposé des tricheurs, car le mot pic était un terme de jeu. On trouve le juron « par saint Picault » chez Rabelais (*Tiers livre*, 29), qui devient chez Larivey « par saint Picot » (*Le Morfondu*, acte II, scène 5) ou « vertu saint Picot » (*Les Écoliers*, acte V, scène 2). Dans ce cas, on peut considérer Picault et Picot comme des diminutifs de Pic, mais sans référence à un saint ou martyr réel.

211 OL : *Secundas res superbiae decent* (Quand les affaires sont prospères, la fierté est légitime). À cette sentence inspirée de Plaute (*Stichus*, 300), Tiron a préféré une tournure figurée

aussi m'en tais-je. Mais aussi quand la fortune viendra à lui tourner visage et qu'il aura à faire de nous, il pourra bien dire qu'il parlera à une sourde[212] s'il s'en vient à moi aux requêtes. En bonne foi, je te mercie de bon cœur, Claquedent, qui as été moyenneur pour moi et m'as sauvé maints coups de bâton. Mais ne suis-je pas bien misérable d'être venue en une telle maison, où il y a tant de maîtres, où à peine dix cuisiniers suffisaient à appareiller les viandes que notre beau dépensier bouteiller a maintenant apportées, s'il vous plaît ? Maintenant a-t-il à foison que gourmander, le soûlant[213], il a assez de quoi farcir son orde tripe, le pourceau infect[214]. Oh ! Comme gentiment il fait son devoir, amenant céans ménétriers et chanteresses, afin que le gentil muguet danse ! Ma foi, il y est bien propre, voire comme un chameau au bal[215]. Davantage il a mandé venir cette noble Gorrière, pour autant que c'est chère denrée pour cet étranger qui est céans. Qui pourrait fournir à tels dépens, voire fût-ce quelque grand prince ? Et pour dire de Galifre ce qui en est, qu'est-ce autre chose qu'une peste et ruine commune des jeunes gens ? Hé hé ! Tout beau ! Que dis-je ? Peut-être y a-t-il quelqu'un ci-près qui m'écoute. Pourtant m'en vais-je voir si je trouverai Ardent par la voie, avec la Gorrière. La male mort dépêche le pays de tous deux[216], car j'ai presque été érénée[217] par leur musardie. Bon Dieu, je vois là loin une troupe de servantes qui sont en chemin. À peine pourront-elles tenir en notre logis. Je m'en vais au-devant d'elles pour leur faire mon message.

---

populaire (Di Stefano, p. 606).

212 OL : *mortuo canet* (il adressera ses chants à un mort). Érasme, adages 386 (*Mortuo verba facit*) et 387 (*Surdo canis. Surdo fabulam narras*).

213 On ajoute une virgule après gourmander. Il faut comprendre : « Maintenant il a à foison de quoi gourmander, ce soûlant. » C'est une traduction fidèle de l'OL : *Nunc affatim habet, quod plenis faucibus helluo voret* (À présent, il a suffisamment de quoi dévorer à plein gosier, ce goinfre). Le substantif soûlant, pour désigner celui qui recherche la soûlance (ou saoulance), c'est-à-dire la satiété, est très archaïque.

214 OL : *Habet, quod in foedissimam ventris sui proluviem mittat, Harpyia obscoenissima* (Cette harpie immonde, elle a de quoi grossir le flux infect de son ventre). Les mots *foedissimam ventris … proluviem* renvoient directement à la vision virgilienne des Harpies (*Énéide*, III, 216-217), que Tiron n'a pas souhaité conserver.

215 Érasme, adage 1666 (*Camelus saltat*).

216 OL : *Ut utrunque male perdat Jupiter* (Que Jupiter les damne l'un et l'autre).

217 OL : *propemodum perieram* (j'ai failli périr). Éréner ou errener : briser les reins.

Scène 2

LA GORRIÈRE, ARDENT, BOUCHEFRAÎCHE

LA GORRIÈRE. Est-il vrai que le Rustre vous a ici envoyé ?

ARDENT. Il est vrai.

[LA GORRIÈRE. Pour me faire venir ?

ARDENT. Exact.][218]

LA GORRIÈRE. Qui est ce tant grand seigneur qui veut que je voise à lui, moi qui ne laisse pas volontiers mon logis, si ce n'est à bonnes enseignes ?

ARDENT. Je ne sais, sinon que mon maître a reçu le seigneur fort courtoisement.

LA GORRIÈRE. Avait-il quelque appareil pour le souper que tu aies vu ?

ARDENT. Non, mais Galifre était allé acheter la provision et l'hôte tenait tous ses gens embesognés.

LA GORRIÈRE. J'en sais assez. Galifre ne se frotte pas volontiers sinon aux riches. Ardent, ho ! Ardent, dis-moi, que veut dire que Bouchefraîche s'en vient vers nous à si grande hâte ?

ARDENT. Deçà ? Et où est-elle ?

LA GORRIÈRE. Elle s'en vient droit à nous.

ARDENT. Je suis bien ébahi pourquoi.

LA GORRIÈRE. Il peut bien être qu'elle nous fera retourner et que nous sommes contremandés, pour ce que cet homme étranger ne voudra faire tant de dépens.

ARDENT. Je ne le pense pas.

LA GORRIÈRE. Arrêtons-nous un peu.

BOUCHEFRAÎCHE. Gorrière, le seigneur vous attend pieça au banquet. Que ne venez-vous ?

LA GORRIÈRE. Hé ! Bouchefraîche m'amie, je viens.

BOUCHEFRAÎCHE. Vous dussiez jà être venue.

[LA GORRIÈRE. Mais pour quelle raison, voyons ?

BOUCHEFRAÎCHE.][219] Pourtant qu'ils sont déjà tous assis, et votre nouvel amoureux est courroucé que vous n'êtes présentée.

LA GORRIÈRE. Quel personnage est-ce ?

---

218 Ces deux courtes répliques manquent dans la traduction.

219 La petite réplique de la Gorrière, qui coupe inutilement le propos de Bouchefraîche, manque aussi dans la traduction.

BOUCHEFRAÎCHE. Qu'est-il besoin le vous louer ou priser, Gorrière ? Je suis bien sûre que vous-même direz qu'il mérite bien une telle amoureuse que vous.

LA GORRIÈRE. [Tu as raison, Bouchefraîche.][220] Mais n'est-il point enamouré de moi ?

BOUCHEFRAÎCHE. Demandez-vous cela ? Il en est embrasé tout vif, il en perd les pieds, il ne sait où il en est[221].

LA GORRIÈRE. Hâtons-nous tôt.

Scène 3

EUBULUS, PELARGUS

EUBULUS. Je m'en vais voir que fait Pelargus et comme il porte l'absence de son fils, lequel il aime tendrement, et à présent gémit pourtant qu'il l'a banni de sa maison, et non sans cause, car il l'a nourri et élevé avec grand labeur, et après en a eu un soin merveilleux, pourtant qu'il espérait avoir pour l'avenir un plaisir et joie perpétuelle de sa présence. Je crois, vu la bonté et humanité de lui, qu'il est maintenant en un merveilleux soin touchant la santé de son fils. Maintenant vais-je voir s'il use de moyen et attrempance en ses trop grands ennuis, comme à homme sage appartient.

PELARGUS. J'apprends par moi-même combien grand est le souci qu'un père a de son enfant quand il est absent. D'autant que pour ce qu'il y a bon espace que mon fils s'est parti de moi, mon cœur ne peut être à repos. Toujours je l'ai en la pensée, sans fin je l'ai devant les yeux, je n'ai moindre soin de lui en son absence que je soulais avoir lorsqu'il était présent. Oh ! Que bien je voudrais qu'Eubulus fût ici, avec lequel je prends plaisir de deviser de mon fils absent ! Mais le voilà, et tout à propos. Dieu vous garde de mal, Eubulus.

EUBULUS. Ô Pelargus mon ami, je ne vous avais point aperçu. S'il vous est bien, il va bien, et j'en suis joyeux, car je m'étais mis à chemin exprès pour entendre comme il vous va.

PELARGUS. Tous chagrins et soucis s'assemblent en moi.

---

220 Mots manquants.

221 OL : *Caleat rogas ? Imo ardet te intime* (S'il brûle d'amour ? Bien plus, il y a en lui une ardente passion pour vous). Tiron ici étoffe un peu le propos.

EUBULUS. Touchant quoi ?
PELARGUS. Touchant quoi ? Touchant mon fils.
EUBULUS. Auriez-vous bien si tôt ouï de lui quelques males nouvelles ?
PELARGUS. Rien qui soit. Seulement suis-je en émoi comme il se porte.
EUBULUS. J'ai espérance qu'il se portera bien.
PELARGUS. Dieu le veuille.
EUBULUS. À quelle occasion vous chagrinez-vous donc tant ?
PELARGUS. Pour l'amour de mon fils.
EUBULUS. Je vous prie ne vous tant tourmenter.
PELARGUS. Je ne puis autrement faire, Eubulus, c'est mon fils.
EUBULUS. Bien qu'il soit votre fils, qu'est-il besoin de vous tant affliger ?
PELARGUS. Il est force que je le fasse.
EUBULUS. Si vous êtes déterminé de ne faire autrement, je m'en irai.
PELARGUS. Plutôt qu'être privé de votre compagnie, je ferai votre commandement.
EUBULUS. Tout premièrement, ce qui vous sera fort à faire, gardez-vous de vous chêmer trop, puisque par cela vous ne pourrez faire meilleure ni amender la condition de votre fils. Plutôt laissez-en faire à la destinée, ou plutôt à Dieu[222], en la garde duquel il est, sans vous amuser aux Épicuriens qui disent que Dieu n'a soin de choses quelconques[223]. Beaucoup meilleure est l'opinion d'Homère qui, sans faire cas de la fortune[224], permet toutes choses au décret et gouvernement de la puissance divine[225]. Or avez-vous traité votre fils, tant que le temps l'a permis, ainsi qu'un bon père doit faire. Maintenant il a pris congé de vous, endurez-le, vous aurez assez fait votre devoir si vous lui gardez un bon cœur, duquel ce que bon semblera à Dieu d'en ordonner[226] il le faudra louer à jointes mains[227]. Qui est celui qui onc répugna à Dieu[228] sans encourir impiété ou sans griève punition et malheur ? En bonne foi, tu seras, et à bon droit, nommé pervers, si

222 OL : *eum fatis totum relinquito curandum* (laissez-le tout entier aux soins des Destinées).
223 Voir le début de la lettre d'Épicure à Ménécée (Diogène Laërce, X).
224 OL : *τύχην vagam cum nesciat* (puisqu'il rejette le terme imprécis de chance).
225 Celui qu'Homère appelle le « grand Zeus » (*Odyssée*, IX, 411) ou encore le « père des dieux et des hommes » (*Iliade*, XV, 12) a été présenté comme une préfiguration du Dieu judéo-chrétien par certains Anciens, notamment par Clément d'Alexandrie, dans ses *Stromates*. Cette phrase d'Eubulus est prise presque littéralement à Macrobe (*Saturnales*, V, 16, 8).
226 Ce qu'il semblera bon à Dieu d'ordonner concernant votre fils.
227 OL : *utroque pollice* (sans réserve). Expression d'Horace (*Épîtres*, I, 18, 66).
228 OL : *cum diis… pugnavit* (qui a combattu les dieux). Érasme, adage 1444.

tu étends ta sollicitude outre ce qui est prédestiné, puisque l'issue de l'avenir est en la main de Dieu[229]. Qu'avez-vous à être en cet endroit si éperdu, pauvre homme ? Voulez-vous par votre défiance faire Dieu menteur, qui a dit qu'il prendra soin de nous, qui même a compté tous les cheveux de notre tête[230] ? Quel homme vous faites-vous, pour contredire à ce qui est de Dieu préordonné[231] ? Portez-vous donc envie au gouvernement qu'il a des choses mondaines[232] ? Je prie à Dieu qu'il vous veuille remettre en votre bon sens.

PELARGUS. Vous me forcez de condescendre à votre avis, de manière que désormais j'aurai l'esprit plus à repos. Toutefois ce ne sera sans avoir un doux remords de mon fils. Je suis homme, Eubulus, et ne suis point étrangé d'humanité[233].

EUBULUS. Je vous prie, gardez-vous bien que ne portiez une folle affection à votre fils, laquelle vous pensiez être le grand amour que lui devez, attendu qu'il se trouve des affections mauvaises qui ont apparence de raison, afin que ne vous laissiez abuser, desquelles vous ne pourrez à la fin recevoir sinon une déception et tromperie dommageable. Mais que vous dit votre fils à son département ?

PELARGUS. Il me dit adieu, en deux paroles[234].

EUBULUS. Et quoi davantage ?

PELARGUS. Rien.

EUBULUS. N'était-il pas triste à son départ ?

PELARGUS. Au contraire était-il bien joyeux, Eubulus, et pourtant me fit-il sortir les larmes des yeux, pour être si froidement affectionné envers son père.

EUBULUS. Il en advient ainsi ordinairement que, quand la vertu est présente, nous n'y visons que bien peu, mais, quand elle est hors de notre vue, nous la recherchons à l'envi[235]. Ce que votre fils ne peut apercevoir pour l'âge en quoi il est, et pourtant il avise et pourvoit

---

229 Le passage à la deuxième personne du singulier peut s'expliquer par le fait que la phrase est plus une sentence qu'un conseil personnel.

230 Matthieu, 10, 30.

231 Romains, 9, 20.

232 OL : *ipsi μοναρχιαν rerum mortalium*. Traduction fidèle.

233 OL : *Homo sum, Eubule. Humani nihil a me est alienum*. Reprise, à un mot près, de la plus célèbre phrase de Térence (*Heaut.*, 77).

234 OL : *Duobus verbis jussit me longum valere* (En deux mots, il m'a souhaité longue vie). Érasme, adage 1204.

235 Propos d'Horace (*Odes*, III, 24, 31-32).

mal à son cas. Mais il s'amendera avec le temps, quand après le coup il sera sage à ses dépens[236]. Il connaîtra étant malade de quoi sert la santé. Je sais que maintenant il se repent de son fait. Il a par trop été âpre à désirer liberté et, si en cela il a failli, il se sentira par ci-après[237], quand, étant nu et destitué de toutes choses[238], il se retirera vers vous comme à un port de sûreté. Ce qu'il adviendra, à mon jugement.

PELARGUS. Ô Eubulus mon ami, cet avis me met en doute.

EUBULUS. Il n'y a que douter en cela[239]. Mais, si cela advient, usez-lui de miséricorde.

PELARGUS. Je ne m'attends point qu'il en sera ja besoin[240].

EUBULUS. En bonne foi, si fais bien, moi[241]. Et si ne dis point ceci pour autant que je pense qu'il ait commis aucun mal. Toutefois, si ainsi était, vous voyez l'âge où il est, laquelle est totalement encline à suivre plutôt le mal que le bien[242], et mêmement quand on laisse telles gens faire à leur fantaisie. Car que vaut le meilleur qui soit en lui ? Ce mal pernicieux qui a perdu nos premiers parents[243] lui a aussi gâté et corrompu l'esprit, d'où advient qu'il ne peut être qu'il ne soit sollicité à voluptés désordonnées, lesquelles il mettra peine de suivre selon le conseil de Philautus, si ce n'est qu'il ait à main un correcteur[244] qui le remette en meilleure voie. Or le très bon correcteur, c'est Dieu, que vous le sachiez, lequel tient en sa main et gouverne toutes choses, et auquel, pour le dire sommairement, tous vivons, mouvons et sommes[245], vu que lui seul est juge et arbitre de toutes choses.

---

236 OL : *quando malo accepto stultus sapiet* (quand le malheur subi assagira le sot). Érasme, adage 31.

237 OL : *posterius sentiet* (il en aura conscience plus tard).

238 OL : *naufragus*. Tiron aurait pu garder le terme, qui prépare l'image du port.

239 OL : *Nihil est quod metuas* (Votre crainte ne sert à rien).

240 OL : *Non usus veniet, spero* (Cela [= le « naufrage »] ne se produira pas, j'espère). Cette réplique et le début de la réplique suivante copient largement et littéralement Térence (*Heaut.*, 553-555).

241 OL : *Spero item ego hercle* (Moi aussi, je l'espère sincèrement).

242 OL : *In pessima sequax est et in malum propendet pectore toto* (On est [à cet âge] porté au pire et on s'abandonne totalement au mal). Érasme, adage 326 (*Toto pectore*).

243 OL : *quod πρωτοπλάστους perdidit patres*. Traduction littérale. Le mot grec est sans doute plus commun que son dérivé latin tardif *protoplastos*.

244 … voluptés qu'il s'appliquera à suivre… sauf s'il a à sa portée un correcteur.

245 Actes des apôtres, 17, 28.

PELARGUS. Je crois, Eubulus mon bon ami, que tous ces propos ont par vous été mis en avant autant à la vérité comme la bonne affection que vous me portez vous y incite[246]. En votre parler y a une grâce et efficace merveilleuse, telle qu'on dit avoir été en Périclès[247]. Et en vérité je voudrais bien pouvoir du tout mettre en oubli mon fils absent, pourvu que je le pusse faire.

EUBULUS. À cœur vaillant, rien impossible[248]. Vous plaît-il autre chose de moi, seigneur ?

PELARGUS. Que me veniez voir quand il vous viendra à point, homme de bien.

EUBULUS. Puisque ainsi vous plaît, j'en suis content, car je suis et serai toujours du tout à votre commandement.

Scène 4

BOUCHEFRAÎCHE, ARDENT

BOUCHEFRAÎCHE. Je suis bien aise d'être venue à bout de ce souper, tant j'ai été embesognée après cette belle cuisine. Je voudrais bien au moins me pouvoir un peu reposer, étant si lasse que je n'en puis plus. Mais je m'ébahis que vient Ardent ici faire, vu qu'on a porté la desserte là-dedans[249]. Que fait-on en la chambre, Ardent ?

ARDENT. Demandes-tu [ce] qu'on y fait ? Ils se traitent à cœur saoul de toutes bonnes viandes et sont presque tous ivres[250], si ce n'est Galifre

---

246 OL : *Credo, Eubule, omnia haec tam vere quam studiose orarier* (Je crois, Eubulus, que tous ces propos ont été dits avec autant de franchise que d'ardeur). La phrase de Tiron doit se comprendre ainsi : … ont par vous été mis en avant par souci de vérité, autant que vous y incite la bonne affection que vous me portez.

247 OL : *Quod de Pericle ferunt, Suadela in labiis sessitat tuis* (La persuasion siège sur vos lèvres, comme on disait à propos de Périclès). Le propos serait d'Aelius Aristide. Cicéron l'attribue au comique grec Eupolis (*Brutus*, LIX, 18). Voir Érasme (*Ciceronianus*, *Opera*, I, p. 815 ; adage 2373, *Sedecim pedibus superavit*).

248 OL : *Fidenti sperata cedunt* (Les choses espérées vont à celui qui croit). Devise chrétienne (d'après Romains, 5, 5 ; Hébreux, 11, 1). Quant à la devise de Jacques Cœur, qui en est la traduction approximative, elle est citée en toutes circonstances à la Renaissance (*Voyage de Gênes* de Jean Marot, *Complainte de Renommée* de Jean Molinet, *Nouvelles récréations* de Bonaventure des Périers, etc.). Di Stefano, p. 353-354.

249 L'ensemble des plats ayant été amené dans la salle à manger, il n'y aurait donc pas lieu de revenir en cuisine.

250 OL : *cena dubia sese explent, atque item proluti vino sedent conviv*æ (les convives se gavent au cours de ce repas douteux et se tiennent là, arrosés de vin). Le doute tient à l'embarras

qui met toujours au four et ne peut être rassasié. Il fourre tout chez soi, il met tout en sa panse.

BOUCHEFRAÎCHE. Je t'en crois bien. Aussi ne fait-il rien de nouveau, car, s'il y a des gourmands au monde, il en est un[251]. Et l'hôte, à quoi entend-il ? N'est-il pas tout étonné, contemplant la grande beauté de la Gorrière ?

ARDENT. C'est bien au rebours. Il dit qu'il ne sait comment il a son saoul de l'amour[252].

BOUCHEFRAÎCHE. Amour n'a en soi ni conseil ni moyen[253].

ARDENT. Voulez-vous, Bouchefraîche, recevoir de moi quelque gracieuseté ?

BOUCHEFRAÎCHE. Je ne refuserai rien de votre main.

ARDENT. Essayez quel goût a ce vin ?

BOUCHEFRAÎCHE. Oh ! Quelle framboise ! Quelle touche il a[254] !

ARDENT. Videz la tasse.

BOUCHEFRAÎCHE. Hum, hum ! Jamais que je sache je ne bus vin plus fumeux. Viens çà, Ardent, je suis à ton commandement quand il te plaira. Ne fais que dire quand il viendra à point.

ARDENT. Tout maintenant s'y adonne l'occasion. Le temps et l'affaire le requiert.

BOUCHEFRAÎCHE. Comment, Ardent ?

ARDENT. Vous savez assez, Dieu merci, le maigre traitement que nous avons céans quand il n'y a point de gagnage.

BOUCHEFRAÎCHE. Mais dommage[255].

[ARDENT.] Maintenant est cet étranger céans, au moyen de quoi pouvons faire provision pour un mois[256].

[BOUCHEFRAÎCHE.] Enseigne-moi comme se pourra faire.

ARDENT. Si nous deux par ensemble crochetons la dépense en cachette.

BOUCHEFRAÎCHE. Oh ! La belle entreprise, pour nous faire charger de bois par Galifre !

---

du choix dans un repas où les mets sont nombreux. Érasme, adage 1323 (*Dubia caena*).

251 OL : *Nam πολυφάγος est, si quisquam alius* (Car c'est un goinfre, plus que tout autre). En latin, *polyphagus*.

252 OL : *Imo ait nescire se quo pacto amoris sumpserit satietatem* (Au contraire, il dit ne pas savoir comment il comblera son désir amoureux).

253 L'amour n'a en soi ni raison ni mesure.

254 OL : *Hem, bromion est* (Hum ! Il vient de Bacchus !). Il a la couleur de la framboise.

255 OL : *Scilicet* (Assurément). C'est même dommageable.

256 Tiron attribue cette réplique à Bouchefraîche.

ARDENT. Et va, va, sotte, tu ne l'entends pas. Nous taillerons de chacune sorte un lopin qu'il ne s'en aperçoive.

BOUCHEFRAÎCHE. Non, non, un vieux renard ne se prend au lacet[257]. Ne vous abusez pas là davantage. Je sais trop quel diable c'est que Galifre quand la tête lui échauffe et comme il a la main légère, mêmement s'il sent qu'on ait mis les griffes à la viande. Pour le même cas, il ferait assembler le ciel et la terre[258]. C'est bien merveille que jamais on n'ôte la lippée à un chien affamé sans qu'il s'en venge. Et pourtant donne-toi garde, si tu es sage, de te brasser un mal à tes dépens[259]. Mais ho ! Écoute, c'est à toi que je dis.

ARDENT. Qu'y a-t-il ?

BOUCHEFRAÎCHE. Quoi ? Regarde, voilà la Gorrière qui s'en vient avec notre hôte.

ARDENT. Parbieu, il n'est pas saison de m'amuser ici. Puisque je vois qu'ils sont levés, entrons là-dedans, Bouchefraîche.

BOUCHEFRAÎCHE. Va-t'en devant, je te suivrai.

Scène 5

LE PRODIGUE, ARDENT, LA GORRIÈRE

LE PRODIGUE. Ho ! Valet, viens çà, j'ai à te dire un mot.

ARDENT. Que vous plaît-il, magnifique seigneur ?

LE PRODIGUE. Que quand il sera temps tu nous appelles au chaudeau[260]. Entre-temps nous nous promènerons ci-auprès.

ARDENT. Ainsi le ferai-je, seigneur. Vous plaît-il autre chose ?

LA GORRIÈRE. Commandez-lui qu'il apprête un bon lit mol.

LE PRODIGUE. Ho ! Mon ami, la couchette de plaisance, qu'elle soit mise à point. As-tu ouï ?

ARDENT. Il sera fait tout subit, sire.

LE PRODIGUE. Je ne puis faire que je ne t'embrasse, ma vie, mon seul soulas.

LA GORRIÈRE. Tout à ton plaisir, mon âme, mon confort.

---

257 Érasme, adage 917 (*Annosa vulpes haud capitur laqueo*).

258 Adage 281 (*Mare caelo miscere*).

259 OL : *cave ne ullum tuo tibi jumento accersas malum* (Garde-toi d'aller chercher ton malheur sur ta propre monture). Érasme, adage 50.

260 OL : *ad repotia*. Petite collation qui termine un long repas.

LE PRODIGUE. Maintenant m'est la vie plaisante, maintenant je jette arrière tous chagrins et fâcheries, puisque j'ai tant de bonheur que de te pouvoir voir et entretenir. Ô face angélique ! Est-ce peu de cas que d'avoir le crédit d'être en un même logis et banqueter ensemblement, toi et moi ? Çà, donne-moi un baiser si tu m'aimes, ma mignonne.

LA GORRIÈRE. Mais plutôt dix, mes yeux[261].

LE PRODIGUE. Ô vie plaisante, ô plaisirs des dieux ! Combien est florissant, combien est agréable et plaisant tout ce que sur toi je contemple ! En mon âme, tu es bien digne que je te fasse du bien, et le ferai de bon cœur. Tout ce que j'ai est à ton commandement.

LA GORRIÈRE. En nenda[262], je vous remercie, monsieur[263].

LE PRODIGUE. Y a-t-il chose que veuillez avoir de moi ? Demandez hardiment, vous ne serez ja éconduite. Voulez-vous une attache d'or[264] ? Voulez-vous avoir une coiffe ? Ou vous plaît des bracelets ? Ils vous seront donnés.

LA GORRIÈRE. Je ne veux rien de tout cela.

LE PRODIGUE. Voulez-vous de l'or ?

LA GORRIÈRE. Seulement cette chaîne, mon grand ami[265].

---

261 Dans l'*EPP* (v. 461), la Gorrière en proposait seulement six !

262 OL : *Pol* (Par Pollux). On laisse la graphie de la traduction, mais la forme la plus commune était « en enda ». On disait encore « par enda » ou « par mon enda », toujours pour renforcer une affirmation, donc dans le sens des adverbes vraiment ou assurément. Les dictionnaires précisent que c'était une façon de dire typiquement féminine, ce qui laisserait penser que le mot enda était à l'origine un substantif désignant un attribut ou une partie du corps féminin. En somme, un équivalent de l'interjection masculine « par ma barbe ».

263 OL : *passercule mi* (mon petit moineau). Chez Plaute, l'expression fait partie du répertoire des mots doux dont peut disposer une courtisane (*Asinaire*, 666, 693). Il est curieux que Tiron ne maintienne pas ici le niveau de langue.

264 OL : *aureum spinter*. C'est un bracelet pour le haut du bras.

265 OL : *mea mentula*. L'expression, qu'on ne trouve ni chez Plaute ni chez Térence, figure dans le colloque *Adolescentis et scorti* d'Érasme : elle est employée au début par la courtisane Lucretia qui s'adresse à son jeune amant occasionnel Sophronius (*Opera*, I, p. 606). Dans sa lettre *De utilitate colloquiorum, ad lectorem* (1526), Érasme est revenu sur cette expression pour préciser qu'elle est fort commune dans le langage amoureux, y compris chez les honnêtes femmes, et que ceux qui ne supportent pas de l'entendre peuvent toujours en employer une autre, plus atténuée, comme *mea voluptas* (*ibid.*, p. 759). En la traduisant par « mon grand ami », Tiron remplace une synecdoque triviale par une métaphore délibérément élégante, ironique et un peu décalée, ce qui fait que sa traduction, apparemment fausse et pudique, devient subtilement audacieuse. Signalons qu'un maître d'école savant et timide pourrait aussi laisser croire que, *mentula* étant perçu comme un diminutif de *mens*, la Gorrière appelle en réalité le Prodigue « ma petite âme ». La meilleure traduction en

LE PRODIGUE. Et le carcan, et toute autre chose que voudrez demander vous sera donnée, car, de refuser rien qui soit à m'amie, j'en ferais grande conscience. Tenez, prenez ce carcan pour environner votre rond et blanc col.

LA GORRIÈRE. Or çà, mon doux poupard[266], que te semble maintenant ? Suis-je belle à ton gré ? Te plais-je bien ?

LE PRODIGUE. Qui, vous ? Sans porter autre atour quelconque, Vénus n'est rien au prix de vous. Mais, je te prie, Gorrière, dis-moi…

LA GORRIÈRE. Et quoi, mon ami ?

LE PRODIGUE. M'aimez-vous ?

LA GORRIÈRE. Vous moquez-vous ? Plutôt ne m'aimerais-je moi-même que de vous faire faute en cela. Tenez cela aussi certain comme il est vrai que vous vivez.

LE PRODIGUE. Or bien, m'amie, je le crois, mon âme. Je suis bienheureux d'être en la grâce de m'amie. Un baiser, mon soulas, cela est plus doux que miel. Je te prie, belle dame, que tu sois mon cœur, puisque je suis le tien[267].

LA GORRIÈRE. En bonne foi, il n'y a autre qui si cher me soit que mon Prodigue.

LE PRODIGUE. Je vous embrasse aussi, en contre-échange pour la moitié de mon âme. Ô mains délicates ! Ô joues vermeilles ! Mais que tu es belle !

LA GORRIÈRE. Qui est-ce aussi qui te refuserait, mignon des dames[268] ?

LE PRODIGUE. Je suis tout embrasé de ton amour, ma plaisance.

LA GORRIÈRE. Tu as opportunité d'amortir cette chaleur. Qu'as-tu à soupirer, mon petit cœur ?

LE PRODIGUE. C'est toi, l'heur de ma félicité, c'est toi qui m'ards[269] jusqu'aux entrailles.

ARDENT. Nous avons appareillé les lits, seigneur, ainsi que l'aviez

---

français actuel, compte tenu du contexte, est certainement « mon bijou », que propose Jacques Chomarat (Érasme, *Œuvres choisies*, Le Livre de Poche classique, 1991, p. 698).

266 OL : *mi dulcis pusio.* Traduction tout à fait fidèle ici.

267 Dans cette réplique, les mots « m'amie », « mon âme » et « belle dame » sont des ajouts du traducteur. L'expression « mon soulas » traduit *mea lux.* Ce langage amoureux rappelle celui d'Olympio chez Plaute (*Casina*, 134-140).

268 OL : *Veneris catelle* (bichon de Vénus).

269 La traduction donne « qui m'ars ». On adopte pour le verbe ardre la graphie la plus commune (Gougenheim, p. 117).

commandé. Quand il vous plaît, entrez au banqueter[270], car tout est prêt.

LE PRODIGUE. Viens çà, tu es un bon serviteur et diligent de soigner si bien de mon cas. Prends cela que je te donne.

ARDENT. Vous usez de grande libéralité envers moi, je me sens à jamais obligé à vous pour un tel bien. Je prie à Dieu, sire, qu'il vous doint bonne vie et longue. Oh ! Que bien souvent adviennent choses qu'on n'oserait espérer ! Pensant à dérober à mon maître quelque peu de viandes, l'or m'est venu jusqu'au sein sans que je m'y attendisse. Me voilà échappé[271] !

LE PRODIGUE. Irons-nous maintenant, ma douceur, mon miel ?

LA GORRIÈRE. Quand il vous plaît, je suis toute prête.

LE PRODIGUE. Allons passer toute cette nuit au déduit d'amour.

LA GORRIÈRE. J'en suis contente.

270 Substantivation de l'infinitif, remise au goût du jour par la Pléiade (Gougenheim, p. 138).

271 OL : *Salvus sum !* (Me voilà sauvé !). Ces dernières phrases de la réplique sont bien évidemment en aparté.

ACTE IV

Scène Première

GALIFRE *seul*

Est-il possible que j'aie dormi si haute heure et que mes yeux s'entretiennent encore ? Morbieu, il faut bien chasser cette paresse au diable, il faut bien autrement entendre à notre gain. Mais d'où viens-je à avoir un si grand désir de vomir ? Que veut dire qu'ainsi je bâille ? Çà, çà, étendons ces nerfs, chassons ce sommeil. Quoi ! La viande qu'hier tu avalas te vient-elle au ronge[272] ? Comme rotes-tu ainsi ? Si n'est-ce pas ta coutume, car, Dieu merci, tu as bon estomac, fût-ce pour digérer viandes crues. Te faudra-t-il des échalotes pour te rendre l'appétit[273] ? Non, mais je crois plutôt que c'est l'estomac qui me grouille de faim[274], comme de coutume, car je n'ai point souvenance avoir onc senti telle pesanteur, pour beaucoup que j'eusse mangé, qu'il me fallût rendre ma gorge, eussé-je Montgibel dans le ventre[275]. Mais, hé ! Est-ce là Claquedent, si matin levé, qui hier soir but tant ? Voire le galant[276] !

Scène 2

CLAQUEDENT, GALIFRE

CLAQUEDENT. Ô Dieu, garde le patron, le patron et appui des écornifleurs.
GALIFRE. Dieu garde l'honneur des papelards[277].

---

272 La nourriture d'hier te remonte-t-elle ? Au sens propre et au sens figuré, elle lui revient en gorge, mais aussi en mémoire.

273 OL : *inulis acidis*. L'*inula acida*, c'est-à-dire l'inule ou aunée, passait pour rétablir l'estomac et remédier aux flatulences (Pline, *Histoire naturelle*, XIX, 92 ; XX, 38). Ce n'est pas exactement l'échalote. Voir aussi Horace, *Satires*, II, 2, 44.

274 OL : … *latrare stomachum*. C'est, plus précisément, l'estomac « aboyeur » dont parle Horace (*Satires*, II, 2, 18).

275 OL : *ubi ipsam Aethnam circumfero* (où je sens comme un Etna qui m'encercle et me pèse). Image inspirée d'Ovide (*Métamorphoses*, XIII, 868-869). Montgibel est un autre nom de l'Etna, formé sur le mot arabe désignant une montagne.

276 OL : *Hem !* (Oh !). L'interjection exprime ici un étonnement plutôt admiratif.

277 Dans l'OL, Galifre est qualifié de « pilier de l'ordre des Parasites » et Claquedent de « principal ornement de la Secte gnatonique ».

CLAQUEDENT. Les ânes s'entre-grattent[278] galantement. Cela peut-on bien dire quand nous louons l'un l'autre.

GALIFRE. Dis-moi, Claquedent, par ta foi, comme te plut le festin hier soir ?

CLAQUEDENT. Jamais je ne fis plus grand chère pour un souper, que je sache. Je remplis mon ventre jusqu'au gosier de ces viandes délicieuses. Et toi, quoi ?

GALIFRE. J'en pris tant que j'en pus saquer[279]. Je ne me puis tenir de lécher le bord des lèvres. Les reliefs d'hier soir me semblent miel et sucre[280].

CLAQUEDENT. Parbieu, je m'en délèche encore et ce qui m'en est demeuré au bout des doigts me rompt le nez.

GALIFRE. Va maintenant, et désormais te moque de mes songes.

CLAQUEDENT. Jamais je n'eusse pensé qu'ainsi en fût advenu, Galifre mon ami. L'aventure nous a bien dit d'avoir si bien rencontré[281] et d'avoir eu le Dieu de mangerie si propice[282].

GALIFRE. Et puis, reconnais-tu point maintenant de qui te vient ce bien ?

CLAQUEDENT. Par toi je suis un petit roi, ami Galifre, sans toi je m'en allais mendier.

GALIFRE. Je l'ai fait volontiers.

CLAQUEDENT. J'en dois être joyeux, c'est de votre grâce[283].

GALIFRE. J'en dois triompher.

CLAQUEDENT. Io, io, [Bacchus notre père.

GALIFRE. Io, io, Cérès.

CLAQUEDENT.][284] Chantons une chanson à la manière des Bacchantes[285].

GALIFRE. Gardons ces réjouissances sur le soir pour abattre la viande,

---

278 OL : *Mutuum muli scabunt.* Érasme, adage 696.

279 OL : *Genio ipso indulsi maxime* (J'ai cédé à ce plaisir au maximum). Érasme, adage 1374 (*Indulgere genio*).

280 OL : *mel Atticum sapiunt* (… ont la saveur du miel de l'Attique). Ce miel de thym passait pour le meilleur du monde selon Pline (*Histoire naturelle*, XXI, 57).

281 Le hasard nous a bien inspirés en nous faisant tomber sur une si belle occasion.

282 OL : *tam propitium habuimus Comum* (nous avons eu Comus si propice). Érasme dit que Comus était le dieu des ivrognes (adage 3791).

283 Le second membre de la phrase, avec un vouvoiement un peu surjoué, est ajouté par Tiron.

284 Ce petit passage entre crochets manque à la traduction.

285 OL : *Age, ineamus quaeso cantiunculam qualem sonant Euanti Thiades* (Allez, entamons, si tu le veux bien, un petit chant pareil à celui que les Bacchantes adressaient à Bacchus).

pendant que monsieur se donnera du bon temps avec la Gorrière. Cela nous servira d'appétit pour le souper. Il sied mal de danser et folâtrer à jeun.

CLAQUEDENT. C'est sagement dit à toi. Que deviendrons-nous maintenant ? Qu'est-il de faire ?

GALIFRE. Ce que l'autre partie du songe nous signifie.

CLAQUEDENT. Qu'est-ce ?

GALIFRE. Ne t'en souvient-il point ?

CLAQUEDENT. Non.

GALIFRE. Je lui viderai la bourse à beaux faux dés.

CLAQUEDENT. N'aurai-je pas part au butin ?

GALIFRE. Quoi donc[286] !

CLAQUEDENT. Si je vous aime et porte honneur, ce n'est pas sans raison.

GALIFRE. Être tant soigné du dîner, et prends garde à la bouteillerie[287].

CLAQUEDENT. Je le ferai. Qu'avez-vous là ?

GALIFRE. Des dés plombés. Les connais-tu ?

CLAQUEDENT. Je les connais et les ai trouvés bien pipeurs, car ils m'ont fait envoler une grande partie de mon bien.

GALIFRE. Il me semble que j'ois là monsieur qui crache. Adieu te dis.

Scène 3

CLAQUEDENT *à part*

Il s'en va, le galant[288], bien délibéré de vous mettre monsieur à blanc, sans lui laisser croix ni pile[289], ce qu'il fera, tant il sait de tours, de ruses et tromperies. Quand il se met à jouer, il fait de premier bonne pipée, feignant de n'y rien entendre, et parfois se laisse perdre un jeu tout bellement, qui est comme une amorce pour échauffer son compagnon.

286 Comment donc ! Bien sûr que si !

287 OL : *Fac interim curetur prandium et cella penuaria* (En attendant, veille à ce qu'on s'occupe du repas, ainsi que du garde-manger). La traduction, avec un infinitif et un impératif coordonnés, est lourde. Un ou deux mots au début auraient-ils été oubliés ? La *cella penuaria* n'est pas exactement la « bouteillerie ».

288 OL : *homo* (notre homme).

289 OL : *ut istius pecuniam emungat omnem* (afin de dépouiller cet homme de tout son argent). Les expressions « mettre à blanc » et « ne laisser ni croix ni pile » sont synonymes (Di Stefano, p. 167, 434-435).

Puis, quand il le voit aux altères[290], tendant à faire de plus en plus grand gain, en un seul coup de dé il racle tous les monceaux d'argent qui sont sur la table, car il vous sait si souplement manier le dé qu'il fait venir tel point qu'il veut. Bref, il s'y sait tellement porter que toujours sa partie s'en va désemplumée[291], ce que pieça il m'a appris à mon grand détriment. Je suis sage après le coup[292]. Mais je sais bien que ce seigneur étranger, ayant perdu tout le sien, sera jeté dehors, et crains beaucoup qu'il ne soit rigoureusement traité. Que dis-je craindre ? Mais au rebours j'en suis joyeux, d'autant que les maux qui se souffrent en commun sont plus légers à passer[293]. Qui plus est, j'aiderai à le mettre en blanc[294] quand le cas s'y adonnera. Pourquoi ne me sera-t-il permis de faire aux autres tout ainsi qu'on m'a fait ? Mais voilà je ne sais qui, qui sort de notre logis. Je m'ébahis si serait bien le Rustre. Ma foi, c'est lui-même. Qu'y pourrait-il avoir qu'il s'en vient si troublé, ce semble ?

Scène 4

LE RUSTRE, CLAQUEDENT, GALIFRE

LE RUSTRE. Dieu éternel, quelle prodigalité est cela ! Quelle superfluité si grande ! Tous les vivants[295] ne sauraient garder cet homme-là qu'il ne s'en voise à perdition.

CLAQUEDENT. Rustre mon ami, dis-moi, de qui as-tu tant de pitié ?

LE RUSTRE. De cet étranger.

CLAQUEDENT. Que lui est-il advenu ?

LE RUSTRE. Il a tout perdu au jeu de dés.

---

290 OL : *Mox ubi incalet lusor* (Ensuite, quand le joueur s'enflamme). L'expression « être aux altères » s'emploie pour une personne dont le visage ou le comportement est « altéré » par une très forte émotion (Di Stefano, p. 38).

291 Tiron a évacué, sans perte de sens, les termes des jeux de dés romains figurant dans l'OL (coup de Vénus, coup du chien).

292 OL : *ictus piscator sapio* (je suis assagi, comme un pêcheur qui a été piqué). Érasme, adage 29.

293 Adage 3209 (*Commune naufragium*).

294 OL : *Quin adjutor accedam miseriae illius* (J'aiderai même à le pousser à la misère). Un peu différente de l'expression « mettre à blanc » (= ruiner), qu'on trouve au début de ce monologue, l'expression « mettre en blanc » signifie, dans un sens un peu plus général, « mettre dans l'embarras » (Di Stefano, p. 167). Dans l'OL, il s'agit cette fois du mot *miseriae* et non plus du mot *pecuniam*. Tiron est sensible à ces nuances.

295 OL : *Salus… ipsa, non possit…* (Le dieu Salut lui-même ne pourrait…).

CLAQUEDENT. Par qui a-t-il ainsi été abusé ?

LE RUSTRE. Par qui penserais-tu, sinon par Galifre ?

CLAQUEDENT. Ne l'ai-je pas bien dit qu'ainsi en adviendrait ? Ô cautèles d'un fin et rusé renard ! Et ce pauvre Prodigue, quelle contenance tient-il ?

LE RUSTRE. Il est tout bouffi de courroux[296], tout perplexe.

CLAQUEDENT. Penses-tu qu'il pourra ici être longuement ?

LE RUSTRE. Je ne le pense pas, car, avant qu'il soit guère, la pauvreté le contraindra de gagner le haut quelque part[297], ou bien peut-être qu'il s'ira pendre, aimant mieux mourir que languir en misère.

GALIFRE. Dois-je maintenant démonter la joie que j'ai[298] ? Ô fortune[299], comme tu m'as regardé de bon œil ! Ô gentils dés, jamais ne vous pourrais assez louer car, si j'ai de quoi passer ma vie sans souffreté, c'est à vous que j'en suis tenu. C'est ainsi qu'il faut engluer ces jeunes folâtres, enivrés de la douce fortune[300].

CLAQUEDENT. Qui est celui-ci qui ainsi se brave, ivre de fortune prospère[301] ?

GALIFRE. Mais où est maintenant Claquedent, pensé-je ?

CLAQUEDENT. Il m'a nommé.

GALIFRE. Pour le faire participant de cette joie.

CLAQUEDENT. Qu'y a-t-il de nouveau, Galifre ? De quoi démenez-vous si grande fête ? Dites, je vous prie.

GALIFRE. Demandes-tu la cause de ma joie ? La chance m'a dit, mon ami, j'ai fait ma main[302]. Vois-tu cette bourse comme elle est enflée, pleine de ducats ?

CLAQUEDENT. Oh ! Le galant homme[303] ! Mais, je vous prie, ne partirons-nous pas ce gain par ensemble, comme il appartient ?

---

296 OL : *jacet in fermento* (il macère dans le vinaigre). Autrement dit, sa colère gonfle. Érasme, adage 1976 (*In fermento jacere*).

297 De se chercher au loin un refuge.

298 OL : *erumpere… gaudium*. Démonter (desmonter) est peut-être une coquille pour démontrer (demonstrer).

299 OL : *Proh Mercuri…* L'invocation de Mercure, dieu des voleurs, était ici appropriée.

300 OL : *pecunia ebrios* (enivrés de leur argent).

301 OL : *dulci fortuna ebrius*. Expression prise à Horace (*Odes*, I, 37, 11-12). Tiron n'aurait peut-être pas dû traduire de la même façon le mot *fortuna* et le mot *pecunia* de la réplique précédente.

302 OL : *Fœliciter cecidit alea* (Le jeu de dés m'a réussi).

303 Bonne restitution du *festivum caput* de Térence (*Les Adelphes*, 261).

GALIFRE. Ah ! Morbieu, faudra-t-il ici jouer des couteaux[304] ?

LE RUSTRE. Tu as gagné cet or en ma maison, fais-en ici restitution, comme les lois du pays ordonnent.

GALIFRE. Tiens ta part de la proie, afin que demeurions bons amis ensemble pour l'avenir.

LE RUSTRE. Qui payera les logis ?

GALIFRE. Qu'ai-je à faire qui ?

LE RUSTRE. Tu as amené cet homme en ma maison.

GALIFRE. Il a des habits.

LE RUSTRE. Et puis, s'il en a ?

GALIFRE. Que le gueux me soit dépouillé. Et, où ils ne suffiront, reviens-t'en à moi. Je ferai que tu seras content.

LE RUSTRE. Où est mon averlan ? Où est-il, le fricasseur[305] ?

GALIFRE. Laissant le tablier, il est entré léans tout troublé, pour jouir de la Gorrière, à mon avis, et y passer sa fantaisie[306].

LE RUSTRE. Je lui vais demander ce qui m'est dû.

CLAQUEDENT. Or çà, Galifre, fais-moi part du gagnage.

GALIFRE. Prends cela, afin que tu ne dises que tu n'as rien eu.

CLAQUEDENT. Si peu que cela ?

GALIFRE. Tu n'auras non plus.

CLAQUEDENT. Est-ce garder la foi promise ?

GALIFRE. Si tu m'en parles plus, je me courroucerai.

LE RUSTRE. Oh oh ! J'ois là débattre ceux que je pensais être si bien d'accord.

GALIFRE. Qui ?

LE RUSTRE. Ceux qui sont là-dedans. L'amoureux déplumé s'humilie devant la Gorrière. Mes bons seigneurs, aidez-moi, je vous prie, que je sois payé de ce qu'il me doit.

CLAQUEDENT. Or çà donc, gardons bien cet huis, que du jourd'hui il n'échappe de nos mains.

---

304 OL : *Non pugnabimus istic* (On ne va pas se quereller ici). L'expression « jouer des couteaux » figure notamment chez Rabelais (*Gargantua*, 39). Di Stefano, p. 424.

305 OL : *Ubi decoctor est ?* (Où est ce dissipateur ?). Le traducteur gonfle un peu le propos.

306 OL : *dolorem complexu ut levet* (pour se consoler dans ses bras).

Scène 5

LA GORRIÈRE, LE PRODIGUE, SIRETTE, LE RUSTRE, GALIFRE, CLAQUEDENT

LA GORRIÈRE. Que ne me paies-tu, méchant ?

LE PRODIGUE. Je vous prie, Gorrière m'amie, ayez patience.

LA GORRIÈRE. Quoi m'amie ? Merci Dieu, c'est bien chanté[307]. Te semble que c'est moi qu'il faille ainsi moquer et paître de vaine espérance ?

LE PRODIGUE. Tout vous sera payé.

LA GORRIÈRE. Et quand ? Trois jours après jamais[308] ?

LE PRODIGUE. Non, mais ce sera à…

LA GORRIÈRE. Tu nous as déjà assez abusés de paroles[309].

LE PRODIGUE. Je vous supplie, écoutez un peu.

LA GORRIÈRE. Qu'est-ce que j'écouterai ? Qui orrai-je ?

LE PRODIGUE. Un bien peu, je vous requiers.

LA GORRIÈRE. Ho ! Sirette !

SIRETTE. Que vous plaît-il, dame ?

LA GORRIÈRE. Que cette robe lui soit ôtée.

SIRETTE. Pourquoi cela ?

LA GORRIÈRE. Pourtant qu'il me plaît. Saisis cette robe, te dis-je.

LE PRODIGUE. Est-ce ainsi que vous me traitez, Gorrière ?

LE RUSTRE. Je suis ici intéressé. Tout beau ! Gorrière, contentez-vous de cette dépouille, que j'aie pour ma part du butin cette épée avec le chapeau.

CLAQUEDENT. Ce qui est de reste est nôtre. Dépouille.

LE PRODIGUE. Vous me faites violence. Je vous prie, mes amis, ne me traitez si rigoureusement.

CLAQUEDENT. Que ne lui étoupez-vous la bouche ?

LE PRODIGUE. Que telles méchancetés se souffrent en une bonne ville ? Las moi ! Je suis tout dévoré, pauvret. Ne me laisserez-vous point quelque haillon à me couvrir ?

CLAQUEDENT. Or t'en va maintenant où tu voudras.

---

307 Cette petite phrase est ajoutée par le traducteur pour donner le ton. Sur l'expression « C'est bien chanté », voir Di Stefano, p. 273.

308 OL : *Ad Graecas Kalendas ?* (Aux calendes grecques ?). Érasme, adage 484.

309 Adage 449 (*Dare verba* / Payer de mots).

LE RUSTRE. Zon, zon, voilà pour toi[310].

LE PRODIGUE. Hé Dieu ! Hé Dieu ! Faut-il encore que je sois battu, misérable que je suis ?

LE RUSTRE. Venez-vous-en tous ensemble en mon logis.

LA GORRIÈRE. Ho ! Vaunéant, regarde-moi, tiens cet habit de bureau frisé que je te donne[311].

Scène 6

LE PRODIGUE *à part*

Que ferai-je maintenant ? Que crierai-je ? Par où commencerai-je la trame de mes complaintes[312] ? Ô ciel ! Ô terre ! Ô Jupiter, vois-tu ceci et le souffre, lequel on dit garder les droits entre les hôtes[313] ? Je suis environné de tant de misères qui m'affligent malement que je ne sais où je suis, où je vais, ni par quel bout je dois commencer. Je suis perdu, c'est fait de moi misérable. J'étais fourni de chevance comme un roi et tout à coup suis devenu un bélître. Qui pourra endurer cela ? C'est de merveille que je ne m'arrache les yeux. Où sont mes habits ? Ils sont perdus. Ma chaîne d'or, où est-elle ? Elle est perdue. Une si grande somme d'argent que j'avais ? Ni plus ni moins. Et ma santé, n'est-elle point empirée ? Il ne me plaît pas de le ramentevoir. Qui me voudra retirer ainsi, pauvre que je suis ? Ah ! Il me faudra à la fin labourer la terre ou bien mendier ma vie. Mes forces débilitées n'endureront pas que je fasse l'un et, quant à l'autre, la vergogne me le défend[314]. Et, pour m'achever de peindre, la famine est par tout le pays, de manière que

310 OL : *Vapula* (Prends ça). Tiron ajoute les onomatopées.

311 Dans l'*EPP* (v. 1379), c'était également la Gorrière qui se chargeait de dépouiller le Prodigue, ne lui laissant, pour tout vêtement, qu'un « vieux brodequin ». Dans l'éd. 1555, Gnapheus a jugé bon d'atténuer un peu le rôle final de la Gorrière et c'est le Rustre qui donne alors le vieux manteau au Prodigue. Notons que Galifre, qui a amplement profité de l'argent du Prodigue, est un témoin muet de la scène.

312 OL : *unde exordiar telam quaerendi ?* Érasme, adage 1568 (*exordiri telam* / Ourdir une toile).

313 Allusion aux *jura hospitii* ou lois de l'hospitalité en vigueur chez les Romains et dont Jupiter était le garant, comme le rappelle Virgile (*Énéide*, I, 731). L'invocation n'est guère chrétienne, mais Tiron est obligé ici de garder le mot Jupiter pour que la suite de la phrase prenne sens. Dans l'éd. 1555, c'est à ce moment-là que le Rustre sort de chez lui et jette des eaux usées sur le Prodigue, pour l'obliger à s'éloigner.

314 Luc, 16, 3. Cette phrase figure dans la parabole du Gérant infidèle, qui suit immédiatement celle du Fils prodigue.

je ne sais si quelqu'un me voudra laisser cueillir les miettes de sous sa table[315]. Bref, il me faut mourir de faim. Mais à qui me prendrai-je de ce malheur ? À ceux qui cauteleusement m'ont attrait en leurs fraudes ? Ou à moi-même qui les ai crus ? Ou à mon mauvais ange qui me tient assiégé de tant de maux ? Ô fortune, comme tu m'es marâtre[316] ! Oh ! Que misérablement je suis affligé de l'ire de Dieu ! Hélas moi ! Mais c'est pour néant qu'ici je me lamente, où je ne suis entendu d'âme. Il ne reste plus sinon que je m'envoie[317] errant et vagabond, suivant la destinée. Ô douleur ! Ô angoisse[318] ! Que de Dieu puissiez-vous être confondues, paillardes infâmes, auxquelles je me suis vilainement asservi. Mais voici venir tout à propos un laboureur qui sort de sa métairie. Je l'irai aborder, chassant arrière toute honte, comme chose qui m'est inutile[319].

Scène 7

COLIN, LE PRODIGUE

COLIN. J'avais accoutumé de recueillir de ma ferme tous les ans autant qu'il faut pour ma provision, mais, pour autant que les champs ne rapportent plus tant comme ils soulaient, il me faudra faire sacrifice à la déesse Tellus d'une coche grasse[320], afin que fasse produire tous biens plus abondamment qu'auparavant, il y a bon espace[321], quand toutes mes vaches avortèrent jusqu'à une et [que] les blés, en tous endroits bruinés, ne rendaient comme rien[322]. C'est ce qui nous a

315 Souvenir du pauvre Lazare (Luc, 16, 21).

316 OL : *Quam novercaris Rhamnusia !* Rhamnusis ou Némésis, déesse punitive. Érasme, adage 1538.

317 La traduction donne : « que je m'envoye ». Précédemment, on a rendu la tournure « je m'envoy » par « je m'en vais », proche par le graphie et le sens, sans tenir compte de la nature du verbe. Ici, le subjonctif étant nécessaire, on laisse la forme initiale, qui peut correspondre au subjonctif présent du verbe « s'envoyer » ou « s'en voyer », signifiant « se mettre en chemin ».

318 L'OL répète le mot *dolor.*

319 Érasme, adage 1602 (*Verecundia inutilis viro egenti* / La pudeur est inutile à l'indigent).

320 Pour obtenir la fertilité, on offrait conjointement à Tellus et Cérès les entrailles d'une truie pleine (Ovide, *Fastes*, I, 671-674). Souvenir possible d'Horace qui évoque les « antiques laboureurs » qui sacrifiaient, au temps des fêtes, un porc à Tellus (*Épîtres*, II, 1, 139-143).

321 OL : *foelicius quam dudum, quom…* Les mots « il y a bon espace » (= il y a longtemps) s'ajoutent inutilement à la traduction.

322 OL : *segesque constanti robigine viciata non daret messem* (et que les blés, constamment gâtés par la rouille, ne produisaient plus de récolte).

amené la cherté. Quelle malencontre est-ce là ? C'est un gros maraud. Que veut-il dire ?

LE PRODIGUE. Dieu vous doint bonne vie, sire.

COLIN. J'ai assez de bons jours d'autre part sans que tu me viennes saluer. Que veux-tu dire ?

LE PRODIGUE. Je prie à Dieu que vos chèvres, vaches et brebis foisonnent à votre souhait.

COLIN. Dieu t'en veuille ouïr[323]. Adieu te dis.

LE PRODIGUE. Je vous prie m'écouter un peu avant que vous en alliez.

COLIN. As-tu chose qui te donne ennui ?

LE PRODIGUE. Une faim merveilleuse.

COLIN. Je le crois bien, il y en a assez d'autres qui sont touchés de ce mal.

LE PRODIGUE. Or je vous prie humblement me soulager d'un peu de pain bis.

COLIN. Tu n'es qu'un fainéant. Pourtant n'es-tu pas digne qu'on te baille que manger.

LE PRODIGUE. Âme ne me met en besogne[324]. S'il y a chose en quoi je vous puisse servir, je suis content de m'employer au labeur pour gagner ma vie.

COLIN. Or me suis donc. Je te baillerai mes pourceaux à garder, avec viande digne de toi.

LE PRODIGUE. Je vais après vous. Sambieu, m'en voilà bien, je suis devenu monsieur le porcher. Ce n'est pas du bœuf à l'âne, mais c'est de la salle aux pourceaux[325]. Ne te fie jamais au bon visage de fortune, non plus qu'à un vent muable[326].

---

323 OL : *Faxit ita Pan noster* (Que notre dieu Pan le veuille ainsi). C'était le protecteur des troupeaux (Ovide, *Fastes*, II, 271-278). Alors qu'il n'était guère possible plus haut d'évacuer l'allusion à la déesse Tellus, on a pu gommer ici le contexte « arcadien ».

324 Personne ne me donne de travail.

325 OL : *Sequor. Vah, ab equis ad asinos* (Je vous suis. Eh bien, allons des chevaux aux ânes). Comme on le voit, la traduction va bien au-delà du texte latin. De la sorte, le Prodigue semble capable de se tourner lui-même en dérision, ce qui est mieux que la désespérance. Si, pour reprendre l'image, il est passé des chevaux aux ânes (Érasme, adage 629), il est plus exactement passé, comme le note le traducteur, du lieu le plus noble (le mot salle désignait la pièce d'honneur d'un grand hôtel ou d'un château) au lieu le plus avilissant.

326 Traduction fidèle. Variation sur le thème de la fortune « plus incertaine que le souffle de l'air » (Ovide, *Pontiques*, IV, 3, 33) ou frappant les humains comme les « vents battent les cimes » (Sénèque, *Œdipe*, 8-11).

ACTE V

Scène Première

PELARGUS, EUBULUS

PELARGUS. Le cœur me dit qu'il m'adviendra quelque triste aventure.

EUBULUS. Et touchant quoi ?

PELARGUS. Touchant mon fils, Eubulus.

EUBULUS. Vous êtes trop soupçonneux, Pelargus. Faisant ainsi, que faites-vous autre chose sinon redoubler votre mal ? Car vous ne pouvez, par crainte aucune, obvier au mal qui est à votre porte. Mais dites-moi, je vous prie, de quoi êtes-vous en souci ?

PELARGUS. Je crains qu'il n'ait froid ou qu'il ne traîne sa languissante vie en ordures et piètrerie.

EUBULUS. Et d'où vous viennent telles suspicions ?

PELARGUS. En premier lieu, je ne puis mettre hors de ma fantaisie le présage que fîtes de lui à son départ[327]. Et pourtant il me semble à tous coups que je vois mon fils devant moi, enhaillonné, blême, crasseux, hideux, grêle comme un filet[328], les grosses larmes lui coulant des yeux, rendant piteux et lamentables cris. Davantage, je ne sais que ce veut dire que je n'ai de lui aucunes nouvelles. Que pensez-vous sinon qu'il soit mort ?

EUBULUS. Je pense qu'en bref il viendra quelque messager qui vous dira toutes nouvelles de votre fils. Et pourtant ôtez toute crainte.

PELARGUS. J'en ai autant de soin et le tiens aussi cher que la prunelle de mon œil[329]. Qui plus est, s'il a quelque tribulation, je la sens en mon âme car, comme toujours j'ai dit, cela est l'office d'un bon père de participer au mal et bien de ses enfants. Qui ne sait cela, qu'il confesse hardiment qu'il n'est pas digne du nom et titre de père.

---

327 Eubulus avait dit à Pelargus : « Il [le Prodigue] se sentira par ci-après, quand, étant nu et destitué de toutes choses, il se retirera vers vous, comme à un port de sûreté. Ce qu'il adviendra, à mon jugement. » (acte III, scène 3).

328 OL : *μονόγραμμος* (décharné). En latin *monogrammus*, mot peu courant.

329 Érasme, adage 4062 (*Medullitus oculitus*).

EUBULUS. Vous en parlez à la vérité, mais il fait bon tenir moyen en toutes choses[330].

PELARGUS. Il est vrai, [pour] qui le pourrait faire.

EUBULUS. Pourvu que sans plus veuillez ôter cette tristesse, tout le reste se portera bien.

PELARGUS. Je ne sais comme il en prend aux autres. Quant à moi, je trouve que la tristesse que j'ai de l'absence de mon fils va tous les jours en augmentant. Tant y a à dire que le temps efface mon ennui[331], car, tant plus longtemps il est absent, de tant plus je le souhaite et tant plus je le regrette.

EUBULUS. D'autant que le cœur me dit, passé longtemps, que le messager de votre fils n'est pas loin, [et] je ne tiens cela pour chose vaine[332]. Je m'en irai donc aux gardes des ports[333], desquels peut-être j'en saurai toutes nouvelles. Cependant, attendez-moi à la maison, car je serai incontinent de retour.

PELARGUS. Si ferai-je[334]. Dieu ! Que maintenant je suis en grand doute ! Il n'y a chose dont je ne sois en crainte et, si ne crains rien, toutefois mon cœur est si pertroublé qu'en lui n'y a lieu de conseil. Ainsi qu'il advient quand ardemment on désire une chose on craint que le contraire n'advienne, je branle entre espérance et crainte[335]. C'est mon fils qui me met en ces angoisses, pour le salut duquel je suis tant soucieux. Mais, bon Dieu, je crains bien qu'il soit par trop éloigné de tout remède, d'autant qu'il n'y a au monde que périls, tromperies, infections, ordures et pestilences pernicieuses, de quelque côté que tu te tournes[336]. Toutefois il me vaut mieux aller à l'hôtel attendre le retour de mon ami Eubulus.

---

330 C'est le fameux *Modus est optimus* attribué à Cléobule (Diogène Laërce, I) et repris dans des contextes divers, notamment par Cicéron (*Des offices*, I, 39, 141) et Horace (*Satires*, I, 1, 106).

331 OL : *tantum abest, dies ut adimat aegritudinem* (tant s'en faut que le temps atténue le mal). Érasme, adage 1405 (*Dies adimit aegritudinem*).

332 OL : *Pelarge, quod animus jamdudum dictitat haud longe abesse nuntium, haud vanum puto* (Pelargus, j'estime que ce n'est pas sans raison si mon cœur me répète depuis longtemps que nous serons informés sous peu).

333 OL : *ad portitores*. L'expression, reprise un peu plus loin (scène 3), suggère un contexte maritime, donc un cadre familier pour les lecteurs ou spectateurs de la pièce, qu'ils soient d'Anvers, de La Haye ou d'Amsterdam.

334 Eubulus quitte ici la scène. La suite est un monologue.

335 OL : *inter spem et metum*. L'expression, devenue commune, figure chez plusieurs historiens latins (par exemple, Tite-Live, *Histoire romaine*, XLII, 59, 8 ; Suétone, *Vie des douze Césars*, *Claude*, 4, 4).

336 Ici encore, c'est la seconde personne du singulier à valeur sentencieuse.

Scène 2

LE PRODIGUE *tout seul*

Qui est l'homme si constant et courageux qui, par un tant grief accident de fortune, ne fût abattu et enveloppé de deuil et gémissement ? L'argent que pieça je pensais me devoir à jamais durer, oh, comme il s'en est volé en un moment ! Luxure, mère de Pauvreté[337], laquelle j'ai par trop chérie, c'est elle qui m'a tout ravi, les biens, la renommée, la gloire. Que m'a-t-elle laissé ? Et pourtant qu'à présent je n'ai de quoi l'entretenir, elle m'a laissé sa fille, Disette[338]. Je péris tout vif à mon vu et à mon su[339]. Où sont maintenant les friands morceaux et viandes exquises ? Où est le vin odoriférant ? Que sont devenus les hautbois et toute sorte de musique et harmonie ? Où sont mes suppôts et séquelles[340] ? Mon serment[341], on dit bien vrai, la fortune est de verre, laquelle se casse lorsque plus reluit[342]. Or mon rustaud de maître m'a baillé en ce paneret ma provision bien escarsement et de viande assez orde. Quand elle sera faillie, que me faut-il plus, sinon pêcher en l'auge et manger de même les pourceaux, si ne veux mourir de male rage de faim[343] ? Est-ce ainsi que je règne, monsieur le porcher entre les porcs[344], moi qui un temps fus roi très excellent ? Il n'y a homme vivant si misérable que je suis. Ores, ores voudrais-je bien être bon ménager, mais c'est pour néant que je fais ce souhait après avoir tout perdu. Que ferai-je donc ? C'est pour néant que je me tourmente, car il me faut de plus en plus avilir et pourrir en cette ordure, dont je n'aurai espoir de pouvoir me retirer. Plût à Dieu que je fusse mort sitôt que je fus né. Plût à Dieu qu'il me fût permis anticiper ma mort[345], plutôt que de traîner ma languissante vie entre tant de misères, et ne sais si les morts ont point meilleur temps

337 Dans le prologue des *Trois écus* de Plaute (1-22), *Luxuria* vient effectivement se présenter aux spectateurs en compagnie de sa fille *Inopia*.

338 Tiron emploie ici le mot Disette, mais dans l'OL il s'agit toujours du même mot *Inopia*, ce qui est plus logique, puisque l'allégorie se poursuit.

339 OL : *Vivus videns pereo* (C'est vivant et clairvoyant que je meurs). Érasme, adage 3275.

340 OL : *Ubi clientes ?* Ceux qui me soutenaient et suivaient.

341 OL : *Profecto* (sans aucun doute). Par ma foi.

342 Publilius Syrus, lettre F, sentence 24 : *Fortuna vitrae est. Tum, quum splendet, frangitur.*

343 OL : *Sagontina fame* (d'une faim sagontine). Érasme, adage 867.

344 OL : *subulcus hic regno Boeoticas inter sues* (moi, le porcher, je règne ici sur les porcs de Béotie). Érasme, adage 906 (*Boeotica sus*).

345 OL : … *invisam hanc lucem… rumpere* (d'en finir avec ce jour odieux). Souvenir de Sénèque (*Les Troyennes*, 939). Tiron restitue le pathétique sans la grandiloquence tragique.

que je n'ai. Je voudrais être enseveli sous la plus haute montagne qui soit en l'Asie[346], tant le vivre m'est ennuyeux. Qui voudra voir une figure de la mort, qu'il me contemple, car que voit-on de vif en moi ? Que suis-je, sinon une bête mute et un corps sans âme[347] ? Que maudit soit le jour que je fus né[348]. Il m'ennuie de plus regarder la voûte du ciel, car, tout ainsi qu'une vague pousse l'autre[349], ainsi chagrins et soucis en moi s'entresuivent les uns les autres[350]. On dirait de mon cœur que c'est une mer agitée. Y aura-t-il point quelque Dieu qui me regarde en pitié, [dieux] auxquels je suis tant à mépris ? Ma foi, je ne le pense pas.

Scène 3

EUBULUS *seul*

J'ai en moi ce don de Dieu particulier[351] que je donne toujours bon conseil et prévois non seulement ce qui est devant mes yeux[352], mais aussi je vois de loin les choses à venir. Je m'en suis allé aux gardes des ports pour entendre quel bruit il courait du fils de Pelargus, pourtant que je voyais la grande tristesse en quoi était le père pour l'amour de lui. Qu'est-il besoin de plus long propos ? M'informant du galant, j'ai trouvé que tout ce que j'en avais prédit au père est véritable. C'est à savoir que le pauvre Prodigue est réduit à une pauvreté tant misérable qu'à peine se pourra radresser à bonne vie. Je me tais de ce que j'ai ouï dire de lui qui est beaucoup pire. Que reste-t-il, sinon que je m'en retourne à Pelargus, qui est tout confit en chagrin et amertume ? Car je sais qu'il est en grand pensement, attendant que sois de retour vers lui.

---

346 OL : *Ego mihi montis ardui casum imprecer qui me perdat* (Je voudrais être anéanti par la chute d'une formidable montagne). Montagne d'Asie ? Est-ce le mot *casus* qui aurait machinalement appelé, dans l'esprit du traducteur, l'image du *Caucasus* ?

347 OL : *et sine pectore corpus*. Érasme, adage 980 (*Corpus sine pectore* / Un corps sans cœur).

348 OL : *Vae luci, vae natalibus meis*. La traduction a une résonance biblique plus marquée (Job, 3, 3 : *Pereat dies in qua natus sum* ; Jérémie, 20, 14 : *Maledicta dies in qua natus sum*).

349 Les images empruntées à Virgile (*Énéide*, IV, 451 : *taedet caeli convexa…*) et à Horace (*Épîtres*, II, 2, 175 : … *unda supervenit undam*) sont fidèlement et élégamment rendues.

350 OL : *ita alii fluctui curarum insistit alius* (de même un flot d'ennuis est suivi de près par un autre). Ici la comparaison avec la mer, qui vient d'être amorcée et qui va être reprise dans la phrase suivante, n'est pas conservée.

351 OL : *Est istuc datum mihi, ut…* (J'ai le don de…).

352 OL : *quae sunt ante pedes obvia* (les choses qui se présentent à mes pieds). Érasme, adage 2617 (*Ante pedes*).

Scène 4

LE PRODIGUE *seul*

Ô conscience, bourrelle de mon âme, comme en mille manières tu me gênes, que jamais tu ne me laisses l'esprit à repos ! Il me semble que j'ai le cœur chargé de plomb, tant je me sens intérieurement aggravé. Ne cesseront jamais les maux et vilenies que j'ai commises de se présenter devant mes yeux ? Tout ce qu'on raconte des enfers, [ce] ne sont que fables[353] si je n'expérimente en moi les vrais enfers[354]. Je me défrine[355], je me ronge, je dépite de moi. Je suis bien digne que la terre s'ouvre pour m'engloutir[356], pour cause de mon iniquité, qui est si grande que jamais je n'espère pouvoir impétrer pardon de mon père, car j'ai rejeté ses tant doux commandements, déloyal que je suis, d'où, étant de lui débouté, j'ai choisi le pire parti, me rangeant aux plus grandes méchancetés. Outre ce, j'ai vilainement consumé tout mon bien par bombance[357]. Que dirai-je plus ? Ce que j'ai donné aux paillardes, n'est-ce rien ? Ma foi, c'est à bon droit que je mène une si piteuse vie, que je vis sans honneur, banni de mon pays. Ce n'est pas tout. J'ai fait une telle tache à mon renom que je ne sais si jamais la pourrai effacer, afin que je me taise de ce que[358] j'ai diffamé tout mon lignage, que je serai la fable à tout le monde. En après, que dirai-je de mon père, lequel j'ai offensé et outragé en tant de sortes ? Et quant aux biens du corps et de l'esprit qui m'ont été donnés, j'en ai méchamment et iniquement abusé contre le donneur, je le confesse. Où es-tu maintenant, mon beau conseiller Philautus, quand j'ai perdu les biens et le sens, misérable que je suis, [toi] qui m'as induit à mettre sous les pieds les commandements de mon père et le sacré livre de la Loi qui tant m'était recommandé ? N'est-ce pas par ton faux conseil que j'ai si lourdement failli ? Aussi connais-je bien l'ire de Dieu être sur moi, pourtant que j'ai été si malheureux de te croire. Mais, entre tant de maux qui m'assaillent, la grande faim que je sens

353 Propos pris à Sénèque, *Consolatio ad Marciam* (Dial. 6), XIX, 4, 1.

354 En comparaison des vrais enfers dont j'éprouve en moi les tourments, ce qu'on dit à leur sujet n'est que fable.

355 OL : *Egomet me concoquo* (Je me consume).

356 Lieu commun déjà entendu dans la bouche du Putiphar de Macropedius (*Histoire de Joseph*, acte V, scène 13).

357 OL : *luxu, infami alea* (dans le luxe et l'abominable jeu de dés).

358 Sans parler du fait que…

m'est insupportable, car elle me pique et presse si fort que le mal que je sens est pire que la mort, d'autant qu'il n'est en moi de l'apaiser des cosses et telles ordures, ni même de la fange où je suis plongé. Mon mal n'a point de relâche, la faim m'accompagne sans intervalle. Conclusion, il m'ira toujours de mal en pis en ce pays, et si ne vois quel conseil je puisse prendre. Hélas moi ! Combien il y a de serviteurs mercenaires en la maison de mon père, qui ont abondance de pain, pendant que je suis ici mourant de faim[359] ! Là voudrais-je faire et souffrir[360] pour me retirer de cette calamité. D'un seul pain me pourrais-je rassasier. Eh bien, si je m'en retournais chez mon père ? Ah ! Jamais je n'oserais, pourtant que je m'en suis banni par mon crime. Et quel danger y aurait-il d'en faire l'essai ? Je ne gagnerais rien. De quel visage, de quelle hardiesse, en quel équipage retournerais-je à mon père, nu, méchant, effronté[361] ?

Scène 5

PELARGUS, EUBULUS, LE PRODIGUE

PELARGUS. Dites-vous qu'il est en tel point[362] ?

EUBULUS. Il est ainsi que je vous dis.

PELARGUS. Mais que me dites-vous ! T'aurais-je mis entre mains le bon renom et les biens pour si méchamment perdre la gloire qui par ma vertu t'est acquise, enfant perdu[363] ? Je t'ai battu le chemin et aplani la voie pour parvenir au comble de vertu, et tu l'as rendue plus scabreuse et difficile à ta postérité, [toi] qui as banni de toi la vertu pour suivre le vice. N'était-ce pas raison que tu te gouvernasses comme je t'avais ordonné ? Philautus t'a bien aidé à trébucher en ces misères. La sentence est très véritable qui dit que, depuis que le cœur est une fois attaché à une mauvaise convoitise, il ne peut faillir que les conseils ne s'en ensuivent

359 Luc, 15, 17.

360 OL : *Quidvis possem illic facere et perpeti* (Là-bas, je pourrais faire et souffrir n'importe quoi). Souvenir d'Horace (*Odes*, III, 24, 43).

361 La phrase française, tout comme l'OL, contient en fait trois questions dont les trois adjectifs de la fin sont les réponses.

362 OL : *Ain tu ?* (Dites-vous vrai ?). Comme il en avait l'intention (scène 3), Eubulus vient d'apprendre à Pelargus que son fils est vivant, mais qu'il a sombré dans la misère. C'est un peu plus bas qu'il lui annoncera que ce fils est sur le chemin du retour.

363 OL : *Acolaste.*

totalement semblables[364]. Ô moi misérable et deux fois misérable d'avoir un tel fils que tu es !

EUBULUS. Mon grand ami, je vous prie, laissons là toutes ces complaintes.

PELARGUS. La juste douleur que je sens me livre ces justes complaintes.

EUBULUS. Je le crois, mais maintenant le temps et l'occasion requiert et vous admoneste de penser de la restitution de votre fils, et faut que preniez l'affection du bon et pitoyable père envers lui, en lui déclarant par effet combien vous l'aimez. Le malade n'a besoin d'autre chose que de la main et secours du médecin.

PELARGUS. Cela est bien vrai quand il y a espérance de vie.

EUBULUS. Quant à votre fils, il y a encore grande espérance d'amendement.

LE PRODIGUE. C'est fait de moi[365], si Dieu ne me vient apparaître et secourir comme en dessoute[366], car la mort frappe la porte de ma conscience coupable.

PELARGUS. Or bien, de par Dieu soit, je ne veux plus penser aux maux qu'il a commis. Qui plus est, je mettrai toute peine de procurer que la vie soit sauve à cet homme perdu, que son honneur lui soit rendu et qu'il retourne de mort à vie.

EUBULUS. En bonne foi, vous faites en cela chose digne d'un tel homme que vous êtes.

LE PRODIGUE. Mais voici une inspiration qui m'est soudain venue en la pensée, c'est que mon père est de la bonne sorte, facile, aisé à apaiser, doux de manière, que si je m'adresse à lui il y a espérance que j'en obtiendrai pardon. Hé hé ! Ferais-je pas bien de me mettre à bâtir quelque humble requête pour offrir à mon père ? En cette manière : « Père, j'ai péché contre le ciel et devant toi, et suis indigne d'être par ci-après nommé votre fils. Je vous prie, père, tenez-moi comme l'un de vos serviteurs mercenaires[367]. Je ne refuserai de faire besogne quelconque, pour orde qu'elle soit, pourvu qu'il vous plaise me recevoir en votre service. » Quoi ! N'est-ce pas là une belle

364 OL : *consilia consequi prorsus consimilia* (toutes les résolutions prises par la suite en gardent l'empreinte exacte). Térence, *Heaut.*, 208-209.

365 OL : *Nullus sum.* Érasme, adages 244 et 4086.

366 OL : *si non quispiam deus mihi ceu* Ἀπὸ μηχανῆς *appareat* (si quelque dieu, une sorte de *deus ex machina*, ne m'apparaît pas). Tiron évacue ce qui relève du jeu théâtral et ne garde que l'idée d'une apparition divine « en dessoute », c'est-à-dire soudaine. Voir Érasme, adage 68 (*Deus ex improviso apparens*).

367 Luc, 15, 18-19.

requête ? Elle me plaît bien au moins. Oh oh ! Je me lèverai d'ici et m'en irai droit au palais de mon père. Cela ferai-je sans me soucier des haillons que je porte.

PELARGUS. Eh bien, quoi ! À quoi pensez-vous ? À la destinée de mon fils ?

EUBULUS. Je dirai une chose que vous orrez volontiers. Vous reverrez aujourd'hui votre fils.

PELARGUS. Mon fils ?

EUBULUS. Oui, votre fils.

PELARGUS. Je vous prie, est-il possible que je puisse revoir mon fils ?

EUBULUS. Je le devine ainsi.

PELARGUS. Je prie à Dieu que telles bonnes nouvelles soient véritables, car en bonne foi je désire grandement le voir et parler à lui.

EUBULUS. Je cuide qu'il n'est pas maintenant loin du havre.

PELARGUS. Sus, allons voir si mon héritier revient, lequel j'aime d'une affection paternelle, sans plus me souvenir de ce qu'il a fait par le passé.

LE PRODIGUE. Mais quoi ! Où prends-je mon chemin ? Est-ce devers mon père ? Ma foi, l'entreprise que j'ose faire n'est pas petite. Si irai-je. Non ferai. De quel visage ? Toutefois si ne retournerai-je en arrière[368]. Que veut dire ce siblement que j'ois[369] ? Où me veut-il transporter ? Hors de mon propos ? Outre mon espoir, je suis venu en bonne espérance de quelque bien qui m'est prochain.

PELARGUS. Mais quand te verrai-je une fois, mon fils ? N'as-tu autrement pitié de ton père ?

EUBULUS. Pourquoi gémissez-vous ainsi ? Ne vous chêmez point tant.

PELARGUS. Eubulus mon ami, que veut dire cela que je sens mon cœur tout ému à la venue de ce jeune homme que je vois là de loin venir ?

EUBULUS. C'est votre fils.

PELARGUS. En bonne foi ? Aussi est-ce[370]. Je m'en vais au-devant de lui pour l'embrasser.

---

368 OL : *Nihil referas pedem tamen* (Mais tu ne dois pas faire demi-tour). Cette injonction forte à la deuxième personne est prononcée, dans l'éd. 1555, par Genius, l'ange gardien du Prodigue. Dans la phrase du traducteur, l'expression « Toutefois si » est un renforcement adverbial, sans nuance conditionnelle.

369 Ce sifflement (lat. *sibilus*) correspond à l'appel divin. Ce type de manifestation est courant dans les textes prophétiques (Isaïe, 5, 26 ; 7, 18 ; Zacharie, 10, 8).

370 OL : *Est ? Certe est* (Vraiment ? C'est bien lui).

EUBULUS. Je vous ai dit vérité au moins.

LE PRODIGUE. Mais voilà mon père. M'en irai-je droit à lui ? Oui, quoi donc[371] ! Père, j'ai péché au ciel et devant vous, et ne suis désormais digne de me nommer votre fils[372].

PELARGUS. Ô mon fils, mon fils !

LE PRODIGUE. Ô mon père, reculez-vous de cette ordure.

PELARGUS. Je ne le prends point à cœur[373], pour l'amour que je te porte, mon fils.

LE PRODIGUE. Je vous supplie, mon père, que me…

PELARGUS. Tout t'est pardonné, aie bon courage. Onc ne me fus plus agréable que tu es maintenant.

LE PRODIGUE. Ô bonté paternelle !

PELARGUS. Or te lève maintenant.

LE PRODIGUE. Est-ce là l'office d'un père ? Ai-je fait le devoir d'un fils ?

PELARGUS. Çà, ho ! À coup qu'on apporte ici un habit honnête[374] et que mon fils en soit vêtu. Cela fait, qu'on lui mette un anneau au doigt et qu'on lui apporte des souliers. Au surplus, que ce veau gras me soit amené et tout incontinent tué, afin que le festin soit appareillé et que tous soyons joyeux, pourtant que ce mien fils était pieça mort et il est retourné en vie, il était perdu et est retourné[375]. Tiens, mon fils, tiens, accoutre-toi de ces habits.

LE PRODIGUE. Ô mon père, comment vous pourrai-je dignement louer ? Jamais je ne pourrais si haut vous magnifier que votre bonté ne surpasse toutes louanges. Est-il possible que par vous je sois rappelé de mort à une vie pleine de toute réjouissance ? De grande liesse que j'ai, je ne sais où j'en suis. Il ne peut maintenant me survenir désastre si grand qui me puisse donner fâcherie, tant je suis joyeux d'être fils d'un si bon et si vertueux père[376]. À vous je me rends de tout mon cœur, à vous du tout je me soumets, vous êtes mon père,

---

371 OL : *Scilicet* (Oui, bien sûr).

372 Luc, 15, 21.

373 Je n'y prête aucune attention (à l'ordure dont le fils est recouvert).

374 OL : *stolam primam* (la meilleure robe). Dans l'*EPP* (v. 1823), le fils est également revêtu d'« un habit honnête ».

375 Luc, 15, 22-24. L'OL reprend les mots de la Vulgate. Il faudrait peut-être lire : il était perdu et est retrouvé (*perierat et inventus est*).

376 OL : *tam gaudeo me patrem habere te* (tant je me réjouis de vous avoir comme père). Tiron fait ici encore un peu de surenchère.

vous êtes mon protecteur, vous êtes celui de qui en double manière je tiens la vie[377].

PELARGUS. Mon fils, tu me seras désormais plus cher qu'onc tu ne fus, et heureux vivras avec moi. Or sus, sus, allons au festin.

EUBULUS. C'est bien dit[378].

---

377 OL : *Tu mihi pater, tu patronus, tu servator, tu…* (Vous êtes mon père, vous êtes mon protecteur, vous êtes mon sauveur, vous êtes…). En fait, le père interrompt ici le flot des louanges, ce que la traduction ne fait pas apparaître.

378 OL : *Scilicet*. Signalons que c'est le Prodigue, dans l'éd. 1555, qui clôt la scène en disant : *Perplacet* (Fort bien). De façon judicieuse, l'auteur a donc préféré finalement qu'Eubulus, qui n'est au fond qu'un confident de théâtre, s'efface complètement devant les protagonistes de la parabole.

[PÉRORAISON][379]

Ici t'ai bien voulu avertir, bénin lecteur, que sous cette action et comédie est le mystère et sens mystique de la parabole adombré[380]. Car nous avons démontré, tout ainsi qu'en une image, comme l'homme étant perdu par sa mauvaise vie recouvre enfin salvation. Dont aisément tu pourras apprendre quelle rébellion apporte une opiniâtreté à l'homme contre Dieu, laquelle amène quant et soi une mort desservie. D'autre côté, t'est mis devant les yeux combien est grande la bonté et clémence de Dieu le père qui, au retour de son fils, lui fait tout bon et amiable recueil, sans lui reprocher les méchancetés commises. Mais, qui plus est, il se jette sur lui pour le baiser et accoler, sans faire cas de ses ordures, car vrai amour ne vise à tache ni souillure. Davantage il oublie promptement les maux par lui perpétrés de longtemps, car qui légèrement se courrouce montre que son amour était peu stable[381]. Or tout ainsi que, sans doute aucune, le père céleste surpasse toutes créatures quant à l'amour qu'il a envers l'homme, aussi rend-il à son fils de grandes grâces et bénéfices, au lieu de tant et si grands maléfices par lui commis, et fait que toute la maison, qui naguère était pleine de deuil et triste, maintenant soit comblée de plaisir et liesse. Je te prie, considère-moi ici un peu les tours et changements des choses[382]. Or sommes-nous tous appelés à cette joie, au moins si en reconnaissant nos maux nous venons à amendement et que, avec le Prodigue, nous ayons espérance d'obtenir pardon du père. C'est la fin où Jésus-Christ tend par cette parabole, afin que, d'autant qu'il nous déplaît et sommes dolents de naître rebelles à Dieu et enfants d'ire[383], par autre part soyons aussi joyeux d'être remis en grâce d'un père très bon et qui est la même bonté[384], par les dons et

379 OL : *Peroratio*. Tiron n'a pas conservé ce mot. Le texte de 1555 comporte d'infimes variantes qu'il n'est pas utile ici de signaler.

380 OL : *Nolo putes, spectator optime, heic nihil misterii latere tectum ludicra sub actione* (Je ne voudrais pas que vous pensiez, très cher public, que cette pièce ne comporte pas, derrière l'histoire, quelque mystère caché).

381 OL : *Cito qui laeditur, parum amet oportet* (Qui se sent vite offensé ne doit guère aimer).

382 OL : *vicissitudinem rerum*. Érasme, adages 663 et 2872.

383 Éphésiens, 2, 3.

384 OL : *in patris longe optimi… gratiam* (dans la grâce d'un père qui est sans contredit le meilleur). Il faut comprendre : … et qui est la bonté même.

grâces du Saint-Esprit. Or, si le mystère dessus nommé t'est par nous suffisamment déclaré, ami lecteur, tu n'as qu'attendre de nous davantage en cet endroit[385]. Puisses-tu à jamais jouir des joies ici représentées. Donne signe de joie et demeure en la garde de Dieu[386].

FIN

[Guillaume Fullonius
a présenté cette comédie
à ses compatriotes de La Haye,
en l'année 1529.][387]

385 OL : *spectator optime, nihil est quod amplius sperabis a nobis* (très cher public, il n'y a rien de plus à attendre de nous).

386 OL : *Plaude et vale* (Applaudis et porte-toi bien). Tiron évite ici encore la formule habituelle des fins de spectacle.

387 OL : … *canebat apud Hagienses suos*. Cette signature est suivie, pour finir, d'un rappel de l'adresse typographique, à la date du 23 juillet.

GLOSSAIRE

à coup : *v.* coup
abattre : s'attaquer à
aborder : agresser
accointance : fréquentation
accointer de (s') : se rapprocher de
acconduire : emmener
accord : chant
accordant : harmonieux
accorder : céder
acteur : auteur
admonester : avertir, inciter, exhorter
adombré : caché, mis dans l'ombre
adresser : redresser, suivre sans détour
afférir : convenir
affier : jurer
affluence : richesse
affronter : assaillir
âge : durée
aggraver : accabler
aguetteur : bandit
ainçois : mais
amadouer : inciter
amiable : agréable, aimable
amorce : piège
anche : tuyau, gosier
appareil : préparation
appareiller : disposer, préparer
appartenir : convenir
appertement : manifestement
approuver : prouver
ardoir, ardre : brûler
atourner : orner, vêtir
attintement : parure, maquillage
attoucher : toucher
attraire : attirer
attraire : attirer
attrempance : modération
aucun(e) : un(e) certain(e)
aucun(es) : certain(es)
aventure : circonstance
averlan : va-nu-pieds
avilir (s') : s'humilier
aviser : veiller à

bannir de (se) : quitter
barboter : marmonner
batture : correction, châtiment
bélître : mendiant
bénéfice : bienfait
bénévolence : bienveillance
bénignement : avec bienveillance
bénin : bienveillant, bon
benoît : bienheureux
besogner de : exercer
blanc (à *ou* en) : en détresse
blanc *sm* : sou
blandissant : charmeur
blasonner : critiquer
bombance : ripaille
bougette : petite bourse, sacoche
boulevard : bastion
bourrelle : bourreau au féminin
bouteiller : sommelier, échanson
bouteillerie : cave à vin
bouter : pousser
branler : hésiter
brasser, brasser (se) : se préparer, se tramer, causer, ourdir
bravement : fièrement
braver (se) : se vanter

bruit : réputation
bureau : laine grossière

çà : ici
carcan : collier
carrière : route
cas : acte, cause, affaire
cautelle : ruse
céans : ici, à l'intérieur (sans mouvement)
cependant : pendant ce temps
chaloir (se) : se soucier
chaloir : importer, falloir
champ (sur) : tout de suite
champs (aux) : extérieur, dehors
chanteau : gros pain
chartre : prison
chef (venir à) : venir à bout
chêmer : s'affliger, affliger
chevance : argent, richesse
chevir : mener à terme
ci : ici
cliquaille : monnaie sonnante
coche *sf* : truie
coi ! : silence !
coi *adj* : silencieux
coignet : petit coin
commander : recommander, confier
commettre : confier, nommer
comparer : comparaître
compassé : mesuré, proportionné
compéter : convenir
comptoir : cabinet, bureau
condigne : juste, mérité
condignement : d'une dignité appropriée
confit en : enveloppé de, rempli de
confort : soutien
conscience (faire) : hésiter par scrupule
conseil : solution
consumer : épuiser
contemner : dédaigner
content (tout) : sans plus
contre-échange : échange
contremander : décommander
contrôleur : censeur, juge
convi(ve) : festin
cordel : corde
coulpe : faute, blâme
coup (à) : rapidement, soudainement
coup à coup : de façon répétée
coups (à tous) : constamment
courage : cœur
court (tout) : aussitôt
coutumer : avoir ou prendre pour habitude de
crocheter : dérober
cuider : croire, penser, imaginer, essayer de
cure : souci
curieusement : attentivement

davantage : en outre
débattre : prétendre, affirmer
débeau : aise, débordement
débilité *adj* : affaibli
débonnaire : dévoué
débouté : séparé
débouter : bannir
déclarer : expliquer
déconforté : désespéré
déconforter (se) : se désoler
déduit *sm* : plaisir
défaillir : manquer, périr
défuir : fuir, abandonner
déjeter : expulser
démener : manifester
demeurant *sm* : la suite
demeure *sf* : retard
démontrer : manifester
département : départ
départir, départir (se) : partir, se séparer
dépêcher : régler
dépendre : dépenser
dépensier *sm* : intendant
déplaire (se) : s'attrister
dériver : se perdre
dérompre : briser
déroquer : démolir
desceu de (au) : à l'insu de

desroi : désarroi, trouble
desservi : mérité
desservir : mériter
destitué : privé
détenir : retenir
détourber : empêcher
détroit : situation délicate
deuil : peine
dextre (à) : à droite
diffamer : souiller
dilation : répit
dispensation : gestion
dolent : affligé
douillet : débauché, maniéré
doute : crainte
douter : craindre, hésiter
dresser : diriger
droiturier : juste
du tout : *v.* tout
duire : éduquer

ébahir (s') : s'étonner, se demander
échauffé : excité, emporté
écourté : circoncis
efficace *sf* : efficacité, effet, force de conviction
efforcer : violenter
effort : agression
égal(e) : juste
éjouir (s') : se réjouir
émerveiller : étonner
émoi (être en) : s'inquiéter
émouvoir : susciter
empêché : accaparé, retenu
émulation : jalousie
en çà : jusqu'à présent
encharger : commander
encliner : peser
endoctriner : instruire, éduquer
endroit *prep* : envers
engluer : séduire, piéger
enhorter : inciter
enquérir : interroger
enseigne : indice
ensemble : avec, en même temps
ensemblement : ensemble
ensuivir : suivre
entendre à (s') : s'occuper de
entendre à : s'appliquer à
entendu : savant
entorse : épreuve, dommage
entre-temps que : pendant que
entretenir (s') : se tenir ensemble
épicerie : friandise
éprouver : estimer, juger
équipage : tenue vestimentaire
escarsement : chichement
escient (à mon) : sciemment
escri : cri
espace : durée, temps
espécial (par) : tout particulièrement
estrif : querelle
établir : décider
étendre : décontracter
étrangé : éloigné
étrange : étranger
étranger (s') : s'éloigner
étroitement : rigoureusement
étudier (s') : s'appliquer
exaucer : élever en dignité
exercite : armée
expositeur : interprète
exprès (par) : spécialement

fable : risée
fâcher de (se) : se lasser de
facile : bienveillant
failli : épuisé
faillir : manquer
faire-le-faut *sm* : nécessité
fallace : ruse
fame : réputation
fantaisie (à leur) : à leur façon
fantaisie : esprit, pensée
faon : petit d'un animal
fardel : bagage, fardeau
faute à (faire) : manquer à ses devoirs envers

feintise : tromperie
félonie : cruauté
fier *adj* : sauvage
fièrement : férocement
finablement : finalement
finard : finaud
finement : subtilement
finer : finir
florir : fleurir
fonder en (se) : s'appuyer sur
forcenerie : fureur
fourrer (se) : se précipiter
fricasseur : dépensier
fronçure : pli
fumeux : savoureux, parfumé

gaber : railler
gagnage : gain
galant *sm* : compagnon, gaillard
garce : fille
garde (avoir) : craindre
garder : empêcher
gaudir : s'amuser
gêner : torturer
gloutonnie : gloutonnerie
godinette : fille charmante
goujat : valet militaire
gourmander : manger avec excès
grever : accabler, ennuyer
grief(ve) : lourd(e), pénible
guerdon : salaire
guère : longtemps

hasard : danger, péril
hautain : suprême
havre : port
heur : destinée favorable, bonheur
heurette : petite heure
honnir : déshonorer
horion : coup
huis : porte

icelle(s) : celle(s)-ci
icelui : celui-ci
iceux : ceux-ci, eux
impétrer : obtenir, recevoir
impollu : sans tache
industrie : savoir-faire
iniquité : méchanceté
intervalle : répit
ire : colère

ja soit que : bien que
jà : déjà, à présent
ja : jamais
jet : jeton, dé
justicier *v* : punir

langard : bavard
léans : à l'intérieur (avec mouvement)
légèrement : facilement
lignage : famille
lopin : parcelle, morceau
loué : embauché
loyer : récompense

machiner : ourdir
mal(e) *adj* : mauvais(e)
maléfice : méfait, délit
malement : de façon malheureuse, terriblement
malencontre : rencontre néfaste
malheure (à la) : malheureusement
mandement : ordre
mander : demander, ordonner
mat(e) : affaibli(e), abattu(e)
mater (se) : s'affliger
maussadement : grossièrement
mauvaiseté : méchanceté
mécroire : soupçonner
méfaire : fauter, faire mal
même *adv* : notamment
mêmement : surtout
ménage : intendance
ménager *sm* : gestionnaire
méprendre : fauter
mercenaire : employé
merci *sf* : grâce

mercier *v* : remercier
merveilleux : étonnant, terrible
mignotise : coquetterie
misérable : malheureux
miséricors : compatissant
moleste *sf* : tourment
monde *adj* : pur
monicle : argent
mouvoir : provoquer
moyen *sm* : juste mesure
moyenneur : médiateur
muguet : jeune homme élégant
musardie : lenteur
mussé : caché
mut(e) : muet(te)
mystère (par) : par grâce divine
mystères : principes initiatiques

naïf : naturel
naître : survenir
navrer : blesser
néant (pour) : en vain
nonchalance : indifférence, négligence
nullui *pr* : personne

occision : massacre
office : métier
onc : jamais
ord(e) : sale
ordre (par) : successivement
ores : à présent
ost : armée
outrecuidé : outrecuidant

paneret : petit panier
par ainsi : de la sorte
par ordre : *v.* ordre
par sus : par-dessus
parfin (en la) : en fin de compte
parquoi : par conséquent, à la suite de quoi
part (faire) : partager
partir de (se) : se séparer de
partir : partager
patron : modèle
pécune : argent
peine : effort, travail
peine (mettre) : s'efforcer
pensement : réflexion, perplexité
perjurement : parjure
permettre : remettre, transmettre
pertroublé : fortement troublé
pervers : impie
petit (un) : peu (un)
pétulance : impudence
pieça : depuis longtemps
piètrerie : chose vile
pipée : tromperie
pipeur : trompeur
piteux : pitoyable
plaisance : joie
poli : parfait
pollu : souillé, corrompu
pomper : montrer de l'assurance
portement : état, fait de porter
porter : supporter
poste *sf* : allure
poudre : poussière
pour ce que : parce que
pour néant : *v.* néant
pour : en raison de
pourchasser : rechercher
pourtant : cependant, en conséquence, c'est pourquoi
pourtant que : pour autant que, parce que, puisque
pourvoir : prévoir
poussé : fermenté, éventé
pratiqueur : calculateur
préfix, *adj*, *pp* : fixé, déterminé
preindre : presser
premier, premier (au) : d'abord
premier que : avant que
préposer : préférer
présent *prép* : en présence de
privé (à son) : dans l'intimité
privément : familièrement
prochasser : pourchasser

procurer : prendre soin, rechercher
procurer à : pourvoir à
procurer que : faire en sorte que
protestation : déclaration
prud'homie : probité
prudence : habileté, sagesse
pucelle : jeune fille
puis : depuis

quant et quant : en même temps
quant et : avec
quant que (tout) : (tout) ce que
querre : chercher
quitte : libéré

racler : faire disparaître, ramasser
radresser (se) : se redresser
railler : plaisanter
ramentevoir : remettre en mémoire
rasseoir : s'apaiser
rassis : calme, réfléchi
rebours (au) : au contraire
rebouter : repousser
record : souvenir
recorder : rapporter, raconter
recueil : accueil
refraindre : modérer
relever : dispenser
remettre : réconforter
remords : souvenir durable
remplier : raccourcir en repliant
repeue *sf* : repas
répugner à : s'opposer à
réputer : considérer, juger
requérir de : pousser à
restitution : relèvement, rétablissement
retirer : protéger
retistre : retisser
retourner : revenir
révolver : retourner, repasser
rinceau : sarment
rôlet : petit rouleau
ronge *sm* : souvenir

safre : lascif, sale
safreté : volupté
salvation : salut
saoul *sm* : satiété
saouler : rassasier, satisfaire
sapience : savoir
saquer : charger, tirer
sauver : épargner
savoir est : c'est-à-dire
scabreux : rugueux
séjour : loisir, repos
semblance : apparence
semondre : inciter, demander
senestre (à) : à gauche
sentir (se) : se repentir
serein *sm* : tombée du jour
seulet : seul
si : aussi, cependant, en plus, pourtant, par conséquent, qui plus est, toutefois
similitude : figure, métaphore
singulier : précis
sobresse : sobriété
soigné de : préoccupé par
soigner de : s'occuper de
sollicitude : préoccupation
songeard : rêveur
sortable : assorti
souffreté : privation
soulas : satisfaction
soûler : *v.* saouler
souloir : avoir pour habitude
souventesfois : souvent
subit *adv* : immédiatement
substance : fortune, biens
succéder : arriver
sucrier : confiseur
superfluité : excès
supporter : défendre
surhausser : élever
survenir à : venir en aide à
sus *prep*, *adv* : dessus
sus ! : allons !
susciter : ressusciter

tablier : table de jeu
tançon : querelle
tant que (en) : autant que
tant que : jusqu'à ce que
tard (à) : tardivement
tendresse : faiblesse physique
tenson : *v.* tançon
tire (tout d'une) : sans interruption
tonser : tondre
tôt : vite
toujoursmais (à) : éternellement
tout (du) : totalement, tout à fait
tout court : *v.* court
train (tout d'un) : sans interruption
trémeur : crainte
tremper : boire
trétous : tous ensemble
triomphamment : triomphalement
triomphe : cortège
trogne : visage
tuyau : tige

vaillant *sm* : les biens
vaunéant : vaurien
viandes : aliments
vilain *sm* : homme vil
vilain *adj* : grossier, bas
vilener : outrager
viser : observer, rechercher, prêter attention à
vitupère *sm* : mépris
vivre *sm* : la vie
voire, voire et : et même, vraiment, surtout
voirement : assurément, effectivement

BIBLIOGRAPHIE

LES TRADUCTIONS D'ANTOINE TIRON

L'HISTOIRE. / DE IOSEPH, EXTRAIC- / TE DE LA SAINCTE BIBLE, / *& reduitte en forme de Comedie, nouuellement / traduitte du Latin de Macropedius, / en langage Françoys, par Antoi- / ne Tiron.* / [vignette Silvestre 1021] / À ANVERS. / Chez Iean waesberghe au Cemitiere no- / stre Dame, à l'Escu de Flandres au / Marché à Toiles. / M. D. LXIIII.

In-8° : [72] f., sign. A_1-$I_{[8]}$. *Extrait du privilège*, pour l'*Histoire de Joseph*, donné à Jean Waesbergue pour six ans, Bruxelles, s.d., signé S. Perre (A_1 v°) ; *Prologue* (A_2-A_4 r°) ; *Au lecteur* ($I_{[7]}$ r°) ; *Imprimatur* sans mention du titre (*Hic libellus…*), Bruxelles, 8 octobre 1563, non signé ($I_{[7]}$ v°) ; f. $I_{[8]}$ blanc. – Chantilly Musée Condé, VII-C-051(01) ; Londres British Library, 238.l.6(1) ; Paris BnF, RES-YF-2931 (Gallica NUMM-70593). – Bloemendal, *Macropedius*, p. 55 ; Giebels / Slits, p. 250 ; Miotti, p. 39 ; Street 118, p. 292.

L'HISTOIRE. / DE L'ENFANT / PRODIGVE, RE- / *duitte & estendue en forme de / Comedie, et nouuellemēt traduit- / te de Latin en François, par An / toine Tiron : Matiere tres-utile / & profitable pour les jeunes gēs, / à cause des bons propos, sen- / tences & amonitions / qui y sont an- / nexées.* / À ANVERS. / Chez Iean VVaesberge au Ce / mitiere nostre Dame, à l'Escu / de Flādres au Marché à Toiles. / M. D. LXIIII. [Le tout dans un encadrement gravé[1]]

In-8° : [56] f., sign. A_1-$G_{[8]}$. *Extrait du privilège*, pour l'*Histoire de l'Enfant prodigue*, donné à Jean Waesbergue pour six ans, Bruxelles, s.d., signé S. Perre (A_1 v°) ; *À très vertueux adolescent M. Grégoire Goutin…* (A_2-A_3 r°) ; *Argument* (A_3 v°-A_4 r°) ; *Les personnages* (A_4 v°) ; *Oraison pour dire au matin en*

1 Frontispice avec, au sommet, les Muses en scène ; de part et d'autre, deux allégories féminines, la Connaissance à gauche et la Pudeur à droite ; à la base, représentation des instruments des arts libéraux, avec un médaillon rond central montrant une classe.

se levant ($G_{[5]}$ v°-$G_{[6]}$ r°) ; *Oraison pour dire devant que dormir* ($G_{[6]}$ v°-$G_{[7]}$ r°) ; adresse typographique et date, comme au titre ($G_{[7]}$ v°) ; vignette Silvestre 1021 ($G_{[8]}$ r°). – Chantilly Musée Condé, VII-C-051(02) ; Londres British Library, 238.l.6(2) ; Paris BnF, RES-YF-2928 (Gallica NUMM-312213) ; Versailles BM, Goujet in-12 200 (titre manquant). – Miotti, p. 109.

RÉFÉRENCES

ATKINSON, W.E.D., éd., *Acolastus. A latin play of the sixteenth century by Gulielmus Gnapheus*, London (Ontario), Humanities Departments of the University of Western Ontario (*Studies in the Humanities*, 3), 1964.

[*BB*], *Bibliotheca Belgica. Bibliographie générale des Pays-Bas*, fondée par Ferdinand Van der Haeghen, rééd. Marie-Thérèse Lenger, Bruxelles, Culture et Civilisation, 1964-1970, tomes I-VI.

BERTHEROY, Jean [Mme], *Le journal de Marguerite Plantin* [1899], Paris, Librairie Armand Colin, 1921.

BEST, Thomas W., *Macropedius*, New York, Twayne Publishers (*Twayne's world authors series*, 218), 1972.

BIETENHOLZ, Peter Gerard, et DEUTSCHER, Thomas Brian, éd., *Contemporaries of Erasmus : a biographical register of the Renaissance and Reformation*, Toronto, University of Toronto press, 2003, 3 vol.

BLOEMENDAL, Jan, « Neo-latin drama in the Low Countries », *Neo-latin Drama and theater in Early Modern Europe*, dir. Jan Bloemendal et Howard B. Norland, Leyden / Boston, Brill, 2013, p. 293-364.

BLOEMENDAL, Jan, éd., *Georgius Macropedius / Verzameld toneel*, Amersfoort, Florivallis (*Scaenica Amstelodamensia*, 3), 2008.

BLOEMENDAL, Jan, éd., *Macropedius, 1558-2008. Macropedius in Europese context. Teksten van de voordrachten gehouden op 3 oktober 2008*, Amersfoort, Florivallis, 2008.

BLOEMENDAL, Jan, éd., *The Latin playwright Georgius Macropedius (1487-1558) in European contexts*, Turnhout, Brepols (*European medieval drama*, 13), 2009.

[*BNB*], *Biographie nationale [...] de Belgique*, art. *Tiron (Antoine)*, tome XXV, Bruxelles, Émile Bruylant, 1930-1932, col. 327-330.

BOLTE, Joannes, éd., *Gulielmus Gnapheus. Acolastus*, Berlin, Verlag von Speyer & Peters (*Lateinische Litteraturdenkmäler des XV. und XVI. Jahhunderts*, 1), 1891.

BORK, Gerrit Jan van, et VERKRUIJSSE, Pieter Jozias, éd., *De Nederlandse en*

Vlaamse auteurs van middeleeuwen tot heden, met inbegrip van de Friese auteurs, Weesp, De Haan, 1985.

BOSSHART, Jakob, éd., « Georg Binders *Acolastus*, 1535 », *Schweizerische Schauspiele des sechszehnten Jahrhunderts*, éd. Jakob Bächtold, Band I, Zürich, Kommissionsverlag von J. Huber in Frauenfeld, 1890, p. 171-271.

BOURGNE, Florence, éd., *« Everyman » : lectures critiques et documents*, Paris, Publications de l'AMAES, 30, 2009.

BRETTSCHNEIDER, Werner, *Die Parabel vom verlorenen Sohn. Das biblische Gleichnis in der Entwicklung der europäischen Literatur*, Berlin, Erich Schmidt Verlag, 1978.

BRUNKEN, Otto, « Gulielmus Gnapheus. *Acolastus* », *Handbuch zur Kinder- und Jugendliteratur.* [Band 1] *Vom Beginn des Buchdrucks bis 1570*, éd. Theodor Brüggemann, Otto Bruncken et *al.*, Stuttgart, J.B. Metzlersche Verlagsbuchhandlung, 1987, col. 440-468.

BUJANDA, J.M. de, dir., *Index des livres interdits*, Sherbrooke / Montréal / Genève, Éd. de l'Université de Sherbrooke / Médiaspaul / Droz, 1984-2002, 11 vol.

CARVER, P.L., éd., *The comedy of Acolastus, translated from the latin of Fullonius by John Palsgrave*, London, Humphrey Milford, Oxford university Press (*Early English Text Society. Original series*, 202), 1937.

CULLIÈRE, Alain, « La première anthologie européenne francophone de la nouvelle (1578) », *La nouvelle de langue française aux frontières des autres genres, du Moyen Âge à nos jours*, vol. 2, actes du colloque de Louvain-la-Neuve, mai 1997, dir. Vincent Engel et Michel Guissard, Louvain-la-Neuve, Academia Bruylant, 2001, p. 62-75.

CULLIÈRE, Alain, éd., *Tobie sur la scène européenne à la Renaissance, suivi de* Tobie, *comédie de Catherin Le Doux (1604)*, Berne, Peter Lang (*Recherches en littérature et spiritualité*, 24), 2015.

DELCORNO, Pietro, *In the mirror of the Prodigal Son. The pastoral uses of a biblical narrative (c. 1200-1550)*, Leiden / Boston, Brill (*Commentaria, sacred texts and their commentaries : Jewish, Christian and Islamic*, 9), 2017.

DELVILLE, Jean-Pierre, « La parabole du Fils prodigue au XVIe siècle : Érasme, Menot, Calvin », *Graphè*, n° 18, 2009, p. 81-104.

DEMOED, Verena, « *Wie van gevaar houdt, moet dat met de dood bekopen* » *: De opiniërende strategieën van de toneelschrijver Gulielmus Gnapheus (1493-1568)*, Amsterdam, Univ., Diss., 2011 (en ligne sur le site UvA-DARE, Digital Academic Repository).

DI STEFANO, Giuseppe, *Nouveau dictionnaire historique des locutions. Ancien français. Moyen français. Renaissance*, Turnhout, Brepols, 2015, 2 vol. pag. cont.

DONAT, *Aeli Donati commentum Terenti…*, éd. Paul Wessner [Leipzig, 1902-1908], Stuttgart, B.G. Teubner, 1966, 3 vol.

[*EPP*], *L'Enfant prodigue par personnages*, éd. et trad. en italien par Giuseppe Macri, Lecce, Adriatica Editrice Salentina, 1982.

Érasme, *Les Adages*, dir. Jean-Christophe Saladin, Paris, Les Belles Lettres (*Le Miroir des humanistes*), 2011.

Érasme, *Opera omnia Des. Erasmi, … quaecunque ipse autor pro suis agnovit, novem tomis distincta*, Basileae, Froben, 1540, tomes I-IX.

Espence, Claude d', *Homilies sur la parabole de l'Enfant prodigue (1547)*, éd. Simone de Reyff, Guy Bedouelle, Stéphane-Marie Morgain et Alain Tallon, Genève, Droz (*TLF*, 613), 2011.

Forestier, Georges, « Mythe, histoire et tragédie : de Crispus à *La Mort de Chrispe* », *Mythe et histoire dans le théâtre classique. Hommage à Christian Delmas*, éd. Fanny Nepote-Desmarres et Jean-Philippe Grosperrin, *Littératures classiques*, n° hors-série, 2002, p. 351-370.

Giebels, Henk, et Slits, Frans, *Georgius Macropedius. Leven en werken van een Brabantse humanist*, Tilburg, Stichting Zuidelijk Historisch Contact, 2005 [avec CD contenant la transcription des œuvres de Macropedius].

Gougenheim, Georges, *Grammaire de la langue française du XVIe siècle*, Nouvelle édition, entièrement refondue, Paris, Picard (*Connaissance des langues*, 8), 1974.

Grijp, Louis Peter, « Macropedius and music. Georgius Macropedius as a composer of songs for the theater and other performances », *European medieval drama*, 13, 2009, p. 57-83.

Guevara, Antonio de, *Du mépris de la cour et de la louange de la vie rustique*, éd. Nathalie Peyrebonne, d'après la traduction d'Antoine Alaigre (1542), Paris, Classiques Garnier (*Textes de la Renaissance*, 181), 2012.

Hartelust, Janus, *De dictione Georgii Macropedii*, Trajecti ad Rhenum, J. van Boekhoven, 1902.

Hoffmann, Hans-Dieter, éd., *Gulielmus Gnapheus. Morosophus [1541]. Ein törichter Weiser. Von der wahren und der scheinbaren Weisheit. Lateinisch und deutsch*, Frankfurt am Main, Peter Lang (*Lateres. Texte und Studien zu Antike, Mittelalter und früher Neuzeit*, 8), 2010.

Karsenti, Tiphaine, « Les conceptions de la théâtralité tragique dans les trois premières traductions en français de l'*Électre* de Sophocle », *Philologie et théâtre. Traduire, commenter, interpréter le théâtre antique en Europe (XVe-XVIIIe siècle)*, éd. Véronique Lochert et Zoé Schweitzer, Amsterdam / New York, Rodopi, 2012, p. 157-173.

[KNAW], Bloemendal, Jan, et Heesakkers, Chris, éd., *Bio-bibliografie van Nederlandse Humanisten*, Digitale uitgave DWC / Huygens Instituut KNAW (Den Haag, 2009).

Kupisz, Kazimierz, « Autour du drame biblique. L'histoire de Joseph », *Parcours et rencontres. Mélanges de langue, d'histoire et de littérature françaises offerts à*

Enea Balmas, dir. Paolo Carile et *al.*, Paris, Klincksieck, 1993, 2 vol. pag. cont., p. 361-377.

LAWTON, Harold Walter, *Contribution à l'histoire de l'humanisme en France. Térence en France au XVIe siècle.* Tome Ier : *Éditions et traductions.* Tome II : *Imitation et influence* [Paris, 1926], Genève, Slatkine Reprints, 1970-1972.

LE HIR, Yves, *Les drames bibliques de 1541 à 1600. Études de langue, de style et de versification*, Grenoble, Presses universitaires de Grenoble, 1974.

LEBEAU, Jean, « De la comédie des humanistes à la 'divine comédie'. Aux origines du théâtre biblique luthérien », *L'humanisme allemand (1480-1540)*, München / Paris, Fink Verlag / Librairie Vrin (*Humanistische Bibliothek, Abhandlungen*, 38 ; *De Plutarque à Descartes*, 37), 1979, p. 477-491.

LEBEAU, Jean, *Salvator mundi. L'« exemple » de Joseph dans le théâtre allemand au XVIe siècle*, Nieuwkoop, B. de Graaf (*Bibliotheca Humanistica et Reformatorica*, 20), 1977.

LEBÈGUE, Raymond, *La tragédie religieuse en France. Les débuts (1514-1573)*, Paris, Champion, 1929.

LEBEURIER, Pierre-François, *Rôle des taxes de l'arrière-ban du bailliage d'Évreux en 1562*, Paris / Évreux / Rouen, Dumoulin / Huet / Lebrument, 1861.

LILIENCRON, Rochus von, « Die Chorgesänge des lateinisch-deutschen Schuldramas im XVI. Jahrhundert », *Vierteljahrsschrift für Musikwissenschaft* (Leipzig), VI, 1890, p. 309-387.

LOCHERT, Véronique, et SCHWEITZER, Zoé, éd., *Philologie et théâtre. Traduire, commenter, interpréter le théâtre antique en Europe (XVe-XVIIIe siècle)*, Amsterdam / New York, Rodopi, 2012.

LUTHER, Martin, *Écrits sur la traduction*, éd. Catherine A. Bocquet, Paris, Les Belles Lettres (*Traductologiques*, 10), 2017.

LUTHER, Martin, *Propos de table [extraits]*, intr. et trad. de Louis Sauzin, préface de Pierre Chaunu, Paris, Aubier, 1992.

MALATRAIT, Solveig Kristina, « Térence en Allemagne. Les traductions 'didactiques' du XVIe siècle ou ce que cachent les gloses », *Philologie et théâtre. Traduire, commenter, interpréter le théâtre antique en Europe (XVe-XVIIIe siècle)*, éd. Véronique Lochert et Zoé Schweitzer, Amsterdam / New York, Rodopi, 2012, p. 39-55.

MICHAEL, Wolfgang F., *Das deutsche Drama der Reformationszeit*, Bern, Peter Lang, 1984.

MILCHSACK, Gustav, éd., *Der verlorene Sohn : ein Fastnachtspiel von Burkard Waldis (1527)*, Halle, Max Niemeyer (*Neudrucke deutscher Literaturwerke des XVI. und XVII. Jahrhunderts*, 30), 1881.

MINDERAA, Pieter, éd., *Gulielmus Gnapheus. Acolastus. Latijnse tekst met Nederlandse vertaling*, Zwolle, Tjeenk Willink, 1956.

MIOTTI, Mariangela, éd., *Antoine Tiron. L'Histoire de Joseph. L'Histoire de l'Enfant prodigue*, *Théâtre français de la Renaissance, La comédie à l'époque d'Henri II et de Charles IX*, 1re série, vol. 8 (1564-1573), Florence / Paris, Leo S. Olschki / P.U.F., 1996, p. 1-166.

[*MVT*], *Le Mystère du Viel Testament*, éd. James de Rothschild [Paris, 1878-1891], New York, Johnson Reprint Corporation, 1966.

PARENTE, James A., *Religious drama and the humanist tradition : Christian theater in Germany and in the Nederlands, 1500-1680*, Leiden / New York, E.J. Brill (*Studies in the history of Christian thought*, 39), 1987.

PEYREBONNE, Nathalie, et *al.*, *Le mépris de la cour : la littérature anti-aulique en Europe (XVIe-XVIIe siècles)*, Paris, PUPS (*Cahiers V. L. Saulnier*, 35), 2018.

PIDOUX, Pierre, éd., *Les Psaumes en vers français [de Marot et Bèze] avec leurs mélodies, fac-similé de l'édition genevoise de Michel Blanchier, 1562*, Genève, Droz (*TLF*, 338), 1986.

POFFÉ, Edward, *De Gilde der Antwerpsche schoolmeesters, van bij haar ontstaan tot aan hare afschaffing* [Antwerpen, 1895], Whitefish (Montana, USA), Kessinger Publishing, 2010.

PUTTIGER, H.P.M., éd., *Georgius Macropedius'* Asotus. *Een neolatijns drama over de Verloren Zoon door Joris van Lanckvelt*, Nieuwkoop, De Graaf Publishers (*Bibliotheca Humanistica et Reformatorica*, 42), 1988.

RÄDLE, Fidel, « Zum dramatischen Schaffen des Gulielmus Gnapheus im Preussischen Exil », *Humanismus im Norden. Frühneuzeitliche Rezeption antiker Kultur und Literatur an Nord- und Ostsee*, éd. Thomas Haye, Amsterdam, Rodopi (*Chloe, Beihefte zum Daphnis*, 32), 2000, p. 221-249.

REYMOND, Bernard, *Théâtre et christianisme*, préface de François Rochaix, Genève, Labor et Fides, 2002.

RIGOLEY DE JUVIGNY, Jean Antoine, éd., *Les Bibliothèques françaises de La Croix du Maine et de Du Verdier, sieur de Vauprivas* [Paris, 1772-1773], Graz, Akademische Druck- u. Verlagsanstalt, 1969, tomes I-VI.

ROOSES, Max, *Christophe Plantin, imprimeur anversois*, 2e éd., Anvers, Jos. Maes, 1896.

ROUSSEL, Brigitte, « Vénus endeuillée à la Renaissance », *Études littéraires*, vol. 45/1, 2014, p. 145-158.

ROUZET, Anne, *Dictionnaire des imprimeurs, libraires et éditeurs belges des XVe et XVIe siècles dans les limites géographiques de la Belgique actuelle*, Nieuwkoop, B. de Graaf, 1975.

SAINT-GELAIS, Mellin de, *Œuvres poétiques françaises*, éd. Donald Stone Jr, Paris, STFM, 1993-1995, 2 vol.

SCHMELTZL, Wolfgang, *Gesammelte Schriften in zwei Bänden.* Band I : *Das dramatische Werk*, éd. Cora Dietl et Manfred Knedlik, Wien / Berlin, LIT

Verlag (*Wiener Neudrucke. Neuausgaben und Erstdrucke deutscher literarischer Texte*, 23), 2009.

SILVESTRE, Louis-Catherine, *Marques typographiques [...] des libraires et imprimeurs qui ont exercé en France [...] jusqu'à la fin du seizième siècle [...] Sont jointes celles des libraires et imprimeurs qui pendant la même période ont publié hors de France des livres en langue française* [1867], Pamplona, Analecta, ediciones y libros, 2001.

SOLEINNE, *Bibliothèque dramatique*, catalogue par P.L. Jacob [Paris, 1843-1914], New York, Burt Franklin (*Bibliography and reference series*, 83), 1967, vol. I-VI, table.

SPIES, Marijke, « A chaste Joseph for schoolboys. On the editions of Cornelius Crocus' sancta comoedia *Joseph* (1536-1548) », *Education and learning in the Netherlands, 1400-1600. Essays in honour of Hilde de Ridder-Symoens*, éd. Koen Goudriaan et *al.*, Leiden / Boston, Brill, 2004, p. 223-233.

STERCK, Joannes F.M., *Onder Amsterdamsche Humanisten*, Hilversum / Amsterdam, N.V. Paul Brand / En Internationaal Antiquariaat, 1934.

STREET, John Spencer, *French sacred drama from Bèze to Corneille. Dramatic forms and their purposes in the early modern theatre*, Cambridge / London / New York, Cambridge University Press, 1983.

VALENTIN, Jean-Marie, *Les jésuites et le théâtre (1554-1680). Contribution à l'histoire du monde catholique dans le Saint Empire romain germanique*, nouv. éd., Paris, Desjonquères, 2001.

VODOZ, Jules, *Le théâtre latin de Ravisius Textor. 1470-1524* [Winterthour, 1898], Genève, Slatkine Reprints, 1970.

VOET, Léon, *The Plantin Press (1555-1589). A Bibliography of the works printed and published by Christopher Plantin at Antwerp and Leiden*, Amsterdam, Van Hoeve, 1980-1983.

WEILEN, Alexander von, *Der Ägyptische Joseph im Drama des XVI. Jahrhunderts*, Wien, Alfred Hölder, 1887.

INDEX DES NOMS DE PERSONNES[1]

1 À l'exclusion des personnages mythologiques et bibliques.

TABLE DES MATIÈRES

IMPRIM'VERT®

Achevé d'imprimer par Corlet Numéric,
Z.A. Charles Tellier, Condé-en-Normandie (Calvados), en octobre 2020
N° d'impression : 168708 - dépôt légal : octobre 2020
Imprimé en France